SUSAN GILLIS CHAPMAN

Die fünf Schlüssel zur achtsamen Kommunikation

GOLDMANN
Lesen erleben

Buch

Gute Kommunikation ist wesentlich für jede Form von guten Beziehungen, in Partnerschaften genauso wie unter Familienmitgliedern, Freunden und Arbeitskollegen. Achtsamkeit – Aufmerksamkeit ohne zu urteilen – kann uns helfen, mit anderen besser und tiefer zu kommunizieren – in unserem persönlichen wie auch unserem beruflichen Umfeld. Susan Chapman ist Psychotherapeutin und praktizierende Buddhistin. Ihr Konzept der achtsamen Kommunikation verbessert von Grund auf unser Sprechen und Zuhören, vertieft unsere Beziehungen und hilft uns, unsere Ziele zu erreichen.

Autorin

Susan Gillis Chapman ist Psychologin und Beziehungstherapeutin. Ihre Fachgebiete sind buddhistische und westliche Psychologie sowie achtsame Kommunikation. Hierzu hat sie die Website *greenzonetalk.com* gegründet und gibt Seminare zur Verbesserung der Kommunikation. Susan Gillis Chapman lebt in Kanada. In Deutschland gibt sie am Karuna Institut in Köln regelmäßig Workshops.

SUSAN GILLIS CHAPMAN

Die fünf Schlüssel zur achtsamen Kommunikation

Aus dem Englischen
von Ulla Rahn-Huber

GOLDMANN

Die amerikanische Originalausgabe erschien 2012 unter dem Titel
»The Five Keys to Mindful Communication«
bei Shambhala Publications, Inc., Boston.

MIX
Papier aus verantwortungsvollen Quellen
FSC® C014496
FSC
www.fsc.org

Verlagsgruppe Random House FSC-DEU-0100
Das für dieses Buch verwendete FSC®-zertifizierte Papier
München Super liefert Arctic Paper Mochenwangen GmbH.

1. Auflage
Deutsche Erstausgabe April 2013

Umschlaggestaltung: UNO Werbeagentur, München
Umschlagmotiv: FinePic, München
Lektorat: Ingrid Lenz-Aktas
SB · Herstellung: cb
Satz: EDV-Fotosatz Huber/Verlagsservice G. Pfeifer, Germering
Druck: GGP Media GmbH, Pößneck
Printed in Germany
ISBN: 978-3-442-22011-3

www.goldmann-verlag.de

Dieses Buch ist meinen Eltern
Gwyneth und Jack gewidmet.

Und meinen Lehrern,
ganz besonders
den Müttern von *Sacred Heart*
und
den Sakyongs von *Shambhala*.

Nie kann ich euch eure Güte vergelten.

Inhalt

Danksagung

Dieses Buch ist in zwölfjähriger Arbeit entstanden und beruht auf den Inspirationen und Anregungen vieler Menschen. Liz Dodd und Pennelope Goforth sowie andere Freunde aus Juneau haben mir geholfen, das Projekt auf den Weg zu bringen, nachdem die Klienten und Teilnehmer meiner Seminare in kontemplativer Psychologie mich nachdrücklich gebeten hatten, diese Gedanken in einem Buch zusammenzufassen. Während meiner neun Jahre in Gampo Abbey stand Ani Pema Chödrön dem Projekt stets als Unterstützerin und Förderin zur Seite. Sie war es, die mich einlud, dort Kommunikation zu lehren. Regelmäßigen Zuspruch erhielt ich auch von meinen Freunden Ani Palmo, Hollis Scott, Les und Louise Collins-St. Marie und vielen anderen. Euch allen und auch jenen, die meine Vorträge in der Abbey und in Juneau geduldig mitschrieben, gilt mein inniger Dank.

Einen Dank an Richard Reoch, Chuck und Mary Whetsell, Helen Tworkov, Sister Danielle, Karl Brunnhölzl und Tenzin Yongdu dafür, dass ihr euch die Zeit genommen habt, einzelne Kapitel dieses Buchs noch im Entwurfsstadium zu lesen, als das Manuskript noch alles andere als ausgereift war. Besonders danke ich Emily Sell, Patricia Tate und Greg Heffron für eure unschätzbare professionelle Hilfe und euer Feedback bei der Redaktion der ersten Entwürfe, und speziell noch einmal dir, Greg, für deine Beiträge und die laufende Unterstützung bei *Green Light Conversations*, unserer Workshop-Reihe in achtsamer Kommunikation in Vancouver. Ebenfalls verbunden bin ich Josie Geller, Lisa Steckler, Paul Belserene und Daniel Vokey dafür, dass ihr das Manuskript für mich gelesen und mir eure Rückmeldungen dazu gegeben habt. Da dieses Projekt über so viele Jahre hinweg lief, ist an dieser Stelle mit Sicherheit der eine oder die andere unerwähnt geblieben. Bitte vergebt mir diese Nachlässigkeit in der Gewissheit, dass ich all eure Beiträge zu würdigen weiß. Zu guter Letzt noch dies: Es fehlen mir die Worte, um zu beschreiben, wie dankbar ich für die ständige unermüdliche Unterstützung, Geduld, Begeisterung und Ermutigung bin, die ich im Laufe der Jahre für dieses Projekt von meiner Familie erfahren habe, in erster Linie von meinem Sohn Sheehan Gillis, meiner Schwester Mary Gillis Chiasson, meinem Vater Dr. Jack Gillis, meiner besten Freundin und Dharma-Schwester Noreen Morris und allen voran von Jerry, meinem wunderbaren Mann. Euer Glaube an diese Vision und euer Vertrauen in meine Arbeit haben mir Mut gemacht, die Grenzen meiner Komfortzone zu überschreiten, sodass dieses Buch Wirklichkeit werden konnte. Und über allem steht der Dank an meine Lehrer, insbesondere an Chögyam Trungpa Rinpoche und Sakyong Mipham Rinpoche, die mich mit ihrer Weitsicht, ihrer Weisheit und ihrem Vertrauen seit Jahrzehnten in meiner Arbeit führen, indem sie mir das fundamental Gute im Leben, in unseren Beziehungen und in der menschlichen Gesellschaft vor Augen führen.

Einleitung

Ich habe dieses Buch in der Absicht geschrieben, die Botschaft zu verbreiten, dass wir aus jedem einzelnen Gespräch, das wir im Leben führen – sei es angenehm, ärgerlich oder scheinbar banal –, etwas lernen können. Diese Erkenntnis steht für mich im Mittelpunkt der achtsamen Kommunikation. Beherzigen wir ihre Prinzipien, verstehen wir allmählich, dass unsere zwischenmenschlichen Beziehungen natürlicherweise vom Geist des »Wir-zuerst« geprägt sind. Wir erfahren, dass alle Gesten oder Worte, die wir miteinander wechseln, der tiefen menschlichen Sehnsucht nach Verbundenheit, Anerkennung und Wertschätzung entspringen. Wir möchten gesehen, gehört und im Innersten verstanden werden; wir wollen für unsere Leistungen gefeiert und in unserem Leid getröstet werden. Und bei näherem Hinschauen stellen wir fest, dass uns ebenso sehr daran gelegen ist, auch die anderen zu sehen, zu hören und im Innersten zu verstehen; wir wollen ihre Freuden mit ihnen teilen und ihnen in ihrem Leid beistehen. Dieses wechselseitige Bedürfnis bildet die elementare »Win-win-Basis« für unsere Kommunikation und unsere Beziehungen und entspricht dem Wurzelgeflecht, das alle Bäume in einem Wald verbindet, obwohl sie doch einzeln nebeneinander dazustehen scheinen. Schaffen wir Zeit und Raum, um in unser inneres Bedürfnis nach Authentizität hineinzuspüren, erkennen wir, dass dieses unlösbar mit unserer Fähigkeit verknüpft ist, anderen zuzuhören und uns innerlich von ihnen berühren zu lassen. Diese Wir-zuerst-Haltung in unseren Beziehungen ist einer der zentralen Aspekte der achtsamen Kommunikation, wie sie in diesem Buch beschrieben wird.

»Wir-zuerst« – das heißt, dass wir in einer dynamischen, energetischen Mischzone leben und kommunizieren, in der alles mit allem verbunden ist. Wie die Schönheit und Kraft der Natur ringsum, erachten wir diesen Interaktionsbereich der zwischenmenschlichen Kommunikation normalerweise als etwas Selbstverständliches. Nimmt aber Achtlosigkeit überhand, versuchen wir, das Wissen darum zu verdrängen und auszuschalten und rammen »Ich-zuerst«-Pflöcke in den Boden und beginnen, unser Territorium zu verteidigen. Die Herausforderung der achtsamen Kommunikation besteht darin, solchen irregeleiteten Kommunikationsgewohnheiten mit Wohlwollen und Weisheit zu begegnen. Dann sehen wir, dass sie zu einer Kultur der Angst und des Misstrauens führen und unsere Aufmerksamkeit von unserer authentischen menschlichen Natur weglenken. Aggression und emotionaler Hunger bringen uns dazu, uns Geschichten zusammenzudichten. Die Trennlinien zwischen uns und den anderen werden komplizierter, und wir vergessen, dass unser Urbedürfnis eigentlich nach Verbundenheit verlangt. Gerät die Kultur der Angst außer Kontrolle und beginnt alles auseinanderzubrechen, können wir jedoch immer wieder zum Ausgangspunkt zurückkehren und uns fragen: »Was will ich wirklich?« Wir müssen zu dem Gefühl zurückfinden, dass wir mit anderen wirklich und wahrhaftig verbunden sind, was Menschen oft erst tun, wenn sie erfahren, dass sie nicht mehr lange leben werden. Das kann gelingen, wenn wir uns in Achtsamkeit üben und unsere Aufmerksamkeit wieder voll und ganz auf das konzentrieren, was im gegenwärtigen Augenblick geschieht.

Da Kommunikation die elementare Basis ist, auf der alle zwischenmenschlichen Beziehungen beruhen, widmet sich dieses Buch der Erforschung unseres Gesprächsverhaltens und unserer Beziehungsmuster gleichermaßen. Mit Achtsamkeit können wir in all unseren Beziehungen den Wir-zuerst-Ansatz entwickeln und stärken. Beginnend bei uns selbst, beziehen wir anschließend die Menschen unseres unmittelbaren Umfelds mit ein, bevor wir uns schließlich an die Vision heranwagen, dass die gesamte Gesellschaft nach diesen Prinzipien funktioniert. Stark vereinfachend gesagt, bedeutet Wir-zuerst in diesem Zusammenhang, dass wir unter allen Umständen – auch im Konfliktfall – versuchen, offen zu bleiben und unserem Gegenüber mit Respekt zu begegnen. Aber Achtung: Wir-zuerst heißt keinesfalls, unsere persönlichen Interessen auszublenden oder aufzugeben! Es kommt darauf an, offen zu sein, wenn wir mit uns selbst ebenso in Kontakt sein wollen wie mit anderen. Und genau diese Offenheit erreichen wir mit achtsamer Kommunikation.

Der Ausgangspunkt dieses Buches war bereits Anfang der 1990er Jahre der Wunsch von Klienten und Teilnehmern meiner Seminare in kontemplativer Psychologie. Ich stellte ihnen Modelle wie das Wechselspiel von »Kopf ohne Herz« und »Herz ohne Kopf« vor, die sich in meiner Arbeit zum Thema häusliche Gewalt herauskristallisiert hatten. Es handelte sich dabei um den unbeholfenen Versuch weiterzugeben, was ich von meinem Lehrer Chögyam Trungpa darüber gelernt hatte: wie nämlich Liebe in Hass umschlagen kann, wenn der offene Raum zwischen uns zu Eis erstarrt. Später nahm ich die Metapher der Ampel als einfacher Möglichkeit dazu, um die drei inneren Zustände zu beschreiben, in denen wir uns befinden, wenn wir offen, verschlossen oder irgendwo dazwischen sind. Meine Klienten und Teilnehmer empfanden diese Modelle als hilfreich, was mich ermutigte, sie weiterzuentwickeln.

Es ist nicht einfach, die richtigen Worte zu finden, um in allen Einzelheiten die Erfahrungen zu beschreiben, die sich auf einer so tiefen Ebene vollziehen und den meisten von uns doch gleichzeitig so vertraut sind. Darum habe ich neue Modelle, Metaphern und Symbole gewählt, um den Weg der Selbsterkenntnis auszuleuchten, den wir beschreiten, wenn wir unsere Kommunikationsmuster durch Achtsamkeit bereichern. Ein Glossar am Ende dieses Buches soll helfen, die Bedeutung der von mir gebrauchten Begriffe und Konzepte zu erklären.

In diesem Buch werden wir uns mit einigen der häufigsten Hindernisse befassen, die sich aus der »Ich-zuerst«-Kommunikation ergeben – einer Kommunikationsform, die wir uns in lebenslanger Gewohnheit angeeignet haben und die uns dazu bringt, uns hinter einer schützenden Barriere zu verschanzen, weil wir tief im Inneren fürchten, isolierte Einzelwesen zu sein, und meinen, dass mit unserer ureigenen Wesensart womöglich etwas Grundlegendes nicht stimme. Wir können uns das Ganze als Syndrom des einsamen Baumes im Wald vorstellen: Im wohlvertrauten Gefühl der eigenen Isoliertheit verschließen wir uns in unserer Kommunikation mit anderen und lassen das Wurzelgeflecht der offenen Kommunikation in Vergessenheit geraten. Damit lösen wir eine Serie von angstinduzierten Kettenreaktionen aus. Das Ich-zuerst-Denken wird von einer Kultur des Misstrauens genährt und basiert auf dem Glauben, dass es gefährlich sei, sich verletzlich zu zeigen. Ohne es zu beabsichtigen, teilen wir diese Ängste einander im Gespräch mit, indem wir nicht aufpassen, wie unsere Worte und Gesten auf unser Gegenüber wirken. Genau das nämlich ist kennzeichnend für achtlose Kommunikation. Üben wir uns hingegen in Achtsamkeit, können wir diesen Prozess umkehren und für uns und andere einen emotional sicheren Rahmen schaffen. Ich bezeichne solche einladenden Räume als »grüne Bereiche« und stelle sie mir als Stammzellen vor, aus denen in unserem Leben und der Welt da draußen eine Kultur der Güte erwächst. Die Praxis eines Therapeuten wird oft mit dieser Art von grünem Bereich assoziiert. Doch wir können lernen, uns auch selbst solche Räume zu schaffen. Grüne Bereiche lassen sich zu einem Sicherheitsnetz für unsere gesamte Gesellschaft verknüpfen. So kann ein Miteinander entstehen wie zwischen Nachbarn, die an einem milden Sommerabend über den Gartenzaun hinweg ein Schwätzchen halten. Die auf diese Weise geschaffene Stabilität kann dem Einzelnen und der Gemeinschaft helfen, besser über schwierige Zeiten hinwegzukommen.

Wir-zuerst-Gesellschaften sind keine abgehobene Fantasie. Sie existieren im Hier und Jetzt, wenn wir nur nach ihnen suchen. Manchen Lesern fällt es leicht, sich Beziehungen zwischen zwei Menschen oder auch innerhalb der Familie vorzustellen, die auf gegenseitigem Respekt basieren. Trotzdem mag die Vorstellung einer Wir-zuerst-Gesellschaft manchem als unrealistisch erscheinen. Sind nicht alle Formen des menschlichen Zusammenlebens letztlich von Gier, Korruption und Aggression vergiftet? Dieses Buch soll deutlich machen, dass die Wir-zuerst-Vision absolut realisierbar ist und seit vielen Generationen von zahllosen Menschen gelebt wurde und wird. Ich bin meinem Lehrer Sakyong Mipham Rinpoche aus der Shambhala-Tradition zutiefst dankbar für seinen unermüdlichen Einsatz dafür, die Botschaft vom fundamental Guten der menschlichen Gesellschaft in die Welt hinauszutragen. Ich selbst habe in verschiedenen Gemeinschaften gelebt und gearbeitet, die sich bewusst am Wir-zuerst-Prinzip orientierten, von der Klosterschule bis hin zum Frauenhaus für Opfer von häuslicher Gewalt, von der experimentellen Therapiegruppe im Hochsicherheitstrakt eines Gefängnisses bis hin zum buddhistischen Kloster. Dem Leben beziehungsweise der Arbeit in solchen Gemeinschaften und meiner klinischen Erfahrung als Paar- und Familientherapeutin verdanke ich ein pragmatisches, praktisches Verständnis für die Schwierigkeiten, denen wir uns gegenübersehen, wenn wir uns zu einer achtsameren, offeneren Kommunikation entschließen. Ja, es ist eine Herausforderung. Aber möglich ist es definitiv.

Der erste Schritt zur Schaffung eines »grünen Bereichs« im eigenen Leben ist es, sich die Zeit und den Raum für Sitzmeditationen zu nehmen, zur Reflexion und anderen kontemplativen Übungen. In diesem Freiraum können wir lernen, die natürliche Empfindsamkeit unseres Herzens zu spüren, uns selbst beim Denken zuhören und für die Schönheit und das Chaos der Welt ringsum empfänglich sein. Zur achtsamen Kommunikation gehört auch das Wissen, wie wir all unsere Sinne öffnen können, um uns selbst, einander und der Welt ringsum wirklich zuzuhören.

Indem wir uns in achtsamer Kommunikation üben, trennen wir uns von alten Gewohnheiten und Beziehungsmustern und ersetzen diese durch neue. Damit dieser Übergang gelingt, brauchen wir Hilfe, denn was dabei geschieht, greift in unsere ureigene Identität ein. Wer wir zu sein glauben, hängt von unseren Beziehungen und Gesprächen im Alltag ab. Gleichzeitig tragen unsere Kommunikationsmuster zur Entstehung unseres sozialen Umfelds bei. Ein zorniger Mensch lebt in einer zornigen, ein großzügiger in einer großzügigen Welt. Aus diesem Verständnis heraus verlassen sich Wir-zuerst-Gesellschaften seit Jahrhunderten auf bestimmte Prinzipien und Regeln, die die Schaffung von achtsamen Gemeinschaften ermöglichen, in denen man gerne leben möchte. In diesem Sinne ist das vorliegende Buch ein Ratgeber mit praktischen Anleitungen dazu, wie Sie die Vision des Wir-zuerst in Ihrem Leben verwirklichen können.

Auf den folgenden Seiten finden Sie immer wieder Beispiele und Anekdoten aus meinem privaten und beruflichen Leben, die ich zur Erläuterung bestimmter Kernthesen herangezogen habe. Die Namen von Freunden, Familienmitgliedern und Lehrern habe ich in diesen Schilderungen meist unverändert übernommen, für Klienten, Kollegen und Seminarteilnehmer wurde jedoch in jedem Fall ein Pseudonym gewählt.

Möge dieses Buch den einen oder anderen von Ihnen dazu inspirieren, sich mit Gleichgesinnten zu einem grünen Bereich zusammenzuschließen und die Tagebuchübungen im Zwiegespräch umzusetzen. Was ich schreibe, ist als Ausgangspunkt und nicht als das letzte Wort im Hinblick darauf gedacht, was achtsame Kommunikation in unserem Leben bewirken kann. Mögen wir uns zu unser aller Wohl eine auf Güte und Sanftmut basierende, belastbare Gesellschaft schaffen – Gespräch um Gespräch um Gespräch.

1

Bleib stehen, gehe, warte

Besiege Zorn durch Liebe.
Besiege Böses durch Gutes.
Besiege Geiz durch Großzügigkeit.
Besiege den Lügner durch die Wahrheit.

— DHAMMAPADA, Vers 223

Vor Kurzem schickte mir eine Freundin eine E-Mail mit ein paar Fotos. »Die werden dir gefallen«, schrieb sie dazu. Ich öffnete den Anhang und war begeistert. Sofort mailte ich zurück: »Ja, sie gefallen mir – so sehr, dass ich sogar schon ein Buch darüber geschrieben habe!«

Die Fotos, die da im Internet kursierten, zeigten, wie ein Eisbär und ein Hund miteinander spielen. Ich hatte sie Jahre zuvor zum ersten Mal in der Zeitschrift *National Geographic* entdeckt und war fasziniert von der Geschichte. Ein Mann hatte seinen Hund – er hieß Churchill – draußen vor seiner Hütte an einem Pflock im Eis festgebunden. Eines Tages entdeckte er beim Blick durchs Fenster den gerade aus dem Winterschlaf erwachten und entsprechend hungrigen Bären. Entsetzt musste er mit ansehen, wie sich dieser seinem vierbeinigen Gefährten näherte. Er konnte nichts tun, um Churchill vor dem sicheren Tod zu bewahren. In seiner Hilflosigkeit schnappte er sich seinen Fotoapparat, um die Szene wenigstens für die Nachwelt festzuhalten. Doch es kam ganz anders als erwartet, und er wurde Zeuge, wie es seinem Hund gelang, sich selbst das Leben zu retten.

Als der Bär nämlich auf ihn zutrottete, duckte er sich auf den Boden und wedelte mit dem Schwanz. Trotz seines Heißhungers reagierte das Raubtier auf dieses Signal und schaltete auf Spielkamerad um. Auf einem der Fotos ist zu sehen, wie Churchill und der Bär sich beim Umhertollen auf dem Eis liebevoll umarmen. Irgendwann hatte der Bär genug, und er trollte sich. An den darauffolgenden Tagen kehrte er mehrmals zurück, um mit seinem neuen Freund zu spielen.

Die Fotoreportage aus *National Geographic* erreichte mich genau zum richtigen Zeitpunkt. Ich war gerade dabei, einen Workshop zur achtsamen Kommunikation zu entwickeln, in dem ich meinen Teilnehmern die praktischen Fähigkeiten vermitteln wollte, im Gespräch Achtsamkeit, Einsicht, Mitgefühl walten zu lassen und Entscheidungsspielräume zu gewinnen. In dieser Vorbereitungsphase achtete ich sehr genau auf meine eigenen Interaktionen, insbesondere im Umgang mit den schwierigen Menschen in meinem Leben.

Ich befasste mich gerade intensiv mit den Abwehrstrategien, mit denen ich mich selbst gegenüber den hungrigen Bären in meinem Leben zu schützen versuchte. Angenommen, Robert, mein tyrannischer Kollege, käme den Gang entlang auf mich zu – würde er tatsächlich zum Teddybär werden, wenn es mir gelänge, andere Signale an ihn auszusenden? Eher unwahrscheinlich. Dennoch beschloss ich, es einmal mit dem Schwanzwedeln zu probieren.

In seiner Art, nach Aufmerksamkeit heischend quer durch unser Büro zu stolzieren und uns emotional mit seinen derben Witzen und vorhersehbaren Meinungen in Beschlag zu nehmen, entsprach Robert tatsächlich in mancherlei Hinsicht dem Bild eines hungrigen Eisbären. Wenn er zur Tür hereinkam, zuckte ich unwillkürlich zusammen und verschanzte mich hinter einer Maske, sodass wir jedes Mal wieder in unser Raubtier-Beute-Schema gerieten. Nun kam ich auf die Idee, ein Gefühl der Freundlichkeit in mir zu wecken, statt mich wegzuducken. In den darauffolgenden Tagen und Wochen merkte ich, dass ich mir nur Churchill und den Eisbären beim Spielen vorzustellen brauchte, um meine Abwehrreaktionen einzustellen. Dadurch, dass ich aus meiner Verteidigungshaltung herausging, konnte ich mich entspannen. Eines Tages musste ich in einer solchen Situation unwillkürlich an meinen kleinen Bruder denken, wie er als Vierjähriger in Cowboy-Montur mit Sheriff-Stern an der Brust herumgelaufen war. Eine Welle schwesterlicher Zuneigung wallte in mir auf, und mit ihr veränderte sich meine Einstellung zu Robert. Fortan sah ich in ihm einen einsamen, unsicheren Mann, der stets hungrig war, weil er keine Ahnung hatte, wie er sich durch Freundschaften emotionale Nahrung verschaffen konnte. Die Vorstellung, wie mutterseelenallein er war, machte mich traurig. Ich hatte meine Barrieren nur einen Augenblick lang sinken lassen, doch das genügte, um die Verletzlichkeit zu spüren, die Robert hinter seiner ganzen Angeberei *eigentlich* kommunizierte. Ich gewann seiner tyrannischen Art weiterhin nichts ab, aber plötzlich konnte ich in ihm einen Menschen mit all seinen Verletzungen und Ängsten sehen. Er war zu einem wie du und ich geworden.

In dem Maße, wie sich mein Blick schärfte, fielen mir nach und nach allerhand positive Dinge an Robert auf. Ich lernte es zu schätzen, dass er immer pünktlich zur Arbeit erschien, auch wenn seine Augen mitunter so müde und verquollen aussahen, als hätte er in der Nacht zuvor nicht viel Schlaf bekommen. Ich merkte, dass er sich geschmackvoll kleidete und seine Hemden immer sauber und frisch gebügelt waren. Ganz allmählich wuchs mein Respekt für den Mann, und ich fürchtete ihn immer weniger. Ich spürte, wie mein Widerstand gegen ihn schwand und so etwas wie Mitgefühl in mir zu wachsen begann. Damit hatte ich nicht nur Robert, sondern auch mir selbst gegenüber ein besseres Gefühl. Nach einiger Zeit fiel mir auf, dass er öfter als früher an meiner Bürotür stehen blieb, obwohl er mir nichts Besonderes mitzuteilen hatte. Es sah so aus, als würde es ihn unwillkürlich zu dem kleinen bisschen Wärme hinziehen, das ich für ihn hegte – wie eine Katze, die sich auf ein sonnengewärmtes Fensterbrett legt.

Allein durch das Beobachten meiner Interaktionen mit Robert lernte ich zwei Dinge. Erstens erkannte ich, wie ich meine Einstellung anderen Menschen gegenüber verzerre, wenn ich aus einer inneren Abwehrhaltung heraus reagiere. Und zweitens wurde mir klar, dass sich mein eigenes Selbstbild verändert, wenn ich mich öffne und mein Gegenüber aus einem anderen Blickwinkel heraus betrachte. Auf den ersten Blick keine besonders spektakulären Erkenntnisse. Weniger aufregend als ein Hund, der sich mit einem hungrigen Bären spielerisch im Schnee herumbalgt. Doch zu lernen, wie man von der inneren Abwehr auf eine humorvollere, empfänglichere Haltung umschalten kann, ist wirklich weltbewegend: Es ist der Schlüssel zu glücklichen, harmonischen Beziehungen und Gemeinschaften.

Ich habe einmal den Spruch gehört, dass Liebe und Angst nicht gleichzeitig in einem Raum sein können. Er hat sich in meiner jahrelangen Erfahrung mit achtsamer Kommunikation stets als wahr erwiesen. Es ist leicht, Zuneigung und Güte zu empfinden, wenn wir offen sind. Ich sage meinen Klienten oft, dass gute Absichten genauso wenig bedeuten wie im Zustand der Verliebtheit vorgetragene Hochzeitsschwüre. Wie stark sie sind, zeigt sich erst, wenn die Angst den Raum betritt. Das Mühevolle an der achtsamen Kommunikation ist, dass sie uns von Angesicht zu Angesicht mit unseren Beziehungsängsten in Berührung bringt. Deren Wurzeln reichen oft viel tiefer in persönliche Grundängste hinein, die unseren Selbstwert betreffen. Die gute Nachricht: Wir müssen nur bereit sein, präsent zu bleiben und uns mit diesen Grundängsten auseinanderzusetzen, und schon merken wir, dass Liebe sehr viel stärker ist als sie. In dem Maße, wie wir Vertrauen in diese Erkenntnis gewinnen, wird uns klar, dass jede Beziehung zu einem Weg der Selbsterkenntnis werden kann. Allein indem wir uns in Gesprächen stets unsere Muster von Offenheit und Verschlossenheit bewusst machen, wächst unsere Achtsamkeit und Einsicht. Dann sehen wir auf einmal, wie sich unser Kommunikationsstil auf andere auswirkt. Und wir merken, dass eine auf Angst basierende Haltung einem anderen Menschen gegenüber uns blind dafür machen kann, wer er wirklich ist.

Die drei Ampelfarben

In meinen Seminaren zur achtsamen Kommunikation nutzen wir die wechselnden Farben einer Verkehrsampel als Metapher dafür, ob eine Kommunikation geschlossen, offen oder irgendwo dazwischen ist. Verschließt sich der Kommunikationskanal, schaltet die Ampel auf Rot. Fühlt sich der Austausch wieder offen an, wird sie grün. Und haben wir den Eindruck, dass er sich irgendwo dazwischen bewegt oder kurz vor dem Zumachen ist, reden wir vom gelben Licht. Von Seminarteilnehmern habe ich immer wieder die Rückmeldung bekommen, dass ihnen dieses Bild hilft, ihre jeweiligen Kommunikationsstile zu identifizieren und zu erkennen, welche Konsequenzen sich daraus ergeben.

Wir arbeiten zunächst mit Grün und Rot als Signal für offene beziehungsweise verschlossene Kommunikationsmuster, da wir es normalerweise nicht gewohnt sind, diese im Auge zu behalten. Sobald diese beiden Ampelphasen klar sind, konzentrieren wir uns auf das dazwischenliegende Gelb. Hier eine kleine Übersicht über die Bedeutung der drei Farben:

Die rote Ampel zeigt an, dass die Kommunikation zum Erliegen gekommen ist. Wenn wir uns ein Gespräch als einen in zwei Richtungen fließenden Verkehrsstrom vorstellen, bei dem von beiden Seiten etwa gleich viele Informationen transportiert werden, dann bedeutet die rote Ampel, dass der Verkehr zum Stillstand gekommen ist. Zumindest einer der beiden Gesprächsteilnehmer hört nicht zu. Diese Unterbrechung kann kurz sein oder auch länger andauern. Nehmen wir an, wir würden uns missverstanden fühlen und sagen: »Moment mal! Können wir erst mal schauen, ob wir überhaupt von der gleichen Sache reden?« Dies könnte ein Zeichen dafür sein, dass wir auf das kurze Aufflackern einer roten Ampel reagieren. Auf Dauerrot kann die Kommunikation zum Beispiel schalten, wenn wir in einer langfristigen Beziehung mit jemandem zusammenleben, der sehr abwehrend und rechthaberisch ist und nicht akzeptieren kann, wer wir sind oder was wir zu sagen haben. Rot kann also auch bedeuten, dass wir zwar selbst offen sind, nicht aber der andere, mit dem wir zu kommunizieren versuchen. In diesem Fall sendet er uns die Botschaft »Zugang verboten«. Andererseits benutzen wir das Symbol der roten Ampel auch, um zu verstehen, wie wir selbst uns verschließen. Wenn wir unsere Barrieren hochfahren, blockieren wir den Informationszufluss aus unserem Umfeld und ersetzen ihn, indem wir im Kopf zu fabulieren, zu projizieren, Ängste zu produzieren und mental zu reagieren beginnen. Die rote Ampel dient in jedem Fall als Hinweis darauf, dass die Kommunikation zum Erliegen gekommen ist.

Die grüne Ampel hingegen steht für Offenheit. Im Gespräch fließt der »Verkehrsstrom« in beide Richtungen. Wir führen einen echten Dialog, sobald wir uns über unsere vertrauten Vorstellungen hinausbewegen und unbekanntes Neuland betreten. Echte Freundschaft entsteht, wenn wir andere so akzeptieren, wertschätzen und lieben, wie sie sind. Auf unserem persönlichen Weg zeigt die grüne Ampel jene kurzen Momente der Offenheit an, die wir als Mahnung und Leitlinie für unser künftiges Kommunikationsverhalten nutzen können. Sind wir offen, können wir zuhören – uns selbst, unserem Umfeld und anderen Menschen. Offenheit bringt die drei natürlichen Gaben zum Vorschein, die allen Menschen in die Wiege gelegt sind:

- den wachen Körper – die Fähigkeit, aufmerksam zu sein
- das empfindsame Herz – die Fähigkeit, uns in andere einzufühlen
- den offenen Geist – die Fähigkeit, ehrlich, neugierig und einsichtig zu sein

Wie wir im nächsten Kapitel sehen werden, bilden diese drei Eigenschaften von Grün die Grundlage der achtsamen Kommunikation.

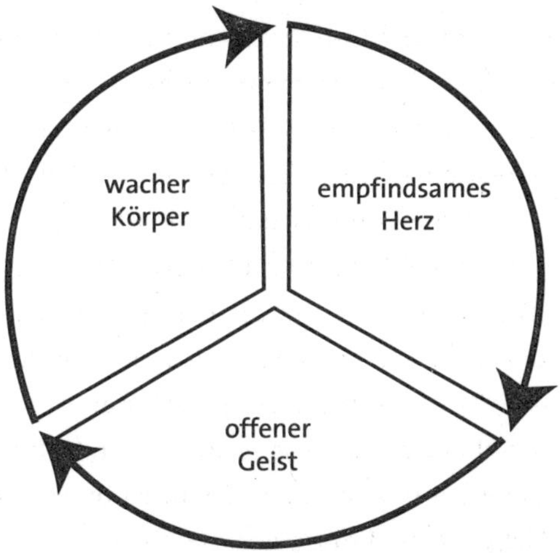

Abb. 1 Natürliches Kommunikationssystem

Die gelbe Ampel steht für die Phasen zwischen Grün und Rot – für die Momente, in denen wir den Boden unter den Füßen verlieren, kurz bevor die Kommunikation zum Erliegen kommt. Man hat uns auf dem linken Fuß erwischt, und wir schämen uns, sind verärgert oder enttäuscht wegen einer unerwarteten Wendung der Ereignisse. Schauen wir unter die Oberfläche solcher Reaktionen, legen wir tiefer sitzende Ängste und Selbstzweifel frei. Gelingt es uns, diesen unter Wahrung der Achtsamkeitsprinzipien einfühlsam und einsichtig zu begegnen, können wir unsere Rot-Auslöser entschärfen.

Das Arbeiten mit der gelben Ampelphase gehört zu den fortgeschrittenen Techniken der achtsamen Kommunikation.

Normalerweise fangen wir einfach damit an, Rot und Grün zu unterscheiden. Mit anderen Worten: Wir achten darauf, wie wir uns öffnen, sobald wir uns emotional sicher fühlen, und wie wir uns verschließen, sobald uns etwas Angst macht. Diese Muster vorurteilsfrei zu beobachten, schärft unsere Eigenwahrnehmung und ermöglicht es uns, unsere Gespräche besser zu steuern. Haben wir eine Zeit lang erforscht, nach welchen Mustern wir uns öffnen und verschließen, können wir uns auf die eigentlich wichtigste Phase konzentrieren, nämlich die, die zwischen beiden liegt. Achtsam zu sein, lehrt uns, wie wir in Momenten, in denen wir uns verletzt fühlen oder enttäuscht sind, auf Kurs bleiben können. In Situationen, in denen sich negative Reaktionen aufdrängen, weil die Dinge anders laufen als geplant, gibt sie uns die Kraft, nicht alles noch weiter zu verschlimmern. Kehren wir noch einmal zu meiner Beziehung zu Robert zurück, denn sie zeigt uns noch etwas anderes.

Die rote Ampel: Abwehrreaktionen

Ob während eines wichtigen beruflichen Meetings oder in einer schmerzlichen Auseinandersetzung mit dem Partner – eine Schulung in achtsamer Kommunikation hilft uns zu erkennen, wann unser Kommunikationskanal verschlossen ist. In solchen Momenten bleiben wir still, statt mit irgendwelchen Bemerkungen herauszuplatzen, die wir später bereuen würden. Solange ich mich von Robert einschüchtern ließ, stand bei mir die Ampel auf Rot. Ich war ablehnend und verschlossen. Verschließen wir als Reaktion auf unsere Angst den Kommunikationskanal, verschanzen wir uns damit hinter einer Barriere, die uns von der Welt trennt. Innerlich rechtfertigen wir unsere Abwehrhaltung, indem wir an unhinterfragten Meinungen festhalten. Wir sagen uns, dass Beziehungen sowieso nicht so wichtig seien. Wir schmälern den Wert des anderen und stellen unser Eigeninteresse voran. Kurz, unser Wertesystem verschiebt sich auf Ich-zuerst. Verschlossene Kommunikationsmuster sind von Manipulation und Misstrauen geprägt. Wir betrachten andere als erstarrte Objekte, die nur dann von Bedeutung sind, wenn sie unseren Bedürfnissen entsprechen.

Das Problem der verschlossenen Kommunikation ist, dass sie uns eher Kummer bereitet, als uns davor zu bewahren. Wir können noch so viel Selbstgewissheit empfinden oder zur Schau stellen, das Gefühl der Isoliertheit, das uns hinter unserer Barriere befällt, versetzt uns unbewusst in Panik. Wenn wir tatsächlich ganz allein sind, wie können wir uns dann unsere Bedürfnisse erfüllen? Wie sollen wir uns mit dem Notwendigen versorgen? Wie unsere Feinde abwehren? Müssen wir solche inneren Ängste unterdrücken, lässt uns dies noch starrer werden und den Kontakt mit dem Energiestrom in Körper, Geist und Herz noch mehr verlieren. Unsere Muskulatur verspannt sich. Unser Denken und Fühlen verhärtet.

Das Gefühl der Isolation macht uns emotional hungrig, sodass wir uns auf die Suche nach anderen begeben, von denen wir uns Rettung oder Unterhaltung versprechen. Wir manipulieren sie, damit sie uns geben, was wir brauchen. Weil unsere Strategien nie und nimmer aufgehen können, sind wir von den Menschen zunehmend enttäuscht. Wir leiden, und wir verursachen anderen Leid.

Lassen Sie uns an dieser Stelle eine klare Abgrenzung zwischen einem gesunden Selbstschutz und den auf Angst basierenden Barrieren vornehmen, von denen hier die Rede ist. Bei Rot verwechseln wir beide miteinander. Echter Selbstschutz kann nur durch Offenheit entstehen. Schalten wir auf Ich-zuerst um, meinen wir, dass es in unserem ureigenen Interesse sei, über die Auswirkungen unserer Worte auf andere hinwegzusehen. Dabei merken wir nicht, dass damit alles nur noch schlimmer wird und die Geborgenheit, die wir suchen, in immer weitere Ferne rückt.

Wir sind von Geburt an auf der Ebene von Körper, Herz und Geist mit sensiblen Rezeptoren ausgestattet, mit deren Hilfe wir den Energie- und Lebensstrom in uns und um uns herum feinfühlig erspüren können. Jeder von uns verfügt über dieses natürliche Kommunikationssystem, das uns unablässig mit Informationen versorgt. Verschließen wir uns also und begeben uns in eine Abwehrhaltung – sei es für wenige Minuten, für ein paar Tage, Monate oder gar ein Leben lang –, schneiden wir uns damit nicht nur von anderen, sondern auch von unserer naturgegebenen Kommunikationsfähigkeit ab. Durch Achtsamkeit schulen wir unser Bewusstsein dafür, wann wir den Pfad der uns angeborenen kommunikativen Weisheit verlassen. Anders ausgedrückt: Wir lernen zu erkennen, wann die Ampel auf Rot umschaltet.

Die grüne Ampel: Offenheit

Als es mir gelang, mich zu öffnen, auf meine Ressourcen zuzugreifen und in Robert einen Spielgefährten zu sehen, schaltete bei mir die Ampel auf Grün um. Achten wir auf unsere Kommunikationsmuster, hilft uns dies, den Wert der Offenheit zu erkennen. Achtsam zu kommunizieren bringt mehr Wärme und Ehrlichkeit in unsere Beziehungen. Zu echter Freundschaft bedarf es der Selbstakzeptanz, und diese wiederum gedeiht auf dem Boden der praktizierten Achtsamkeit.

Die grüne Ampel steht für Präsenz. Aus einer Haltung der Achtsamkeit heraus können wir dies erkennen. Es gehört zu den besonderen geistigen Fähigkeiten des Menschen, uns unser Tun im Hier und Jetzt bewusst zu machen und uns mit einem Weckruf zurückzuholen, sobald unsere Aufmerksamkeit zu weit vom gegenwärtigen Augenblick abschweift. Ohne Achtsamkeit könnten wir weder Auto fahren noch eine Seite Gedrucktes lesen. Aber wie die Muskeln im Körper will auch die geistige Kraft der Achtsamkeit trainiert sein, da Vernachlässigung sie schwächt.

Achtsamkeit kann Beziehungen verändern. Wir stärken sie, indem wir aufmerksam sind, und wir bewahren sie, indem wir unsere Worte mit Bedacht wählen, sobald wir unter negative Einflüsse geraten. Wie wir am Beispiel von Hund Churchill sehen, ist es eine erfolgreichere Strategie, selbst mit unseren Feinden immer in Verbindung zu bleiben, als uns hinter einer imaginären Barriere zu verschanzen und alles mit uns allein auszumachen.

Unter guten Freunden betrachten wir unsere individuellen Bedürfnisse nicht als konträr zu denen der anderen. Wir gehen automatisch in die Wir-zuerst-Haltung, weil uns klar ist, dass unser Überleben davon abhängt, uns die guten Beziehungen innerhalb dieses Kreises zu erhalten. Dieses Gefühl der Verbundenheit kommt in offenen Kommunikationsmustern zum Ausdruck. Und diese wiederum machen uns empfänglich für das, was im gegenwärtigen Moment geschieht, ob es nun angenehm ist oder nicht. Offenheit kommt aus dem Herzen. Sie schafft die Bereitschaft, mit anderen Freud und Leid zu teilen. Weil wir nicht von unseren eigenen Meinungen blockiert sind, eröffnen sich uns im Gespräch mit anderen neue Erfahrungswelten. Wir lernen, verändern uns und wachsen.

Die gelbe Ampel: Die kritische Phase der Unsicherheit

»Ich verstehe nicht, was Gelb bedeutet«, meinte eines Tages die vierjährige Tochter meiner Freundin, als sie hinten im Auto saß. »Ich weiß, dass man bei Rot anhalten und bei Grün losfahren soll. Aber wenn die Ampel gelb ist, geben manche Leute Gas, und andere treten auf die Bremse.«

In der achtsamen Kommunikation fordert uns das Symbol der gelben Ampel auf, unser Tempo zu drosseln. Wir sollen innehalten, um genauer hinzuschauen, was passiert, wenn etwas Unerwartetes geschieht und wir uns unsicher fühlen. Dies widerspricht unserem normalen Verhalten, denn wir sind es gewohnt, solche gelben Zwischenstadien einfach schnell hinter uns zu lassen, um mit Vollgas in der Rotphase zu landen, in der gar nichts mehr geht.

Als meine Abwehrreaktionen Robert gegenüber so schmerzhaft wurden, dass sie meine Neugier zu wecken begannen, ging bei mir die gelbe Ampel an. Üben wir uns in achtsamer Kommunikation, stellen wir uns irgendwann die Frage: »Was genau bringt mich dazu, von offen auf verschlossen umzuschalten und dann wieder aufzumachen?« Mit der Zeit entdecken wir, dass es zwischen beiden Zuständen noch eine andere innere Haltung gibt. Und genau die wird von der gelben Ampel symbolisiert. »Dazwischen« ist ein Ort, den wir normalerweise nur ungern betreten. Wir landen dort, wenn es uns den Boden unter den Füßen wegzieht, wenn wir überrascht sind, uns schämen, enttäuscht sind – also immer dann, wenn wir unmittelbar davor sind zuzumachen. In solchen Momenten empfinden wir womöglich einen plötzlichen Vertrauensverlust. Oder es flackert unerwartet ein Gefühl der Verlegenheit oder Gehemmtheit in uns auf. Zu lernen, in solchen Situationen Kurs zu halten und neugierig zu bleiben, nimmt in der Praxis der achtsamen Kommunikation eine zentrale Bedeutung ein. Die buddhistische Lehrerin Pema Chödrön, die mir bei dieser Arbeit eine unschätzbare Mentorin war, benutzt den Begriff *Shenpa*, um die unterschwellig spürbare Energie zu beschreiben, die wir in diesem gelben Bereich spüren. Sie weist uns an, uns in solchen Momenten »nicht von der Stelle zu rühren«.

Hätten unsere Barrieren tatsächlich einen Wert, wäre es wenig sinnvoll, uns so zu verhalten. Doch in Wirklichkeit schwächen sie uns nur, wie sich am Beispiel eines Menschen zeigt, der solche Angst vor Bakterien hat, dass er die ganze Zeit mit Mundschutz und Handschuhen herumläuft. Achtsam zu sein ist da eine sehr viel effizientere Methode, um gesund zu bleiben. Es stärkt gewissermaßen unser emotionales Immunsystem, sodass uns die kleinen alltäglichen Probleme in unseren Beziehungen weniger tangieren.

Es kommt entscheidend auf den Zwischenzustand an, wenn es darum geht, in unserem privaten und beruflichen Umfeld Frieden einziehen zu lassen. Betrachten wir das Beispiel von Jason und Debra. Die beiden nahmen sich vor, mithilfe von achtsamer Kommunikation die negativen Muster zu überwinden, mit denen sie aufeinander reagierten. Sie hatten sich drei Jahre zuvor bei einer Spendensammelaktion für einen Radiosender kennengelernt. Debra fühlte sich auf Anhieb zu dem kleinen Mann hingezogen, der schüchtern lächelnd eine riesige afrikanische Trommel durch die Menschenmenge schleppte. Als der Abend sich neigte und sie ihn hatte spielen hören, war sie in ihn verliebt. Tags darauf sahen sie sich wieder, und sie fragte ihn, ob er Lust hätte, sie auf einem Tagesausflug mit dem Kajak zu begleiten. Er zögerte einen Moment, als stünde er ganz vorne auf einem hohen Sprungturm. Debra hatte alle Eigenschaften, die er an Frauen liebte. Sie war clever, unabhängig und sexy. Er wusste, dass zwischen ihnen beiden etwas Ernsteres entstehen könnte, wenn er sich auf sie einließe. Aber wäre es auch sicher? Er entschloss sich zu springen, sagte ja, und seither waren sie zusammen.

Drei Jahre später gerieten die beiden in raues Fahrwasser.

Sie gingen sich permanent auf die Nerven. Ausgerechnet die Eigenschaften, die sie ursprünglich am anderen angezogen hatten, hatten jetzt die gegenteilige Wirkung. Debra vermittelte mit ihrer Unabhängigkeit den Eindruck, distanziert und unberechenbar zu sein. Jason wirkte wegen seiner Kreativität und Verspieltheit oberflächlich und unreif. Trotzdem wollten die beiden die Beziehung nicht aufgeben, zumindest noch nicht gleich. Als ich ihnen am Ende des Beratungsgesprächs ihre Hausaufgabe mitteilte, waren sie überrascht: Sie sollten sich in der folgenden Woche täglich jeweils drei liebevolle Gesten erweisen. Später würde noch genug Zeit sein, eine tragfähigere Kommunikationsbrücke zu errichten. Jason und Debra mussten in ihrer Beziehung zuerst zu einer Atmosphäre der gegenseitigen Wertschätzung und Dankbarkeit zurückfinden.

In Phasen, in denen die gelbe Ampel leuchtet, kann das Erweisen oder Vorenthalten kleiner Aufmerksamkeiten über das Wohl oder Wehe einer Beziehung entscheiden. Sind wir erst einmal bei Rot gelandet, ist es zu spät für den Austausch von Nettigkeiten – wir sind zu sehr auf der Hut. Ich habe dies immer und immer wieder erlebt. In meiner Beratungsarbeit sehe ich dauernd, wie Paare, die in einer kritischen Phase stecken, durch das Umschalten von Ich-zuerst auf Wir-zuerst ihre Beziehung retten können. Es reicht schon ein vorübergehendes Gefühl von Dankbarkeit oder ein gemeinsames Hobby, um ein Sicherheitsnetz zu spannen, wenn alles auseinanderzubrechen droht.

Statt die Sache dem Zufall zu überlassen, stellten Debra und Jason Wunschlisten mit kleinen Aufmerksamkeiten zusammen, für die sie dankbar wären, und hängten sie mit einem Magneten an die Kühlschranktür. Die Abmachung lautete: Wenn einer von beiden dem anderen eines dieser Geschenke machte, würde sich der andere dafür bedanken. Auf den Listen kamen auch Alltagspflichten vor, deren Erledigung sie bis dahin als gegeben hingenommen hatten:

- Ich freue mich, wenn du mich tagsüber von der Arbeit aus anrufst, um einfach nur Hallo zu sagen.
- Ich freue mich, wenn du mir abends etwas kochst oder mir etwas zum Mittagessen einpackst.
- Ich freue mich, wenn du mir eine halbe Stunde von deiner Zeit schenkst, die wir in Ruhe miteinander verbringen können.
- Ich freue mich, wenn du mit mir ins Kino gehst, um einen Film anzuschauen, den ich sehen möchte, selbst wenn du selbst nicht viel davon hältst.
- Ich freue mich, wenn du mir meine Wäsche mitwäschst.
- Ich freue mich darüber, wie gut du mit meiner Familie zurechtkommst und dass du mich daran erinnerst, wenn einer von ihnen Geburtstag hat.

Das durch solche Aufmerksamkeiten entstehende Gefühl der Dankbarkeit weckte bei Debra und Jason das Interesse, intensiver ins Gespräch miteinander zu kommen. Als sie anfingen, sich über ihre Unterschiedlichkeit auszutauschen, merkten sie, wie wichtig es ist, sich die Wir-zuerst-Haltung des gegenseitigen Respekts zu bewahren. Und sie erkannten, wie sie mit ihren Ich-zuerst-Reaktionen das gegenseitige Misstrauen immer weiter geschürt hatten. Debra formulierte es so:

> Diese Übung erinnerte mich an einen Spruch meiner Großmutter: »Mit Honig erreichst du mehr als mit Essig.« Wie wütend ich auch manchmal über Jasons Verhalten bin, ich will nicht alles noch zusätzlich mit meinen Reaktionen verschlimmern. Ich weiß, dass der Schuss nach hinten losgeht, wenn ich anfange, ihn zu kritisieren, und dass ich unserer Beziehung damit noch mehr schade. Wenn ich ihm jetzt etwas sagen will, danke ich ihm immer zuerst für etwas Positives, das er getan hat. Das verändert völlig den Ton bei dem, was danach kommt, nicht nur für ihn, sondern auch für mich.

Güte, Behutsamkeit und Dankbarkeit kann unsere Reaktionen in Gelbphasen konstruktiv verwandeln. Kommen wir in die Wir-zuerst-Haltung, erlaubt uns dies, sensibel mit unseren eigenen Ängsten umzugehen und gleichzeitig dem anderen gegenüber geduldig zu sein. Robert zum Beispiel wurde mir sympathischer, nachdem ich meine eigenen ungeschickten, unsinnigen Versuche, mich vor eingebildeten Bedrohungen zu schützen, näher unter die Lupe genommen hatte.

Und dann gibt es noch diese magischen Momente, in denen es uns gelingt, uns zu öffnen und als Einladung zum Spielen nach Churchill-Art mit dem Schwanz zu wedeln. In solchen Augenblicken durchbrechen wir den Bann, der uns allein auf unsere eigenen Pläne starren lässt. Und auf einmal sind wir bereit für eine echte Beziehung. Solche abrupten Verschiebungen in unserer inneren Haltung scheinen aus heiterem Himmel zu kommen und geschehen oft in den Momenten, in denen unser Ego fürchterlich in Bedrängnis ist – zum Beispiel, wenn wir zugeben müssen, einen Fehler gemacht zu haben.

Die Gelbphase fordert uns eine Entscheidung ab. Ich merke, wie ich mit mir selbst debattiere, welchen Weg ich einschlagen soll: Soll ich das, was geschehen ist, zurücknehmen und mich entschuldigen, oder will ich an meinem Frust festhalten? Je nachdem, wie viel Freundlichkeit ich aufzubringen vermag, könnte das Zünglein an der Waage entweder in der einen oder der anderen Richtung ausschlagen. Und von dieser wackeligen Balance hängt das Glück meiner Ehe ab.

Wenn ich den Kommunikationsprozess zurückverfolge, den ich mit meinem Mann in unserem dreiundzwanzigjährigen Zusammensein durchlebt habe, wird mir klar, dass es zwischen uns eine ganze Reihe von Wendepunkten gegeben hat. Und an jedem einzelnen davon stand auf Messers Schneide, ob wir zusammen in den Himmel oder auf Höllenfahrt gehen würden. Dass wir noch immer glücklich miteinander sind, ist das Ergebnis eines tausendfachen Aufflackerns der gelben Ampel, bei dem es uns gelang, unsere Enttäuschungen und Streits stets aufs Neue in Chancen zu verwandeln – als Gelegenheiten, wieder eine Maske abzunehmen, uns näherzukommen und uns miteinander zu freuen.

Die drei Ampelphasen als Orientierungshilfe

Sich in achtsamer Kommunikation zu üben, lohnt sich nicht nur im Hinblick auf Liebesbeziehungen. Wir begeben uns mit ihr auf einen persönlichen Weg, der die feinen seismografischen Ausschläge menschlicher Emotionen in Gesprächen als Möglichkeit zur Selbsterkenntnis nutzt. Die Wachheit unseres natürlichen Kommunikationssystems zieht sich wie ein roter Faden durch jeden einzelnen Augenblick unseres Lebens. Praktizierte Achtsamkeit hilft uns, diese Wahrheit zu verinnerlichen. Wir können uns selbst dabei zuschauen, wie wir den ganzen Tag über laufend in vielen kurzen Momenten auf- und zumachen. Auf einer belebten Straße löst sich ein Fremder aus der Menge und kommt auf uns zu, um sich nach dem Weg zu erkundigen. Wir sitzen mit einem Kollegen beim Kaffee und reden über irgendein Projekt, das wir zu erledigen haben. Es gelingt uns, unser Kind lange genug vom Computer wegzulocken, um es zu fragen, wie es ihm heute in der Schule ergangen ist, und hoffen auf eine Antwort, die aus mehr als einem Wort besteht. Wie sich ein Bewerbungsgespräch entwickelt, kann entscheiden, welche Richtung unser weiteres Leben nehmen wird; die Worte, die wir mit der Bedienung im Café nebenan wechseln, mögen weniger bedeutsam sein – und doch hinterlässt jede Interaktion ihre emotionalen Spuren. Selbst wenn wir uns unter Fremden bewegen, tauschen wir uns laufend auf die eine oder andere Weise aus. Manche Menschen können unsere Stimmung heben, ohne auch nur ein

Wort zu verlieren – der Hausmeister etwa, der ein Liedchen summend in einem Bürogebäude den Boden wischt. Andere brauchen nur eine zynische Bemerkung von sich zu geben, um unsere Stimmung auf den Nullpunkt sinken zu lassen.

Die Absicht, im Wir-zuerst zu bleiben

Wer an Seminaren und Workshops zum Thema achtsame Kommunikation teilnimmt, ist oft von dem Wunsch beseelt, anderen wirklich zu helfen. Oft ist die Traurigkeit mit Händen zu greifen, wenn wir beschreiben, wie wir vor der verschlossenen Kommunikationstür stehen, die uns ein nahestehender Mensch vor der Nase zugeschlagen hat. Die Tiefe dieses Gefühls ist ein guter Ausgangspunkt für die weitere Arbeit. Zu erkennen, dass es nicht in unserer Macht steht, anderen zu helfen, ist, als würden wir auf dem Boden der Realität aufschlagen. Wir sind dann bereit, die Strategien loszulassen, mit deren Hilfe wir einander zu kontrollieren versuchten, und können etwas Neues ausprobieren.

Die verfehlte Ich-zuerst-Haltung lässt uns wie ein Schurkenstaat reagieren, der an seinen Grenzen das Militär auffahren lässt, während seine Bürger verhungern. Wir verteidigen uns, als wären wir isolierte Einzelwesen, die von der Welt ringsum abgeschnitten sind. Intellektuell mögen wir diese Vorstellung ablehnen, aber jedes Mal, wenn unsere Barrieren hochgehen, erheben wir sie zum Prinzip. Wenn ich mich hinter Mauern verschanze, kümmern mich nur noch drei Fragen:

Wie kann ich meine Bedürfnisse erfüllen? Wie kann ich die, die mir bedrohlich erscheinen, loswerden oder bestrafen? Wie kann ich Feedback am effizientesten ausblenden? Der auf Achtsamkeit basierenden Psychologie zufolge entsteht aus diesen Impulsen – Begierde, Aggression und Verdrängung – die Illusion des falschen Selbst. Dieses gibt uns das Gefühl, wie ein großer, solider Fels inmitten des Flusses zu stehen, ganz gleich, wie stark die Strömung ist. Die unendliche Traurigkeit, die uns dazu bringt, uns mit achtsamer Kommunikation zu befassen, erwächst aus dem persönlichen Erlebnis, wie viel Leid diese vertrauten Ich-zuerst-Kommunikationsmuster verursachen.

Traurigkeit und der Wunsch, anderen zu helfen, sind die Triebfedern, die uns den Schwung verleihen, achtsam zu kommunizieren. Der Leitspruch »Bei Grün gehen« nimmt Bezug auf eine Kraft, die wir bislang übersehen haben. Unter allen Umständen – selbst im Angesicht des herannahenden Feindes – können wir vom Aufeinanderzugehen profitieren, statt in die Defensive zu geraten. Genau darin liegt die Macht des Wir-zuerst.

Wir-zuerst ist die Kurzformel für den Paradigmenwechsel, der stattfindet, wenn wir uns öffnen. Das bedeutet, dass wir uns mit dem Verbundensein identifizieren, statt unsere Individualität zu pflegen. Ein anderes Wort dafür ist *Selbstlosigkeit*, ein Begriff, dem viele von uns mit Skepsis begegnen, weil wir ihn mit Märtyrertum oder einer übertriebenen Gutmensch-Mentalität assoziieren. Doch Offenheit öffnet uns den Blick auf eine positive Art von Selbstlosigkeit, eine Win-win-Haltung, bei der wir uns selbst helfen, indem wir anderen helfen. Mein Lehrer Chögyam Trungpa Rinpoche beschreibt echte Selbstlosigkeit als letzte Stufe auf einem langen Weg hin zur offenen Kommunikation:

> Es braucht eine lange Zeit, um unsere Zäune niederzureißen. Der erste Schritt besteht darin, uns selbst zu lieben, mit uns Freundschaft zu schließen, uns selbst nicht mehr zu quälen. Der zweite Schritt besteht darin, mit Menschen zu kommunizieren, eine Beziehung herzustellen und ihnen allmählich zu helfen. Es braucht eine lange Zeit und einen langwierigen Prozess geduldiger Selbstdisziplin. Wenn wir es lernen, uns nicht selbst zur Last zu machen und dann gegenüber anderen Menschen zu öffnen, so sind wir für die dritte Stufe bereit — selbstlose Hilfe.[1]

Eine wichtige Lektion, die ich in diesem Zusammenhang gelernt habe, ist die: Es ist trügerisch einfach, über diese Lehren zu reden, aber eine außerordentliche Herausforderung, sie in die Praxis umzusetzen.

---

1 Chögyam Trungpa, *Der Mythos Freiheit und der Weg der Meditation*, S. 118

Engpässe

Vor Jahren verstauten mein damals zwölfjähriger Sohn und ich in Boulder, Colorado, all unsere Siebensachen im Auto und machten uns auf den Weg nach Alaska. Es gibt viele Dörfer und Städte entlang der Küste dort oben im Norden, die nicht über Straßen erreichbar sind, so auch die Hauptstadt Juneau. Das Fährsystem wird darum als *Alaska Marine Highway* – Meeresautobahn Alaskas – bezeichnet. Als wir nach Bellingham im Bundesstaat Washington kamen, sagte man uns, dass das Schiff zwei Tage und drei Nächte unterwegs sein würde, um Juneau auf der für größere Schiffe nicht befahrbaren »Inside Passage« zu erreichen. Am dritten Abend stellte ich mir den Wecker auf drei Uhr morgens, denn wir wollten auf keinen Fall die Wrangell Narrows verpassen, einen tückischen, etwa fünfunddreißig Kilometer langen Kanal durch den Alexanderarchipel.

»Aufwachen, Sheehan, ich habe eine Überraschung für dich«, sagte ich und stupste meinen Sohn an. Er murmelte etwas und rollte auf die andere Seite. Dann überlegte er es sich doch noch einmal anders und raffte sich auf, um sich das Abenteuer nicht entgehen zu lassen. Wir begaben uns an Deck und saßen, in eine warme Decke gekuschelt, im eisigen, dunklen Nebel und beobachteten, wie sich bei der Einfahrt in den gefährlichen Engpass zwischen den Inseln allmählich die Silhouette der Küste herausschälte. Es herrschte eine unheimliche Atmosphäre, wie in einem Traum. Sie weckte Assoziationen an Dantes Höllenreise. Man hatte die Schiffsmaschine stark gedrosselt, und man hatte den Eindruck, wir würden ruderlos dahintreiben. Dann tauchten aus der Finsternis Lichter auf, mal blinkte es grün, ein andermal rot.

»Wow, ist das cool!«, rief mein Sohn und sprach mir aus der Seele.

Es dauerte mehrere Stunden, bis das Schiff vorsichtig durch die Enge gelotst war, und insgesamt kamen wir an etwa sechzig solcher Leuchtbojen vorbei. Ich erklärte Sheehan, dass diese Lichter für Tausende von Fischerbooten und kleinen Schiffen von lebenswichtiger Bedeutung waren. Während wir von ihnen durch die Dunkelheit geleitet wurden, empfand ich auf einmal eine tiefe Dankbarkeit für meine Lehrer.

Seit Jahrzehnten hatte ich das Glück, dass mir von einigen der weltweit bedeutendsten Meister der Meditation immer neue tiefe, verblüffende Erkenntnisse zum Thema Achtsamkeit zuteilwurden. Wie die Entdecker und Seefahrer, die eine sichere Passage durch diese gefährlichen Gewässer fanden, haben sie für mich die Route abgesteckt, die mich erkennen lässt, was es in meinen Beziehungen zu fördern und was es zu meiden gilt. Es sind die grünen und roten Blinklichter, die Reisenden wie mir in der Dunkelheit den Weg weisen.

Offenheit und die damit einhergehenden Eigenschaften sind wie Leuchtzeichen in der Finsternis. Sie unterscheiden sich radikal von dem, was unsere Gesellschaft maßgeblich prägt: Achtlosigkeit und Schnelligkeit. Es ist schwer, das eigene Tempo so weit zu reduzieren, dass wir die Qualität der Offenheit in unserer Kommunikation entdecken können, sind wir doch in erster Linie damit befasst, mit welchen Strategien wir unsere Bedürfnisse erfüllen können. Unsere auf Angst gegründete Gesellschaft ist auf eine Ich-zuerst-Haltung fixiert, die sich im unersättlichen Hunger unseres Konsumwahns ebenso ausdrückt wie in der ständigen paranoiden Abwehr von unsichtbaren Feinden und der lähmenden Art und Weise, wie man uns ermutigt, uns in sinnlosen Vergnügungen zu verlieren. Dies sind die felsigen Untiefen, die die Gestaltung von achtsamkeitsbasierten Beziehungen zu einem so gefährlichen Unterfangen machen.

In einem auf Angst gegründeten Umfeld verlieren wir jegliche Perspektive. Darum bedürfen wir der Führung durch erleuchtete Lehrer. Was man uns als normal hinstellt, kann mitunter schädlich sein, aber das zu durchschauen, ist bisweilen sehr schwierig. Es ist wie in der Fabel von dem Dorf, dessen Brunnen vergiftet wurde. Wer daraus trank, wurde verrückt, sodass einer nach dem anderen den Verstand verlor. Würden wir in ein Dorf kommen, dessen Bewohner allesamt wahnsinnig sind, würden wir an unserem eigenen Verstand zu zweifeln beginnen.

Um bei dieser Analogie zu bleiben: Wenn wir aufwachen und erkennen, dass wir in Wahrheit alle miteinander verbunden sind, merken wir, wie verrückt unsere Strategien sind, mit deren Hilfe wir uns auf Kosten anderer Vorteile zu verschaffen suchen. Achtlose Kommunikation bedeutet, dass alles möglich ist, solange wir nur unsere eigenen Interessen wahren oder vorantreiben. Nehmen wir aber einmal an, dass wir mitten in einer Auseinandersetzung, in der wir gerade eine verbale Geheimwaffe gegen einen anderen zücken wollen, uns stattdessen fragen: »Will ich wirklich dieser Beziehung permanent Schaden zufügen?« In diesem Moment ist es, als würde das Gift im Brunnen seine Wirkung verlieren. Wir erleben einen Moment der geistigen Klarheit. Achtsame Kommunikation zu praktizieren ist, als würden wir uns eine neue, saubere Trinkwasserquelle erschließen und den vergifteten Brunnen meiden. Es ist, als würde uns ein erleuchteter Lehrer ins Ohr flüstern, wohin die Reise geht.

Neue Ideen

Um das Konzept des Wir-zuerst zu verstehen, müssen wir uns mit dem Gedankengut von Kulturen befassen, die nicht auf Angst beruhen. Viele kennen Albert Einsteins Spruch: »Ein Problem kann nicht auf derselben Bewusstseinsebene gelöst werden, auf der es entstanden ist.« Schauen Sie sich also einmal die Leute an, die Probleme lösen, statt sie zu schaffen. Wer fällt Ihnen da in Ihrem Umfeld ein? Welche Leute sind das, die von dieser Bewusstseinsebene aus agieren?

Bei mir selbst war es mein Vater, der mir den Gedanken des Wir-zuerst zum ersten Mal nahegebracht hat. An meinem elften Geburtstag wurde unsere Familie um ein Mitglied reicher: einen fünfunddreißig Kilo schweren Golden Retriever namens Smallwood. Dieser Hund trat mit einer denkwürdigen Szene in unser Leben. Kaum war er zur Tür hereingesprungen, lief nichts mehr wie geplant. Er war so stark und fröhlich, dass sein wedelnder Schwanz meine kleine Schwester – sie war damals im Kleinkindalter – zu Boden riss. Mit Smallwood wurde ein neues Kapitel in meinem Leben aufgeschlagen, denn fortan ging ich abends immer mit meinem Vater und dem Hund spazieren. Sobald das Geschirr gespült war, verließen wir das stickige, lärmende Haus und tauchten ins neblige Dämmerlicht unseres Viertels ein. In den darauffolgenden Jahren führte mich mein Vater in all die großartigen Ideen ein, über die er gerade las.

Er war begeistert von den Schriften von Erich Fromm, Viktor Frankl, Eric Berne, Rollo May und anderen. All diese berühmten Denker sprachen auf die eine oder andere Weise von der Kraft der Liebe und Offenheit. Mein Vater erklärte mir die Philosophie von Martin Buber, der zwei Arten von Dialog einander gegenüberstellte. Für die offene Form wählte er die Bezeichnung »Ich-Du«, die verschlossene nannte er »Ich-Es«. Wenn wir uns verschließen, machen wir andere zum »Es«, also zum Objekt. Ähnliche Gedanken formulierte der Psychologe Carl Rogers, der unter heilender Kommunikation »bedingungslose Wertschätzung« verstand. Später definierte der Physiker David Bohm echten Dialog als einen »durch uns hindurch und zwischen uns frei fließenden Strom von Bedeutungen«[2].

Während ich den Ausführungen meines Vaters lauschte, erkannte ich, dass »Offenheit« eine Art Paradigmenwechsel von einer Wesensart zur anderen darstellt. Mir wurde klar, dass es

2 Lee Nichol (Hrsg.), *The Essential David Bohm*, S. 302, eigene Übersetzung

eine Geisteshaltung der bedingungslosen Wärme und Neugier gibt, zu der jeder gelangen kann, sofern er nur all seine emotionalen Barrieren sinken lässt. Diese Offenheit bringt ein Gefühl von Heiligkeit und Respekt in unser Leben. Buber gab dieser Form von Wir-zuerst-Beziehung das schöne Wort »Du«.

Sobald wir uns von unserer Offenheit abkehren, uns also von der Ich-Du-Ebene verabschieden, begeben wir uns seiner Philosophie zufolge in das Ich-Es. Damit geht das Magische und Menschliche in unseren Beziehungen verloren. Wir machen andere zu Objekten, die wir auf die eine oder andere Weise zu manipulieren versuchen. Gehen wir auf diese Weise auf Distanz, reduzieren wir alles auf die Sachebene. Sogar von unserem eigenen Körper, unserem Herzen und unserem Geist schneiden wir uns ab. Aus dieser Ich-zuerst-Haltung heraus rechtfertigen wir Aktivitäten, mit denen wir die natürlichen Lebensgrundlagen auf unserem Planeten zerstören und den langfristigen Erhalt unserer angstbasierten Gesellschaften sichern.

In den 1960er Jahren erlebte die Welt eine unruhige Zeit der Veränderung, die von Konflikten, Krieg und sozialem Aufruhr geprägt war. Neue Ideen von der Macht der Liebe und Offenheit wirkten in meiner Generation als Katalysatoren. Um es mit Dr. Martin Luther King jr. zu formulieren: »Liebe ist irgendwie der Schlüssel zu der Tür, die zur letztendlichen Wirklichkeit führt.«[3] Während der Spaziergänge mit meinem Vater

---

3 Aus Martin Luther Kings Rede »Jenseits von Vietnam«, gehalten am 4. April 1967 in New York

hatte ich das Gefühl, eine neue Art von Spiritualität heraufdämmern zu sehen – eine ganzheitliche Heiligkeit, in der die Psychologie ebenso ihren Platz hat wie zwischenmenschliche Beziehungen. In dieser Zeit vertiefte sich mein Verständnis einer offenen Kommunikation. Auf das allabendliche Fernsehprogramm zu verzichten und mit meinem Vater vor die Tür zu gehen, war für mich wie eine Initiation – zwischen uns entstand damals ein Dialog mit transformatorischer Kraft, den wir heute noch führen.

Seither bin ich vielen anderen Lehrern begegnet, die ihr Leben der Vermessung der gefährlichen Passage durch die Engpässe angstbasierter Systeme verschrieben haben. Sie zeigen uns, dass eine auf Sanftmut beruhende, erleuchtete Gesellschaft nicht irgendein fernes Ziel ist. Wir brauchen uns nur zu öffnen, und schon ist sie da. Am Vorbild dieser Lehrer können wir lernen, was Selbstlosigkeit bedeutet. Sie führen uns die natürlichen Eigenschaften vor Augen, die in jedem von uns stecken. Und sie zeigen uns mit ihren widersprüchlichen Interventionen, dass der Weg hin zur offenen Kommunikation durch das mitfühlende Verständnis ihres Gegenteils führt: der Art und Weise, wie wir uns verschließen.

So wie Leuchtbojen in finsterer Nacht werfen die Einsichten unserer Lehrer ein kontrastreiches Licht in unsere innere Verwirrung. Sie zeigen uns, wie wir unserem Gefühl des Versagens mit Mitgefühl begegnen können. Machen wir uns nichts vor: Gäbe es eine Abkürzung, die uns die Peinlichkeit des Anblicks unserer Schwächen ersparte, wir würden sie mit Sicherheit alle nehmen. Doch mit dem kürzeren Weg würde auch unser innerer Wandel zu kurz kommen. Unsere echte Kommunikationskraft nämlich kann nur offenbar werden, wenn wir in Kontakt zu unserer gewohnheitsmäßigen Achtlosigkeit treten, statt uns vorzugaukeln, dass es sie nicht gebe. Anders lässt sie sich nicht erlangen. Achtlosigkeit ist, wie bereits der Begriff nahelegt, schwer zu bemerken. So ist es ungeachtet aller damit einhergehenden Peinlichkeiten gut zu wissen, dass es sich hier um ein offenes Geheimnis handelt. Mit den Gesprächen, die wir führen, posaunen wir die verworrenen Geschichten, die wir uns im Kopf erzählen, lautstark in die Welt hinaus.

In der Praxis der achtsamen Kommunikation gelten drei Leitsprüche, die uns sagen, was wir üben und was wir meiden sollen und wie wir mit den Grundängsten umgehen können, die in der Zwischenphase auftauchen:

1. *Bei Grün gehen.* Der erste Leitsatz fordert uns auf, uns zu größerer Offenheit zu entschließen, uns also weniger auf uns selbst zu konzentrieren und für andere zugänglicher zu werden. Wenn wir offen sind, pflegen wir die Freundschaft zu uns selbst; und dies wiederum ist die Voraussetzung für den Wir-zuerst-Ansatz in Beziehungen, der uns unsere Verbundenheit mit dem anderen respektieren lässt, ganz gleich, durch welche Höhen und Tiefen wir in der Kommunikation auch gehen mögen.
2. *Bei Rot stehen bleiben.* Die zweite Regel verlangt, dass wir uns von verletzenden Kommunikationsmustern verabschieden. Durch das Praktizieren von Achtsamkeit können

wir unsere Ich-zuerst-Barrieren durch angemessenere Schutzmöglichkeiten ersetzen, die unseren Beziehungen nicht schaden. Der erste Schritt besteht darin zu lernen, verschlossene Gesprächsmuster – symbolisiert durch die rote Ampel – als solche zu erkennen. Anschließend gilt es zu üben, an solchen Stellen stehen zu bleiben und loszulassen, statt mit Vollgas in die Gefahrenzone zu rasen. Bleiben wir an der roten Ampel stehen, gibt uns das Raum. Wir können neugierig zusehen, was passiert, wenn die Kommunikation zum Erliegen kommt. So lernen wir mit der Zeit, unsere gewohnten Abwehrmuster abzulegen und realistischer auf auftauchende Probleme zu reagieren.

3. *Achtung bei Gelb!* Durch den Verzicht auf schädliche Kommunikationsmuster wird es uns möglich, die verletzlichen Zweifel und Ängste zu erforschen, die sich hinter unserem Rote-Ampel-Verhalten verbergen. Gelb symbolisiert die Auslöser, die uns normalerweise dazu bringen, uns zu verschließen. Wie Eis, das in der Sonne zu tauen beginnt, schmelzen diese Ängste dahin, sobald wir ihnen mit Wärme und neugierigem Interesse begegnen. In diesen kritischen Übergangsmomenten müssen wir uns gut überlegen, auf welche Stimmen wir hören, sodass wir unseren Ängsten Raum geben können, ohne ihnen auf den Leim zu gehen. Damit dies gelingt, brauchen wir die Unterstützung von anderen, die ebenfalls nach Verwirklichung des Wir-zuerst streben.

Begreifen wir diese Zusammenhänge, wird uns klar, dass achtsames Kommunizieren bedeutet, uns den Raum zu geben, unsere eigenen Rote-Ampel-Muster zu erforschen, statt sie als negativ zu verurteilen. Gleichzeitig gehen wir behutsam daran, sie zu meiden und nicht mehr auszuleben. Arbeiten wir mit den drei oben genannten Leitsätzen, können wir die Persönlichkeitsmerkmale an uns integrieren, die wir bisher abgelehnt haben und diese neue Freundlichkeit allmählich auch auf andere übertragen. Auf diese Weise schaffen wir in unserer Familie wie auch in unserem Lebensumfeld ein gutes Stück mehr Harmonie.

TAGEBUCHÜBUNG

Beschreiben Sie, was der Leitspruch »Bei Grün gehen« für Sie persönlich bedeutet. Welche Menschen aus Ihrem Umfeld spielen darin eine Rolle?

DIE FÜNF SCHLÜSSEL

Bei den fünf Schlüsseln zur achtsamen Kommunikation handelt es sich um Methoden, mit denen wir anderen wirklich helfen können, indem wir ihnen unsere Ängste und Missverständnisse mitteilen und geduldig an unseren kommunikativen Herausforderungen arbeiten. Es sind dies im Einzelnen:

1. *Der Schlüssel zur achtsamen Präsenz: Wacher Körper, empfindsames Herz, offener Geist.* Achtlosigkeit schürt Depressionen und Nervosität und macht uns so unruhig, dass wir

nicht richtig zuhören können, nicht einmal uns selbst. Stellen wir zu dieser Unruhe eine Beziehung her, verbinden wir uns mit unserer ureigenen Gesundheit, geistigen Klarheit und Güte, sodass unsere heilerischen Fähigkeiten zur Entfaltung kommen können.

2. *Der Schlüssel zum achtsamen Zuhören: Ermutigung.* Erkennen wir, dass wir uns achtlos großmachen, indem wir andere kleinmachen, gewinnen wir echtes Selbstvertrauen, statt Arroganz zu entwickeln. Erkennen wir unseren eigenen Wert, können wir diesen auch leichter in anderen sehen. Damit begeben wir uns auf den Weg der wohlwollenden Führer- oder Elternschaft: Wir sehen das »goldene Herz« in anderen und erkennen ihr Potenzial.
3. *Der Schlüssel zum achtsamen Reden: Sanftmut.* Meiden wir die beiden Extreme des Übertreibens und Verschweigens, können wir mithilfe von Achtsamkeit aggressive Kommunikationsmuster eliminieren und unsere Aufmerksamkeit behutsam darauf lenken, wie die Dinge wirklich sind.
4. *Der Schlüssel zu achtsamen Beziehungen: Bedingungslose Freundlichkeit.* Solange wir unsere Beziehungen an Bedingungen knüpfen, blockieren wir uns in unserer Achtsamkeit. Erkennen wir dieses Rote-Ampel-Muster, wird unser Blick frei für unsere verborgenen Absichten, und wir erkennen, wie herausfordernd es ist, andere so zu akzeptieren, wie sie sind. Stellen wir uns unseren Enttäuschungen, entlarven wir damit unsere unrealistischen Erwartungen und destruktiven Beziehungsmuster. Dabei wächst unsere Fähigkeit, bedingungslos freundlich zu sein.

5. *Der Schlüssel zum achtsamen Reagieren: Spielerische Leichtigkeit.* Achtsam zu kommunizieren fühlt sich nicht wie ein Ganztagsjob an. Es ist eher, als würden wir mit unserem Geliebten in der Küche tanzen, wobei der Geliebte der gegenwärtige Augenblick ist. Geschickt zu reagieren gelingt uns immer dann, wenn wir im Einklang mit unserem natürlichen Kommunikationssystem sind: offenem Geist, empfindsamem Herz, wachem Körper. Dann wissen wir, was zu tun ist, weil sich uns während des Tanzes der nächste Schritt von selbst erschließt. Um dies zu erreichen, müssen wir uns mit unseren Machtthemen auseinandersetzen. Wenn wir mit der Realität konfrontiert sind, die wir zu meistern oder zu beherrschen suchen, stemmen wir uns gegen etwas, das wir als von uns getrennt empfinden.

In den folgenden Kapiteln werden wir uns im Detail mit diesen fünf Schlüsseln befassen und lernen, mit den Anregungen und Hindernissen umzugehen, die uns auf dem Weg der achtsamen Kommunikation begegnen.

2

Der Schlüssel zur achtsamen Präsenz

Wacher Körper, empfindsames Herz, offener Geist

Die Meditation nimmt uns genau so, wie wir sind, mitsamt unserer Unsicherheit und unserer Klarheit. Diese uneingeschränkte Akzeptanz von uns selbst, so wie wir sind, wird Maitri genannt, eine einfache, direkte Beziehung mit der Art und Weise, wie wir sind.

— PEMA CHÖDRÖN

Wenn Martina einen Raum betritt, übersieht das keiner. Ihr Charisma ist nicht von jener spektakulären Art, die Politiker oder Filmstars kultivieren. Es ist eher, als würde ein Kieselstein in einen Teich fallen und mit den nach außen wandernden Wellenkreisen jeden Einzelnen ganz sanft berühren. Als Martinas Freundin habe ich ihre Wirkung oft und bei den verschiedensten Gelegenheiten erlebt.

Ihre aufrechte Haltung verwandelt jede Bewegung in einen Tanz. Und um sie herum scheint immer Raum zu sein, als würde sie in einer anderen Dimension schweben als wir anderen. Das Schöne an Martinas Präsenz ist, dass der Welleneffekt bei ihr absolut natürlich wirkt. Sie ist so freundlich und unbefangen wie ein Kind.

Nach Aussagen von Kommunikationsexperten bringen wir den größten Teil der Informationen, die wir vermitteln, auf nonverbalem Weg zum Ausdruck. Was Martina uns mitteilt, ist eine zarte Verletzlichkeit – jene bedingungslose Freundlichkeit, die durch Integrität entsteht. Körper, Herz und Geist arbeiten bei ihr als Einheit zusammen und sind nicht voneinander getrennt. Diese Form von achtsamer Präsenz ist der erste Schlüssel zur achtsamen Kommunikation. Sie hat etwas Warmes, Heiteres – wie Sonnenstrahlen, deren weiches Licht den Raum durchdringt.

Martinas Präsenz wirkt deshalb so angenehm auf andere, weil sie sich mit dem Gefühl innerer Einsamkeit angefreundet hat. Durch ihre praktizierte Achtsamkeit hat sie die Vorzüge n Stille und Raum zu schätzen gelernt. Mit sich allein zu ein, gibt ihr ein Gefühl von Freiheit. Man spürt, dass sie sich selbst und anderen sehr gut zuhören kann. Wenn sie spricht, verleiht diese innere Weite ihren Worten mehr Gewicht. Hat sie mit jemandem etwas Wichtiges zu besprechen, achtet sie darauf, dass die Rahmenbedingungen stimmen. Sie fragt: »Passt es dir, wenn wir jetzt reden?«, statt ihren Gesprächspartner zu überrumpeln. Man fühlt sich, als würde sie einen in ein elegantes Restaurant ausführen, und nicht, als müsste man auf die Schnelle ein Sandwich hinunterschlingen. Ähnlich aufmerksam ist sie auch sich selbst gegenüber. Sie nimmt sich täglich den Raum und die Zeit, um in Ruhe zu meditieren.

Meditation: Die Wiederherstellung der Verbindung mit Körper, Herz und Geist

Um anderen wirklich zuhören zu können, müssen wir zuerst in unseren eigenen Körper, unser eigenes Herz und unseren eigenen Geist hineinlauschen, denn über sie finden wir Zugang zur Urintelligenz des gegenwärtigen Augenblicks. Der Leitspruch »Bei Grün gehen« weist uns den Weg, wie wir die Kraft der achtsamen Präsenz entfalten können, indem wir sie nämlich selbst erfahren und immer wieder üben. Die Achtsamkeitsmeditation ist eine gute Möglichkeit, dies zu tun.

In der Meditation lassen wir unsere Gedanken auf natürliche Weise vorüberziehen, statt uns in ihnen zu verstricken, und schulen so unseren Geist, aufmerksamer zu sein. Da unsere Worte Ausdruck unserer Gedanken sind, ist Meditation ein wirksames Instrument zur Pflege unserer zwischenmenschlichen Beziehungen. Nehmen wir uns ein wenig Zeit, um zu entspannen und uns so zu akzeptieren, wie wir sind, hilft uns dies, anderen gegenüber offener zu sein.

Achtsamkeitsmeditation zu praktizieren ist, als würden wir uns eine Pause im Überlebenskampf gönnen. Statt hinter Zukunftsplänen herzujagen oder uns mit Grübeleien über Vergangenes zu belasten, setzen wir uns einfach hin und entspannen im Hier und Jetzt. Und dabei kann die achtsame Präsenz ihre Kraft entfalten. Bei der Achtsamkeitsmeditation geht es eher um ein *Ver*lernen als darum, etwas Neues zu machen. Meditation verbindet uns mit unserem natürlichen Kommunikationssystem. Schauen wir uns einmal genauer an, was das bedeutet. Unser natürliches Kommunikationssystem arbeitet auf der fundamentalsten Ebene unseres Bewusstseins, auf der wir eine Erfahrung im ersten Augenblick ihres Entstehens registrieren. Auf folgenden drei Wegen empfangen wir diese Information:

- wacher Körper: unsere Sinne wiederentdecken
- empfindsames Herz: unserem Gefühl vertrauen
- offener Geist: aufgeschlossen und flexibel sein

Lucy, die Teilnehmerin eines unserer Seminare in achtsamer Kommunikation, lieferte hierzu ein konkretes Beispiel:

> Gestern hatte ich mein Auto gerade auf einem Parkplatz abgestellt, als ein Obdachloser auf mich zukam. Bevor ich in die andere Richtung schauen konnte, merkte ich, dass er eine blutende Wunde auf der Stirn hatte. Der Anblick stieß mich aus meiner Komfortzone heraus, aber ich merkte, dass meine Sinne wach waren.

Es war die Wahrnehmung über die Sinne, die ihre Aufmerksamkeit erregte und sie unwillkürlich mit diesem Obdachlosen in Kontakt brachte, ob sie es nun wollte oder nicht. Sie ergänzte:

> Ich sah mir die Wunde auf seiner Stirn nicht aus kaltem, wissenschaftlichem Interesse an. Der Mann tat mir leid.

Dank der natürlichen Empfindsamkeit ihres menschlichen Herzens sprach Lucy auf das Leid dieses Mannes an; es machte keinen Unterschied, ob er ein Fremder oder ein Freund war.

> Ich wurde neugierig. Wer war dieser Mann? Was war ihm passiert? Wie war es zu der Verletzung gekommen? Ich machte mir Gedanken über sein Leben, sein Leid, seine Zukunft. Das alles dauerte nur einen kurzen Moment, dann war es vorbei und ich ging meines Weges.

Lucy trat in Kontakt mit dem Obdachlosen, obwohl sie es eigentlich nicht gewollt hatte. Ihre bewusste Absicht war gewesen, ihn zu ignorieren und sich das Unbehagen zu ersparen, zu ihm eine Verbindung aufzubauen. Sie war drauf und dran gewesen, ihre Barriere hochzufahren, aber trotz dieser Absicht geschah etwas Echtes.

Über die Körperhaltung zum wachen Körper finden

In der Meditation schulen wir die natürliche Wachheit von Körper, Herz und Geist. Das fundamentale Ziel der Schulung in Achtsamkeit ist es, unseren Körper wieder in Besitz zu nehmen. Um dies zu erreichen, müssen wir zu unserer natürlichen aufrechten Haltung zurückfinden. Auch hierfür gibt es einen Leitspruch: »Starker Rücken, weiche Brust.« »Starker Rücken« bedeutet, dass unser Rückgrat aufrecht sein soll, gerade und doch flexibel wie ein Baum, der in der Erde verwurzelt ist. Werden wir auf diese Weise von einem starken Rücken gerade gehalten, können wir die Spannung in unserer Herzgegend loslassen und sie öffnen. Erinnern Sie sich noch, wie Sie als Kind früher auf dem Küchenfußboden gesessen haben? Genau das ist gemeint.

Lassen Sie die Hände ganz entspannt auf den Oberschenkeln ruhen, sodass sich Ihr Oberkörper gut ausbalanciert anfühlt. Manche von uns finden es am einfachsten, während der Meditation mit gekreuzten Beinen auf einem Kissen zu sitzen. Aber genauso gut können Sie sich auch auf einen Stuhl setzen, mit den Füßen auf dem Boden, als wären es die Wurzeln Ihres Baumes. Wenn wir den Energiefluss von der Stirn bis hinunter zu den Fußsohlen wiederherstellen, bringt uns das mit der Welt jenseits unseres eigenen Körpers in Kontakt – mit dem Himmel über und der Erde unter uns.

Die aufrechte Meditationshaltung wirkt beruhigend auf den Geist. Unsere natürliche Körper-Herz-Geist-Balance ist ein Netzwerk von Energieströmen, die frei fließen können, wenn wir lernen, uns zu entspannen und richtig zu sitzen. Diese würdevolle Haltung verleiht uns eine gewisse Stärke. Wer sich schon einmal auf ein erstes Rendezvous oder ein Vorstellungsgespräch vorbereitet hat, weiß, wovon ich rede.

Entspannung ist der Schlüssel zur praktizierten Achtsamkeit, gleichzeitig aber müssen wir zu unserer natürlichen Wachheit finden. Ein weiterer Leitsatz lautet darum: »Nicht zu fest, nicht zu locker.« Entspannen Sie die Muskeln im Kiefer- und Halsbereich, indem Sie durch den geöffneten Mund ausatmen und leise »ahhhhhh« sagen. So kann sich Ihr Hals während der Meditation öffnen. Wenn Sie möchten, können Sie auch die Lippen geschlossen halten.

Bei dieser Art von Meditation wird kein Trancezustand angestrebt. Darum halten wir die Augen offen. Wir richten den Blick etwa siebzig Zentimeter bis einen Meter vor uns auf den Boden und lassen ihn dort einfach ruhen, als hätten wir ihn wie ein Auto geparkt. Dann lenken wir unsere Aufmerksamkeit behutsam auf das Auf und Ab unseres Atems, wie er in unseren Körper ein- und wieder aus ihm herausströmt.

Hier noch einmal die wichtigsten Hinweise zur Haltung:

- Der Rücken ist gerade, aber flexibel; starker Rücken, weiche Brust.
- Der Hals- und Kieferbereich entspannt durch Ahhh-sagen.
- Die Atmung fließt ganz natürlich.
- Die Augen bleiben offen; lassen Sie den Blick entspannt auf einem Punkt etwa siebzig Zentimeter vor Ihnen auf dem Boden ruhen.

- Die Hände ruhen auf den Oberschenkeln.
- Die Beine sind gekreuzt, oder wenn Sie lieber auf einem Stuhl als auf dem Boden sitzen, dann stellen Sie beide Beine fest auf den Boden.

Über die Atmung das empfindsame Herz wiederfinden

Da wir in der Achtsamkeitsmeditation üben, in der Gegenwart zu bleiben, könnten wir jedes beliebige Objekt als Mittel nutzen, wieder ins Jetzt zu kommen. Die Empfehlung meiner Lehrer lautet, mit der Atmung zu arbeiten. Der Atem ist die lebenswichtige Nabelschnur, die Körper, Herz und Geist verbindet, und darum bietet gerade er sich an, um die Elemente unseres natürlichen Kommunikationssystems zu einer Einheit zusammenzuführen. Wenn in Ihrem Kopf Chaos herrscht, können Sie die Atemzüge zählen, von eins bis zehn und dann immer wieder von vorne. Fühlen Sie sich eher entspannt, können Sie Ihre Aufmerksamkeit einfach mit der Ausatmung verschmelzen lassen, die im Raum rings um Sie herum verströmt. Auf das Ende jedes Ausatmens folgt eine natürliche Pause. Wir nutzen diesen kurzen Moment zur Entspannung – ahhhh. Dann folgen wir der Einatmung und finden zu einem Gefühl der Verkörperlichung zurück.

Fällt es Ihnen zu schwer, mit dem Atem zu arbeiten, können Sie auch ein konkreteres Objekt in den Mittelpunkt Ihrer Meditation stellen, etwa einen Stein, den Sie im Sichtfeld vor sich auf dem Boden platzieren. Lassen Sie Ihre Aufmerksamkeit einfach auf ihm ruhen. Wann immer Sie in Gedanken abschweifen, lenken Sie sie behutsam zu ihm zurück. Wichtig ist nicht, dass Sie den Gegenstand studieren, sondern ihn lediglich als etwas nutzen, zu dem Sie immer wieder zurückkehren; als etwas, das Ihnen zeigt, dass Sie im gegenwärtigen Moment angekommen sind.

Durch Loslassen zum offenen Geist finden

Bei dieser Übung sprechen wir im Stillen das Wort *Denken*, wann immer wir merken, dass wir uns vom Objekt unserer Aufmerksamkeit haben ablenken lassen. Es ist, als würden wir uns aus einem Tagtraum wecken. Mit offenem Geist zu meditieren heißt nicht, dass wir unsere Gedanken vertreiben wollen. Es geht vielmehr darum, uns zu entspannen, den Geist aus seiner Lähmung zu befreien und die Gedanken fließen zu lassen, statt uns in ihnen zu verstricken. Mithilfe dieser Technik entdecken wir, dass es Lücken in unserem Gedankenstrom gibt – kleine grüne Blinklichter, die wir nutzen können, um uns aufzuwecken. Zu realisieren, dass sich unser Geist selbst aufwecken kann, ist eine wichtige Erkenntnis. Durch Achtsamkeit stärken wir diese Fähigkeit, da sie uns besser auf diese kurz auftauchenden Unterbrechungen achten lässt.

Bemerken wir erst einmal die Lücken in unseren Gedanken, können wir uns von unseren Denkmustern lösen und zum Atem zurückkehren. Ablenkung ist die Achtlosigkeit, uns von unseren Gedanken und Emotionen mit auf Wanderschaft nehmen zu lassen. Die harte Arbeit der Achtsamkeitsmeditation besteht darin zu lernen, wie wir uns behutsam von solchen mentalen Aktivitäten lösen und immer wieder zu unserem Fokus zurückkehren können. Indem wir loslassen, was immer uns in Gedanken beschäftigt, und unsere Aufmerksamkeit stets erneut zu unserem Ausgangspunkt zurücklenken, trainieren wir, im Jetzt zu bleiben. Unsere eigenen Innenwelten faszinieren uns immer weniger, und so sind wir besser in der Lage, auf das zu achten, was unmittelbar vor unserer Nase geschieht. Mit zunehmender Übung können wir diese Fähigkeit in Gesprächen nutzen: Sie erlaubt es uns, auf die Körpersprache und Stimme unseres Gegenübers zu achten.

Meditation hilft uns, in unserem Geist Frieden einkehren zu lassen, denn sie zeigt uns, wie wir unsere Gedanken mitsamt all der von ihnen geschaffenen Dramen loslassen können. Im Laufe der Zeit weitet sich unser Blick, als würde sich bei einer Kamera die Linse öffnen. Statt uns auf unseren inneren Dialog zu konzentrieren, merken wir auf einmal, welche tieferen Muster unseren Gedanken zugrunde liegen – wie sie sich zusammenballen und dann wie ein Vogelschwarm auseinanderstieben.

Hier noch einmal eine Zusammenfassung der Kernpunkte der Meditation:

- Wählen Sie als stabilen Fokus irgendein neutrales Objekt, zu dem Sie Ihre Aufmerksamkeit behutsam zurücklenken können, wann immer Ihre Gedanken abschweifen. Sie können einen Stein nehmen, den Sie auf den Boden vor sich hinlegen oder Ihren Atem nutzen.

- Wenn sich Ihre Aufmerksamkeit in Gedanken verliert, unterbrechen Sie dies, indem Sie »Denken« sagen, und kehren Sie dann zu Ihrem Objekt zurück.
- Was immer Ihre Aufmerksamkeit von dem gewählten Objekt ablenkt, wird als Denken betrachtet, auch wenn es sich um eine Emotion, ein Geräusch, eine Bewegung oder eine Empfindung handelt.

Mit Schmerz umgehen

Achtlosigkeit und Schnelligkeit machen uns depressiv und nervös. Wir sind so unruhig, dass wir nicht zuhören können – noch nicht einmal uns selbst. Bringen wir uns mit dieser Unruhe in Kontakt, finden wir zu unserer natürlichen Vernunft, geistigen Klarheit und Güte zurück. Darum wird die Kraft der achtsamen Präsenz mit dem Weg des Heilers in Verbindung gebracht. Der Psychologe Carl Gustav Jung beschreibt den Archetypus des »verwundeten Heilers« – eines Menschen, der persönlich durch seine eigenen Ängste und Schatten gegangen ist und dadurch das Verständnis davon gewonnen hat, was es heißt, ganzheitlich zu sein. Der verwundete Heiler baut eine Beziehung zum Leid anderer auf, weil er gelernt hat, sich in ihre Ängste und Begrenztheit einzufühlen. Die Kraft der stillen Präsenz bringt uns in Berührung mit unserer Unsicherheit und Trauer und lässt uns aushalten, auch einmal etwas nicht zu wissen. Haben wir uns erst einmal für die verwundeten Seiten von uns selbst geöffnet, merken wir, dass es keine Trennlinie zwischen unserem eigenen Leid und dem Leid anderer gibt.

Elisabeth liefert uns mit ihrer Schilderung der postnatalen Depression, an der sie drei Monate nach der Geburt ihres Sohnes litt, ein Beispiel für die Kraft der achtsamen Präsenz:

> Nicht nur, dass ich mich in einem derart finsteren Tal befand, ich schämte ich noch dazu dafür, so depressiv zu sein. Ich hatte das Gefühl, dass ich mit jedem ringsum am Tauziehen war. Auf der einen Seite befanden sich all die Leute, die versuchten, mich aufzumuntern, indem sie mir sagten, wie glücklich ich mich schätzen könne, so einen süßen, gesunden kleinen Jungen zu haben. Sie gaben mir das Gefühl, komplett zu versagen. Auf der anderen Seite standen die, die Angst hatten, dass ich mir das Leben nehmen könnte. Sie hatten nichts anderes im Sinn, als mich unter eine ausreichend hohe Dosis von Medikamenten zu setzen, um mich aus diesem Zustand herauszuholen.
>
> Ich ging in eine Klinik und redete mit einem Berater. Er saß einfach da und hörte mir zu, während ich ihm zu erklären versuchte, was mit mir los war. Langsam dämmerte mir, dass irgendetwas anders war als sonst. Er ließ Raum für meinen Schmerz. Auf einmal lehnte er sich vor und fragte mich, was meine Depression mir sagen wollte. Das war das erste Mal, dass jemand meinen Schmerz nicht als Feind betrachtete, sondern in Erwägung zog, dass darin etwas durchaus Gesundes

verborgen sein könnte. Er ermutigte mich, mir selbst so zuzuhören, wie er mir zuhörte. Ich hatte das Gefühl, dass er mir vertraute und ich mir selbst vertrauen konnte. Ich habe ihn nie wieder gesehen und mir immer gewünscht, mich bei ihm bedanken zu können. Dieses Gespräch war für mich ein Wendepunkt.

Achtsame Präsenz bedeutet, Raum zu geben – Raum, in dem wir auf heilsame Weise in Beziehung treten können. Der christliche Philosoph und Denker Henri Nouwen beschreibt, wie es möglich ist, sich für den Schmerz zu öffnen, wenn wir nicht krampfhaft versuchen, ihn zu vertreiben oder zu heilen:

> Wenn wir uns ehrlich fragen, welche Leute uns im Leben am meisten bedeuten, werden wir feststellen, dass es oft diejenigen sind, die weder Rat noch Lösungen oder Heilmittel für uns parat haben, sondern vielmehr bereit sind, unser Leid mit uns zu teilen und ihre warme, zärtliche Hand auf unsere Wunden zu legen. Ein Freund, der in einem Moment der Verzweiflung oder Verunsicherung still bei uns bleiben kann, der in der Stunde der Trauer und des Verlusts an unserer Seite steht, der es aushalten kann, nicht zu wissen, nicht zu lindern, nicht zu heilen und der Realität unserer Ohnmacht ins Auge zu schauen – das ist ein Freund, dem wirklich an uns liegt.[11]

---

1 Zitiert aus den »Sunbeams« in *The Sun*, Februar 2007, eigene Übersetzung

Meditation und Selbstreflexion erlauben es uns, uns selbst ein solcher Freund zu werden. Wir machen einfach Raum für jene Teile unseres Erfahrungsspektrums, die wir bisher abgelehnt haben. Wir erkennen, dass der vorübergehende Wahnsinn unserer Rote-Ampel-Reaktionen dadurch entstanden ist, dass wir nicht wissen, wie wir angemessen mit Angst und Schmerz umgehen können.

Das Problematische an der Achtlosigkeit ist – wie Elisabeth es mit dem Bild des Tauziehens beschreibt –, dass sie uns dazu bringt, uns zu verschließen, ohne dass wir verstehen warum. Wir sind chronisch mit uns selbst beschäftigt und funktionieren im Dauerkrisenmodus, weil wir nicht wissen, wie wir unsere eigenen Notsignale empfangen können. Genau hier setzt die Praxis der Meditation an: Wir lernen, uns zu entspannen und Körper, Herz und Geist mit der Welt ringsum in Einklang zu bringen. So betrachtet könnte man sagen, dass dies der ultimative Weg zur Heilung ist.

Die Geschichte von Elisabeth ließ mich an den Pferdeflüsterer denken, der sich aufs Feld setzt und stundenlang wartet, bis das verletzte Pferd endlich einen Weg gefunden hat, ihm zu vertrauen. Für die Arbeit auf der Ebene von Körper, Herz und Geist bedarf es genau des gleichen Ansatzes. Mit einer wohlwollenden Haltung sitzen wir unserer Psyche, diesem erschöpften, ungebärdigen Pferd, gegenüber und meditieren. Mit der Zeit lernen wir, uns zu vertrauen. Wir lauschen auf die laufenden Gespräche in unserem Inneren, ohne uns von ihnen verführen zu lassen.

So bescheiden uns unser Dasein auch vorkommen mag,

uns zur Meditation hinzusetzen bedeutet, unser natürliches Erbe in Besitz zu nehmen: auf dieser Erde Mensch zu sein. Machen sich Depression oder Nervosität in uns breit, ruft die Meditation eine bedingungslose Freundlichkeit in uns wach, die mit der Zeit unseren Glauben widerlegt, abgeschnitten zu sein und nicht hierherzugehören. Gleichzeitig löst sie behutsam unsere egozentrierten Gewohnheiten auf, sodass wir unsere Aufmerksamkeit wieder nach außen richten können. Mit der Rückkehr zur Offenheit eröffnet sich uns der Weg zum Aufbau einer Familie und auch einer Gesellschaft, in der jeder die gleichen Rechte und Werte haben darf, wie wir sie uns selbst zugestehen. Darum wird der Weg der Achtsamkeitsmeditation oft der »Pfad des Kriegers« genannt.

Hier einige Anregungen für Ihre Meditationspraxis:

- Suchen Sie sich einen angenehmen Ort und schaffen Sie sich eine Atmosphäre, die Würde, Wärme und Offenheit ausstrahlt.
- Wählen Sie eine Tageszeit, zu der Sie sich munter und geistig rege fühlen.
- Stellen Sie das Telefon ab und sorgen Sie auch sonst dafür, dass Sie nicht gestört werden.
- Legen Sie vorher eine bestimmte Dauer fest und halten Sie sich daran, etwa, indem Sie sich einen Wecker stellen oder sich an der Brenndauer eines Räucherstäbchens orientieren.

Positive Unterbrechungen

Wie wir im ersten Kapitel gesehen haben, basiert achtsame Kommunikation einfach darauf zu beobachten, wie wir uns öffnen und verschließen. Dabei merken wir, dass sich Offenheit nicht erzwingen lässt. Sie stellt sich in dem Maße allmählich ein, wie sich unsere Aufmerksamkeit auf die Wachheit von Körper, Herz und Geist verschiebt. Haben wir diese Einsicht mithilfe der Meditation auf ein sicheres Fundament gestellt, können wir mit einer weiteren Übung beginnen, bei der Ablenkungen durch sogenannte *positive Unterbrechungen* beendet werden. Diese Methode funktioniert ähnlich, wie wenn wir bei der Meditation die kleinen grünen Blinklichter der Lücken in unseren Gedanken als Impulse nutzen, um in die Gegenwart zurückzukehren.

Mit positiven Unterbrechungen zu arbeiten ist, als würden wir Löcher der Wachheit in unsere achtlosen Kommunikationsgewohnheiten bohren. Die meisten von uns lassen sich nicht gern in einem Gedankengang unterbrechen, aber in diesem Zusammenhang betrachten wir Störung als etwas Positives. Wir unterbrechen unseren wandernden Geist, um in die Lebendigkeit des gegenwärtigen Augenblicks zurückzufinden. Statt permanent jede Gesprächspause mit bedeutungslosem Geplapper füllen zu müssen, lernen wir innezuhalten und tief durchzuatmen, um wieder zu uns selbst zu finden.

Als Kind spielte meine Mutter einmal mit einem spitzen Bleistift und stieß dabei versehentlich ein Loch in den seidenen Lampenschirm, den ihre Mutter so liebte. Es war ihr furchtbar unangenehm, und sie überlegte, wie sie es wiedergutmachen könnte. Da hatte sie eine Idee. Sie wusste, dass ihre Mutter ein Faible für gepunktete Kleider hatte, und so beschloss sie, dem Lampenschirm ein Punktmuster zu verpassen. Überzeugt, ihrer Mutter eine große Freude zu machen, bohrte sie kurzerhand Hunderte von Löchern in den Lampenschirm. Dann kam ihre Mutter herein, rang nach Luft und seufzte nur »O mein Gott!«. Es folgte einer dieser köstlichen Momente, in denen alles in der Schwebe zu hängen scheint, bevor das kleine Mädchen erkannte, dass ihre Mutter doch nicht ganz so begeistert von ihrer Idee war.

Ich schmunzle jedes Mal, wenn ich im Zusammenhang mit positiven Unterbrechungen an diese Geschichte denke. Es ist, als würden wir Löcher in einen Lampenschirm stechen, durch die das Licht der Wachheit scheinen kann. Und doch ist da etwas in uns, das bei der Vorstellung erschrocken nach Luft schnappt. Unsere gewohnheitsmäßige Achtlosigkeit will den Schirm unversehrt wissen. Wir möchten uns nicht von Stille oder Offenheit stören lassen, weil wir meinen, sinnlose Unterhaltungen führen zu müssen, um der Langeweile zu entgehen. Was genau verbirgt sich hinter dieser ruhelosen Langeweile, die wir zu vermeiden suchen? Wie kann es passieren, dass wir uns in Aktivitäten aller Art verlieren – in den Terminen eines vollgestopften Kalenders, der unablässigen Hintergrundberieselung aus Radio oder Fernsehen, den Nachrichten oder Kurzmitteilungen, die uns laufend per Handy erreichen? Solche Fragen zu stellen, mag ein wenig irritierend sein, weil sie an sich schon Löcher in unsere Achtlosigkeit bohren.

Achtsame Gespräche werden hin und wieder von Momenten der Stille unterbrochen. Es ist, als würden wir kurz den Fernseher ausschalten, um nach draußen zu gehen und frische Luft zu schnappen. Sind wir in eine Sendung vertieft, reagieren wir nicht erfreut auf solche Störungen. Aus der Achtlosigkeit geborene Geschichten beziehen ihren Reiz aus ihrer Schnelligkeit und Ruhelosigkeit. Diese Form von Unaufmerksamkeit haben wir ein Leben lang trainiert. Manche von uns lassen sich noch nicht einmal gern aus ihrer Lieblingssendung herausreißen, wenn diese sie unglücklich macht. Unsere vertraute Komfortzone ist uns eher vertraut als komfortabel.

Uns von den Lücken positiver Unterbrechungen leiten zu lassen, ist eine Möglichkeit, das Gehen bei Grün zu üben. Dabei gibt es vier verschiedene Arten, unsere Achtsamkeit zu schulen und so unsere natürliche Wachheit zu pflegen:

- Ruhe einkehren lassen, indem wir eine Achtsamkeitsglocke anschlagen und unsere Gespräche und Aktivitäten bewusst unterbrechen
- Zur Be*sinn*ung[22] kommen, indem wir uns positiv von der natürlichen Wachheit unseres Körpers unterbrechen lassen
- Uns von einem plötzlich aufwallenden Gefühl von Empathie unterbrechen lassen, das unserem empfindsamen Herzen entspringt

2 Diese Schreibung wurde gewählt, um den Bezug zu den Sinnen deutlich zu machen

- Unsere Meinungen infrage stellen, indem wir aus dem offenen Geist heraus einen Moment des Zweifels zulassen

Unterbrechungen durch das Zulassen von Stille

Bevor du sprichst, frage dich: Ist es freundlich? Ist es nötig? Ist es wahr? Und, ist es besser als die Stille?

— SAI BABA

Der Zen-Meister Jakusho Kwong Roshi beschreibt die Sprechweise seines Lehrers Suzuki Roshi so: »Oft redete er mit geschlossenen Augen, als würde er sich an irgendeine Stelle in seinem Inneren begeben, um von dort seine Formulierungen zu beziehen. Es ist eine gute Möglichkeit, sich während des Sprechens zu sammeln – wie eine schöne, sehr entspannende Pause: immer wieder an die Quelle zurückzukehren, bevor man erneut zu formulieren beginnt.«[33] Diese Art des Kommunizierens hatte mein Lehrer Chögyam Trungpa im Sinn, als er von der Strukturierung unserer Worte durch Pausen sprach. Bei dieser ersten Möglichkeit, mit positiven Unterbrechungen zu arbeiten, sorgen wir bewusst für Lücken in unseren Gesprächen, um Raum für echtes Zuhören zu schaffen. Während des Sprechens können wir auf diese Weise zur Quelle unserer Worte zurückkehren und in uns selbst hineinlauschen.

---

3 Zitiert aus dem Kurzfilm *Becoming A Teacher* von Bill Scheffel, eigene Übersetzung

Mehr Stille in unsere Gespräche einkehren zu lassen, hat drei Vorteile:

- Stille bietet einen Schutzraum für unsere Achtsamkeit; sie erleichtert es uns, auf das zu achten, was wir im Moment gerade tun.
- Stille ermöglicht es uns, genau auf unser Umfeld zu hören; dies gilt für Worte ebenso wie für die subtilen Botschaften, die unsere Mitmenschen aussenden.
- Stille bringt uns in Einklang mit unserem natürlichen Kommunikationssystem, dem intuitiven Wissen, das unterhalb der verbalen Ebene dahinströmt.

Wenn ich mit einer Freundin auf einem schönen Waldweg wandere, empfinde ich Stille nicht als Störung. Es ist ganz natürlich, ab und zu unser Gespräch zum Erliegen kommen zu lassen, um unser gemeinsames Erleben auf einer tieferen Ebene fortzusetzen, die jenseits aller Worte liegt – in den Geräuschen, Farben und Gerüchen der Natur, die uns umgibt. In unserer modernen, auf Schnelligkeit ausgerichteten Welt begegnen wir der Stille mit Widerwillen. Wir sind wie jemand, der im Wald spazieren geht und dabei nonstop in sein Handy quasselt. Wir scheinen uns unausgesprochen darauf geeinigt zu haben, die Stille zu meiden und uns in Ablenkungen zu stürzen. Regiert die Achtlosigkeit, fühlt sich Stille deplatziert an. Wir empfinden sie wie eine Sendestörung im Radio oder Fernsehen. Wir haben vergessen, dass wir sie brauchen.

Ich erinnere mich, wie peinlich mir als Studentin selbst

kleinste Gesprächspausen waren. Später lebte ich neun Jahre lang in Gampo Abbey, einem buddhistischen Kloster, in dem wir einen Großteil unserer Zeit schweigend verbrachten. Es war keine tote Stille. Es war eher wie ein Raum zum Lauschen, als würden wir an einem einsamen Strand sitzen, aufs Meer hinausschauen und spüren, wie die unsichtbaren Energien des Ortes jede einzelne Faser unseres Wesens durchdringen.

Um mehr Stille in unsere Gespräche zu bringen, lehrt die spirituelle Leiterin des Klosters, Pema Chödrön, ab und zu innezuhalten und eine kleine Pause zu machen. Dazu bittet sie jemanden, in bestimmten Abständen eine Glocke anzuschlagen und allen Anwesenden damit das Signal zu geben, in ihrem Tun innezuhalten. Sobald die Glocke ertönt, lassen wir das, was wir gerade sagen wollten, los und schweigen drei tiefe Atemzüge lang. Dann fahren wir fort, als wäre nichts Ungewöhnliches geschehen. Die kleine Pause gibt uns Gelegenheit zu spüren, wie anders sich Offenheit anfühlt, und in manchen Momenten haben wir dabei das Gefühl, im freien Raum zu schweben.

Diese »Pausenübung« gibt uns die Möglichkeit, uns kurzfristig aus dem Bann unserer Gespräche zu lösen, uns wieder an die Macht der Stille zu erinnern und in die Gegenwart zurückzukehren. Sie lässt sich leicht in den Alltag integrieren, wenn wir das Klingeln unseres Handys oder eine rote Verkehrsampel als Signal nutzen innezuhalten, tief durchzuatmen, unsere Gedanken und Worte loszulassen und einfach zu lauschen.

Einen der für mich persönlich unvergesslichsten Momente des Innehaltens erlebte ich in dem Sommer, nachdem mein

Sohn und ich nach Alaska gezogen waren, um dort ein neues Leben zu beginnen. Ich hatte dort oben eine Stellung in einem Beratungszentrum gefunden, und es erging mir wie allen alleinerziehenden Müttern, die berufstätig sind: Ich musste Möglichkeiten finden, einen lebhaften zwölfjährigen Jungen irgendwie sinnvoll zu beschäftigen, während ich arbeiten ging. Unmittelbar gegenüber von meinem Büro befand sich eine höchst interessante kleine Lederwarenhandlung namens »Nina's Originals«. Im Schaufenster verblasste das Foto einer jungen Frau im modischen Ledermantel mit Hut zwischen einem Sammelsurium von Mokassins und Pantoffeln. Beim Öffnen der Ladentür ertönte ein kleines Glöckchen, und man betrat einen kleinen von Zigarettenrauch vernebelten Verkaufsraum. Hier hatte sich die letzten vierzig Jahre nichts mehr verändert. Die Wände waren zugepflastert mit Kunstwerken aller Größen und Stilrichtungen. Überall lagen Stapel von Seehundfellen, Leder und Stoff herum, und in einer Ecke stand eine altmodische Schneiderpuppe neben einer Frisierkommode mit Spiegel. In der Mitte des Raums saß an einem Tisch mit Nähmaschine, Lampe, Aschenbecher und drei bis vier leeren Kaffeetassen »Tante« Dawn, eine eher zurückhaltende, gutmütige Frau von Anfang sechzig, die das Geschäft nach dem Tod ihrer Mutter Nina übernommen hatte. Der Laden hatte von früh bis spät geöffnet, aber nur selten wurden Geschäfte gemacht. Es kamen fast nur Leute aus der Nachbarschaft – allesamt alte Freunde und Verwandte, die sich über den neuesten Tratsch auf dem Laufenden halten wollten. Wenn tatsächlich einmal ein Tourist vor dem Schaufenster stehen blieb, verstummten die Gespräche, es wurde still im Laden, und alle warteten gespannt.

Ein paar Tage, nachdem ich meine Stelle angetreten hatte, verschlug es mich zum ersten Mal in den Laden. Ich hatte Sheehan kurz zuvor zum Basketballspielen angemeldet, aber er hasste das Training. Während des Gesprächs darüber erwähnte Dawn, dass die Tochter ihres Neffen gerade zu Besuch da sei, die etwa so alt war wie mein Sohn. Dawn war sicher, dass keiner etwas dagegen hätte, wenn er sich der Familie einfach anschließen würde. Ich beschloss, es zu riskieren. Ich schaute kurz bei Jerry, Dawns Neffen, vorbei und fand ihn sympathisch. »Ein bisschen langweilig, aber keinesfalls ein Kinderschänder«, sagte ich mir. In den darauffolgenden Wochen berichtete mir Sheehan von den Abenteuern, die sie erlebten: Wie sie auf den Mount Juneau kletterten, Kreuzfahrtschiffe inspizierten oder sich an Regentagen auch einmal Filme anschauten. Am vierten Juli, dem Nationalfeiertag, lud uns Dawn zu ihrem alljährlichen Familienpicknick ein, bei dem sich Verwandte und Freunde trafen und zu dem ebenso viele Hunde wie Menschen erschienen.

Jerrys Tochter war inzwischen abgereist und wieder zu Hause in Oregon. Jerry, Sheehan und ich seilten uns also zu dritt für eine Weile von den anderen ab und liefen durch den Wald zu einem abgelegenen Strand. Dort angekommen, setzte ich mich in den Sand, um zu lesen. Jerry und Sheehan liefen weiter zum Ufer und ließen Kieselsteine übers Wasser springen.

Ich war ganz in meinen Roman vertieft, als mich plötzlich ein Lachen aus meiner Lektüre riss. Überrascht schaute ich auf und sah mich um. Es klang so melodiös, so frei, so glücklich. Ich sah, dass es Jerry war, der da lachte. Mein erster Eindruck von diesem Mann hatte mich getäuscht. Als ich ihn lachen hörte, merkte ich auf einmal, wer er wirklich war, und sofort fühlte ich mich magnetisch zu ihm hingezogen. Und dieser Moment des Innehaltens – diese kleine Unterbrechung – war der Beginn einer seit dreiundzwanzig Jahren andauernden Liebesaffäre.

Wenn Schnelligkeit und Achtlosigkeit uns im Bann halten, ignorieren oder interpretieren wir einen Großteil der Informationen, die uns über unsere Sinne erreichen. Wir könnten sogar die Liebe unseres Lebens übersehen. Doch zum Glück gibt es da noch unser natürliches Kommunikationssystem – den wachen Körper, das empfindsame Herz und den offenen Geist –, das uns unvermittelt in unserem Tun unterbrechen kann.

Unterbrechungen durch den wachen Körper: zur Besinnung kommen

Die zweite Übung besteht darin, positive Unterbrechungen, die uns über die Sinne erreichen, als Aufleuchten der grünen Ampel – als Momente der Offenheit also – willkommen zu heißen. Ob das Flüstern des Besens, wenn er beim Fegen über den Boden gleitet, oder das Hitzegefühl auf der Zunge beim ersten Schluck Tee – Wahrnehmungen wie diese bringen uns stets aufs Neue mit der Realität in Berührung. Sie zeigen uns, dass alle Erfahrungen im Leben gleich kostbar und wertvoll sind.

Unser Körper ist wach für alles, was rings um uns herum geschieht. Öffnen wir den Kommunikationskanal zu ihm, können wir wahrnehmen, was es in unserem Umfeld zu sehen, zu hören, zu riechen, zu schmecken und zu fühlen gibt. Wir erleben alles hautnah und sind uns unseres eigenen Wissens zunehmend gewisser. Niemand braucht uns zu erklären, dass der Himmel blau oder das Gras grün ist, damit wir es glauben. Wir schmecken das feine Aroma einer Honigmelone, auch wenn uns die Worte fehlen, es wirklich treffend zu beschreiben.

In Juneau ist die Natur im Alltag derart präsent, dass es dort keinen Mangel an dieser Art von Unterbrechungen gibt. So etwas wie eine ganz normale Fahrt ins Büro oder nach Hause gab es dort einfach nicht. Hier nur ein Beispiel:

Eines Tages waren Jerry und ich auf dem Heimweg von der Arbeit auf dem Highway unterwegs. Wir unterhielten uns, als etwas Ungewöhnliches jäh unser Gespräch unterbrach: Aus heiterem Himmel fiel direkt vor uns ein Prachtexemplar von einem Lachs auf den Boden.

Wir näherten uns gerade einer roten Ampel und rollten deshalb nur. Kurz zuvor hatte ich mehr aus dem Augenwinkel heraus drei Adler entdeckt, die sich erst hoch in den Himmel hinaufschraubten, um kurz darauf in den Sturzflug überzugehen. Einer von ihnen hatte wohl den Lachs gefangen, und die beiden anderen versuchten nun, ihm seine Beute abzujagen. Dabei musste ihm der Fisch aus den Klauen geflutscht sein.

Auf der anderen Seite des Highways stand ein Tramper mit breitkrempigem Hut. Er hatte keine Ahnung, was da über seinem Kopf vor sich ging. Einen schrecklichen Augenblick lang sah es so aus, als würde ihm der Fisch auf den Kopf fallen. Als er einen Meter hinter ihm auf dem Boden zerschellte, stießen all diejenigen, die den Vorfall von ihren Autos aus beobachtet hatten, spontan einen Schrei der Erleichterung aus. Dann schaltete die Ampel auf Grün um, und alle Beteiligten setzten ihren Weg fort, als wäre nichts geschehen.

Ein wacher Körper beschert uns laufend plötzliche Momente der Offenheit, wenn diese sich in der Regel auch weniger dramatisch gestalten und dabei für gewöhnlich auch keine Lachse vom Himmel fallen. Der Tramper mit dem Hut hat mir vor Augen geführt, wie es ist, wenn man solche Dinge gar nicht mitbekommt. Wie oft beherrschen die unsichtbaren Kräfte der Unachtsamkeit meine Gespräche, sodass mir die Magie der realen Welt ringsum entgeht? Ein Lachs, der aus dem Himmel fällt, ist ja noch relativ spektakulär; aber was ist mit den subtileren Botschaften, die die Realität für uns bereithält, etwa ein Wechsel in der Mimik meines Gegenübers?

Jetzt, in diesem Moment, ist unser Körper mit all seinen Sinnen auf unser Umfeld ausgerichtet. Versuchen Sie doch einmal, dieses Buch einen Augenblick lang wegzulegen und sich nach innen zu wenden. Achten Sie darauf, wie Ihr Körper mit allem in Kommunikation ist – mit der Umgebungstemperatur, mit seinem Gewicht, mit sämtlichen Wahrnehmungen. Auf diese Weise körperlich präsent zu sein, ermöglicht es uns, unseren Gedankenfluss zu unterbrechen und wieder zur Be-

*sinn*ung zu kommen. Im Moment sind meine Füße oben am Rist kalt, aber warm an den Sohlen, wo sie in Kontakt mit dem Dielenboden sind. Durchs offene Fenster dringt das Brummen eines Rasenmähers herein. In meinem Ellbogen spüre ich einen brennenden Schmerz, der mir dringend rät, mir fürs Tippen eine bessere Handgelenkunterlage zu besorgen.

Die Wachheit unseres Körpers erfüllt eine wichtige Schutzfunktion. Wenn wir nicht aufpassen, können wir stolpern oder uns die Zehen anstoßen. Wie ein spielendes Kind bohrt unser Körper ständig Löcher in unseren Gedankenmonolog, indem er uns laufend etwas Neues zeigt: *Schau nach oben in den Himmel: Siehst du den Fisch?* Eine positive Unterbrechung ist das kurze Auftauchen einer unredigierten Erfahrung, die uns wieder in Kontakt mit unserem unmittelbaren Erleben bringt. Der gegenwärtige Augenblick enthält alles, was wir gerade wahrnehmen – vom zwitschernden Vogel, der auf einer Telefonleitung sitzt, bis hin zur halb verrotteten Bananenschale, die neben der Mülltonne in der Hofeinfahrt liegt.

Unterbrechungen durch das empfindsame Herz: Empathie

Die dritte Art von positiven Unterbrechungen hat ihren Ursprung in unserem Herzen. Hier wird Achtsamkeit zu *Herzlichkeit*. Empathie ist ein essenzieller Bestandteil echter Kommunikation. Sie lehrt uns, mit dem Herzen zu hören. Der Autor Daniel Goleman bezeichnet diese Kraft als *emotionale*

Intelligenz. Wenn wir es zulassen, uns von Herzensbotschaften auf positive Weise unterbrechen zu lassen, führt dies oft zu abrupten Richtungswechseln. Die Weisheit des Herzens zeigt uns spontan, was wir als Nächstes zu tun haben. Bei einem unserer Seminare in achtsamer Kommunikation hat Maryanne als Beispiel folgende Geschichte erzählt:

> Ich schrie meinen achtjährigen Sohn in der absoluten Gewissheit an, im Recht zu sein: Wie konnte er so dumm sein und sein Fahrrad im Park stehen lassen? Als ich dann auf einmal seinen Gesichtsausdruck sah, war mir, als würde mich ein Pfeil mitten ins Herz treffen. Auf einmal erinnerte ich mich daran, wie ich mich gefühlt hatte, wenn ich einen solchen Anpfiff von meiner Mutter erhielt. Dieses Gefühl rüttelte mich wach, und alles schien zu schmelzen.

Üben wir uns in achtsamer Kommunikation, lernen wir auf die energetische Mischzone zu achten, in der keine klare Grenze zwischen »ich« und »du« gezogen werden kann. Unsere angeborene Sensibilität schenkt uns das notwendige Wissen, um uns aus unserer Ich-zuerst-Perspektive zu verabschieden und wieder mit den anderen in Kontakt zu treten. Sie gibt uns die Möglichkeit, unser emotionales Umfeld intuitiv zu erfassen.

Selbstlosigkeit bringt uns zu Unterbrechungen, da sie uns an anderen Menschen interessiert sein lässt. In unsere Beziehungen hineinzuspüren ist ebenso wichtig wie das Wissen um unsere persönlichen Bedürfnisse. Empathie kann zwar manchmal unbequem sein, doch sie ist die Basis menschlicher Liebesfähigkeit und mutigen Handelns.

Ich hatte unlängst ein Gespräch mit einem Sterbenden in einem Hospiz. Ich fragte ihn nach den Dingen in seinem Leben, die ihn mit Stolz erfüllten. Er erzählte mir von einer Begebenheit aus seiner Jugend: Ohne zu zögern hatte er einen anderen Jungen vor einem heranrollenden Lastwagen gerade noch von der Straße geschubst. »Alle regten sich darüber auf, dass ich das getan hatte. Meine Mutter sagte: ›Weißt du eigentlich, dass dich das das Leben hätte kosten können?‹ Aber dass sie mir so zusetzten, machte mir nichts aus. Ich wusste, dass ich nicht anders hätte handeln können.« Er hielt inne und ließ sich ins Kissen sinken. Dann murmelte er: »Es ist gut, dass ich die Gelegenheit hatte, einem Menschen das Leben zu retten.«

Hören wir mit dem Herzen hin, zeigt sich, dass unsere gewohnten Abwehrhaltungen von ebenso sekundärer Bedeutung sind wie die Kleidung, die wir auf unserer empfindsamen, nackten Haut tragen. Achtsamkeit gibt uns die bloße, frische Erfahrung zurück.

Für den gegenwärtigen Augenblick wach zu sein bedeutet, mit der Realität in Kontakt zu kommen, statt immer noch eine neue Strategie zu ersinnen, wie wir sie steuern und kontrollieren könnten.

Begeben wir uns auf den Weg der achtsamen Kommunikation, erkennen wir, wie viele unserer emotionalen Dramen wir selbst geschaffen haben. Das Leben ist schon schwierig genug, wenn wir uns nicht in Gedanken mit den nimmer enden wollenden Wendungen einer Seifenoper auseinanderzusetzen haben. Doch wir erzeugen ständig alle möglichen Geschichten im Kopf, die intensive Reaktionen in uns auslösen. Manchmal fliegen sie beim Anblick von raschelndem Herbstlaub einfach zum Fenster hinaus. Was in uns zurückbleibt, ist ein zartes, verletzliches und doch tief bewegendes Gefühl von Einsamkeit. In solchen Momenten hat die Ampel wieder auf Grün umgeschaltet, und unsere natürliche Balance von Körper, Herz und Geist ist wiederhergestellt.

TAGEBUCHÜBUNG

Notieren Sie Situationen in Ihrem Leben, in denen Sie Empathie empfanden. Vergleichen Sie sie mit Beispielen von abwehrenden emotionalen Ich-zuerst-Reaktionen. Wohin haben Sie die einen und wohin die anderen geführt?

Unterbrechungen durch den offenen Geist: Wann es richtig ist, unrecht zu haben

Die vierte Art von positiven Unterbrechungen besteht im Zulassen von Ungewissheit, also darin, die Risse in unserem festgefügten Weltbild unter die Lupe zu nehmen. Jeder von uns ist im Besitz der natürlichen Wachheit, die es uns ermöglicht, unsere eigenen Meinungen zu hinterfragen. Diese positive Form des Zweifels ist wie ein guter Freund, der wissen will: Warum sage ich das eigentlich?

Geoff gab uns folgendes Beispiel:

> Ich habe einen Kollegen namens Roger. Normalerweise verstehen wir uns relativ gut, aber letzte Woche gerieten wir bei einem gemeinsamen Projekt aneinander. Dabei fiel mir auf, dass wir die Dinge von völlig entgegengesetzten Standpunkten aus betrachten. Ich bin ziemlich gut im Entwerfen von kreativen Visionen, er hingegen ist frustriert, wenn nicht alles linear verläuft. Darum gelangten wir etwa in der Mitte des Projekts an einen kritischen Punkt. Er wollte ganz konkret wissen, welche Schritte als Nächstes anstanden. Mir stellten sich dabei die Nackenhaare auf, weil ich das Gefühl hatte, von ihm in eine Schublade gezwängt zu werden. Ich machte meinem Ärger Luft und warf ihm ein paar heftige Worte an den Kopf. Dann ließ ich ihn stehen und machte eine Pause. Nachdem ich mich ein wenig beruhigt hatte, merkte ich, dass ich mich falsch verhalten hatte. Mich nach den nächsten Schritten zu fragen, war durchaus legitim, und meine Reaktion hatte weder mit ihm noch mit dem Projekt zu tun. Darum ging ich zu ihm zurück und entschuldigte mich. Es war interessant zu erleben, wie dadurch die Barriere zwischen uns verschwand.

Ein Sinneswandel wie dieser mag wie ein ganz normaler Wendepunkt wirken, den die meisten von uns gut nachvollziehen können. Trotzdem ist er bemerkenswert. Was genau bringt uns dazu, nicht länger auf unser Recht zu pochen und dem Standpunkt eines anderen Raum zu geben? Was bewirkt, dass sich unsere Verteidigungshaltung scheinbar grundlos auflöst wie ein Traum beim Aufwachen? Ich spreche hier von »magischen Momenten«. Geben wir unsere Abwehr auf, wird echte Beziehung möglich.

Unter fortschrittlichen Managern hat sich dieses Phänomen bereits herumgesprochen. Sie sind dazu übergegangen, im Umgang mit ihren Mitarbeitern nicht mehr ausschließlich Erfolge einzufordern, sondern diese auch zu ermutigen, Misserfolge und Fehler als wertvolle Lektionen zu betrachten. Diese Haltung führt zu viel mehr Kreativität und einer deutlich besseren Arbeitsmoral. Wie ein Manager formulierte: »Wir können einzig und allein aus Misserfolgen lernen. Wir brauchen ein berufliches Umfeld, das den kreativen Austausch darüber fördert, was schiefgegangen ist und welche Lösungen wir gemeinsam finden können.«

Lassen wir uns von intelligenten Zweifeln unterbrechen, kann dies unsere innere Einstellung verändern; wir können etwas dazulernen und sind in der Lage, etwaige Fehler einzugestehen. Die Gabe des offenen Geistes schenkt uns die notwendige Neugier, Neues selbst dann entdecken zu wollen, wenn es unseren festgefügten Vorstellungen zu widersprechen scheint. Unterbrechungen durch den offenen Geist bezeichnen wir als »*positiven* Zweifel«, weil es da noch eine andere Form des Zweifels gibt, der alles andere als hilfreich ist. Negativer Selbstzweifel nämlich ist genau das, was Rote-Ampel-Reaktionen in uns auslöst. Er entsteht durch mangelndes Vertrauen in die Kraft von Herz, Geist und Körper und tritt stets in den Phasen der Verunsicherung auf, in denen die gelbe Ampel leuchtet.

Die Wachheit des »weiten Geistes«

Der Zen-Meister Suzuki Roshi bezeichnet Offenheit als »big mind« – ein Begriff, der sich etwa mit »weitem Geist« übersetzen lässt. Positive Unterbrechungen sind wie Risse in einer Wolkendecke – oder Löcher im Lampenschirm –, durch die das natürliche Licht des weiten Geistes in unser engstirniges Denken dringt. Der weite Geist ist da, bevor wir unsere Barrieren hochfahren und die Welt in »für oder gegen mich« einteilen. Er kommuniziert mit uns über unsere wachen Sinne, die Empfindsamkeit unseres Herzens und die Neugier unserer natürlichen Intelligenz.

Als der Lachs vom Himmel fiel, löste sich die Wichtigkeit meiner Zukunftspläne in diesem weiten Geist auf. Meine Aufmerksamkeit dehnte sich in diesen Raum hinein, als wäre sie dort ebenso zu Hause wie die Adler, die sich auf ihren Schwingen in die Lüfte erhoben. Ich empfand Erleichterung. Mir war, als würde mir an einem hektischen Nachmittag durch einen einzigen Blick durch die Windschutzscheibe eine Last von der Seele genommen. Diese geistige Dimension strahlte Grenzenlosigkeit und Wärme aus. Die Öffnung geschah, ohne dass ich irgendetwas dazu hätte beitragen müssen. In dem Moment, in dem ich in meinen alltäglichen Ablenkungen unterbrochen wurde, war der weite Geist – war »big mind« – auf einmal da.

Während einer Diskussion zu diesem Thema bemerkte einer meiner Freunde: »Als ich in den weiten Geist eintauchte, erkannte ich, dass es sich bei ›Wer-ich-bin‹ nicht um eine Sache, sondern um das Tun handelt. Meine Gedanken sind unablässig im Fluss. Ich spiele mit neuen Ideen und komme mit anderen in Berührung, ich probiere Dinge aus, und manches löst sich im Nichts auf.« Das natürliche Kommunikationssystem von Körper, Herz und Geist ist wie eine Frequenz, in die wir uns einwählen, sobald wir die Zäune rings um uns herum einreißen. Der weite Geist, von dem hier die Rede ist, verkörpert das Wir-zuerst. Er zeigt uns, dass unsere Identität nichts Festgefügtes ist, sondern immer auch durch unsere Beziehungen und den ständigen Kommunikationsfluss geprägt wird.

Arbeiten wir mit positiven Unterbrechungen, werden wir wach für den gegenwärtigen Moment, indem wir den Kommunikationsfluss zwischen Körper, Herz und Geist wieder in Einklang bringen. Auf diese Weise gewinnen wir das Vertrauen, das wir brauchen, um unsere Barrieren und Masken sinken zu lassen.

Hier ein kurzer Überblick über die vier Arten von positiven Unterbrechungen:

1. Innehalten: der Stille in unserer Kommunikation Raum geben
2. Wacher Körper: zur Be*sinn*ung kommen, indem wir unsere Wahrnehmungen als Weckruf nutzen
3. Empfindsames Herz: uns von unserer Empathie wachrütteln lassen
4. Offener Geist: die Gültigkeit unserer Meinungen und emotionalen Reaktionen hinterfragen und auf diese Weise einen Sinneswandel herbeiführen

Offenheit in Körper, Herz und Geist lässt uns bereit sein, uns zu verlieben, Empathie zu empfinden und mutig zu handeln. Sie ist die Voraussetzung für jene echte Freundlichkeit, durch die wir unsere Meinungen loslassen können in der Erkenntnis, dass unser Geist so viel größer ist als sie. Der weite Geist ist eine fließende Wahrnehmung, ein Zustand des Wissens. Auch die Welt da draußen ist von ebendieser fließenden Qualität. Sind wir mit diesem Wahrnehmungsstrom verbunden, haben wir die Kraft, unseren Instinkten zu vertrauen, so wie sich Hund Churchill auf die seinen verließ und im entscheidenden Moment mit dem Schwanz zu wedeln begann.

WECKER-ÜBUNG

Überlegen Sie für sich allein mithilfe eines Tagebuchs oder im Gespräch mit einer Vertrauensperson, welche »magischen Momente« es in Ihrem Leben gegeben hat. Wann haben Sie einen plötzlichen Wechsel von der Verschlossenheit zur Offenheit erlebt? Denken Sie zum Beispiel daran, wie Sie

- durch ein Ereignis in Ihrem Umfeld oder eine besondere Wahrnehmung in Ihrem Tun unterbrochen wurden
- sich geärgert haben, dann aber durch ein plötzlich aufflammendes Gefühl von Empathie aus Ihrem Ärger herausgerissen wurden
- mitten in einer Auseinandersetzung merkten, dass Sie im Unrecht waren und daraufhin Ihre Position aufgaben

Achtsame Kommunikation: In die Wachheit zurückfinden

Betsy gehört zu den Mädchen, die sich für ihr Highschool-Klassenfoto einen Platz in der hintersten Reihe suchen. Man sieht von ihr kaum mehr als eine Brille, die über den Kopf eines anderen Schülers lugt. Es macht ihr nicht das Geringste aus, nie bemerkt zu werden. Sie ist gut darin, etwas auszublenden. Aus Betsys Körpersprache lässt sich eine Menge ablesen – ihr Körper ist immer in sich zusammengesunken, ihre schmutzigen Turnschuhe bindet sie nicht zu. Auch Betsy verfügt über die angeborene Fähigkeit, sich zu entspannen und zu öffnen, aber diese Eigenschaften sind durch Angst blockiert. Sie ist wie ein Fluss, der unter einer Eisdecke dahinströmt. In ihr ist eine tiefe Traurigkeit, die aus der Tatsache resultiert, dass der Alkoholismus ihrer Eltern ihr während der Kindheit das Zuhause zerstört hat. Traurigkeit ist eine gesunde Reaktion auf eine traumatische Situation, in ihrem Fall aber wirkte sie lähmend, da es in ihrem Umfeld niemanden gab, der sie in sensibler Form hätte unterstützen können. Darum zieht sie sich vor echtem oder zu erwartendem Schmerz in ihre eigene Welt zurück und lebt in ihren Fantasien, in Filmen oder tranceartigen Zuständen. Auf der körperlichen Ebene schleppt sie sich durchs Leben, als wäre sie ständig erschöpft. Wann immer sie in die Fänge der Depression gerät, verstrickt sie sich in Geschichten des Versagens und der Hoffnungslosigkeit.

Im Gespräch sagt Betsy oft: »Das ist nicht so wichtig.« Was sie eigentlich meint ist: »Ich bin nicht so wichtig.« Weil sie sich als unbedeutend empfindet, hat sie es in der Kunst der Unauffälligkeit zur Meisterschaft gebracht. Im Umgang mit anderen ist sie diejenige, die zuallerletzt zeigen würde, wie es in ihr aussieht. Sie erweckt den Eindruck, gut zuhören zu können, weil sie andere nie unterbricht oder selbst das Wort ergreift. Aber oft ist sie nicht wirklich bei der Sache. Sie hat das lebenslustige, vor Energie sprühende Kind unterdrückt, das von ihren alkoholkranken Eltern so viel Ablehnung erfahren hat. Stattdessen identifiziert sie sich mit der versteinerten Trauer, Freudlosigkeit und Verzweiflung, die man empfindet, wenn man sich hohl und nutzlos fühlt.

Betsys Maske ist die eines falschen Selbst, das sich mit den erstarrten Erinnerungen an Dinge identifiziert, die sie in früher Kindheit in einem von Angst geprägten Umfeld erlebt hat. Wie damals ihre Eltern, so hält auch Betsy ihr Glück unter Verschluss. Als kleines Mädchen hatte sie niemanden, der sie hätte trösten können, wenn sie feststellen musste, wie leicht die Menschen, auf die man sich verlässt, hinter einer verschlossenen Tür verschwinden können. Sie lernte damals, dass sie gedemütigt wurde, wenn sie sich nach Aufmerksamkeit sehnte. Und so überdeckt sie jetzt ihren Schmerz, indem sie sich nach außen hin um die Belange anderer zu kümmern scheint. Aber innerlich bleibt sie auf Distanz, weil sie ihre eigenen emotionalen Bedürfnisse nicht befriedigen kann. Es fühlt sich sicherer für sie an, in der Hoffnungslosigkeit zu verharren, als den Kontakt mit anderen zu wagen. Darum wiederholt sie endlos ihr Verhaltensmuster und raubt sich dabei immer mehr von ihrer Lebenskraft. Versinkt sie in ihrer Depression, spielt sie manchmal mit dem Gedanken, Selbstmord zu begehen. Meistens aber wählt sie die gleiche Strategie wie damals ihre Eltern, um sich ein falsches Glücksgefühl zu verschaffen: Sie greift zu Drogen und Alkohol.

Weil Betsy ihre Bedürfnisse so perfekt verstecken konnte, brauchte ich eine Weile, um Zugang zu ihr zu finden. Eines Morgens dachte ich auf dem Weg zur Arbeit über sie nach. Irgendetwas an ihrer Energielosigkeit machte mich stutzig. Mein empfindsames Herz signalisierte mir, dass sich dahinter eine tiefere Botschaft verbarg. Als ich mir die Zeit nahm, in dieses Gefühl hineinzuspüren, merkte ich, dass ich deshalb so auf Betsy reagierte, weil sie einen meiner eigenen erstarrten und verdrängten Persönlichkeitsanteile ansprach. Plötzlich stieg nämlich in mir die Erinnerung an eine Phase meines Lebens hoch, in der ich selbst unter einer tiefen Depression gelitten hatte.

Die buddhistische Psychologie arbeitet mit einigen Begriffen, die sich nur schwer übersetzen lassen. Einer davon ist *bardo*. Er beschreibt das traumartige, unkontrollierte Taumeln durch den Raum, wenn einem der Boden unter den Füßen weggezogen wird. Es ist die gleiche Vorstellung, wie ich sie mit der gelben Ampelphase verbinde – ein andauernder Zwischenzustand, in den wir geraten können, wann immer sich eine Kluft in unserem Leben auftut –, auch wenn *bardo* in der buddhistischen Lehre traditionell mit dem Tod assoziiert wird. Nach meinem Highschool-Abschluss geriet ich in diese Form von psychischer Haltlosigkeit – hin- und hergerissen zwischen einer übermächtigen Angst und einer bodenlosen

Rücksichtslosigkeit. Rückblickend kämpfte ich mit Themen, die mir damals kaum bewusst waren. Jahrelang saß ich in dem tiefen Loch einer Depression.

Ich spürte in diese Erinnerungen hinein, um diesen erstarrten Teil meiner selbst in Mitgefühl zu hüllen. Dabei fiel mir wieder ein, dass ich meine Depressionen damals vor allem durch die Auseinandersetzung mit ungelöstem Kummer hatte überwinden können. Dieses Wissen half mir, mein Herz gegenüber Betsy zu öffnen und auf sie zuzugehen. Ich nutzte also die empathische Unterbrechung als Sprungbrett, um sie zu fragen, ob sie mit einer kleinen Änderung in unserer bisherigen Sprachregelung einverstanden sei: Wäre es für sie in Ordnung, den Kern ihrer Traurigkeit als Kummer und nicht mehr als Verzweiflung zu bezeichnen? Sie reagierte sofort. Bisher hatte sie immer auf den Boden gestarrt, aber jetzt schaute sie auf, und unsere Blicke kreuzten sich. Kontakt.

Nachdem ich mit der Traurigkeit in ihrem Herzen Verbindung aufgenommen hatte, fiel es mir leichter, auch andere positive Unterbrechungen zu entdecken. Ab und zu zeigten sich kleine Risse in ihrer Persona – flüchtige Momente, in denen ein Funkeln in ihre Augen kam und ein Sonnenstrahl durchzuschimmern schien. Ich achtete darauf, ihr in solchen Augenblicken – und waren sie auch noch so kurz – dieses Aufleuchten von Grün zurückzuspiegeln: Ich hatte die echte Betsy sehen dürfen, neugierig und wach und bereit, aus der Deckung herauszukommen.

Durch das Achten auf solche positiven Unterbrechungen erfuhr ich, dass Betsy dieser Welt durchaus etwas zu schenken hat: ihre Tierliebe. Sie hat eine sanfte, verspielte Seite, die zum Vorschein kommt, sobald ein Vierbeiner in der Nähe ist. Im Umgang mit Tieren kann sie sich als offen und unbeschwert erleben. Durch die Besinnung auf diese positiven Eigenschaften lernte Betsy allmählich, auf das fundamental Gute in ihr zu vertrauen und sich mehr und mehr auf ihr natürliches Kommunikationssystem von wachem Körper, empfindsamem Herzen und offenem Geist zu verlassen.

Achtsame Kommunikation ist etwas Unmittelbares. Sie findet im gegenwärtigen Augenblick statt. Deshalb ist sie die Sprache unseres wahren Wesens, ungetrübt von Traumata und frei von negativen Vorstellungen bezüglich unserer eigenen Person. Manche Therapiemethoden basieren auf Einsicht oder fördern unser Mitgefühl für abgelehnte Persönlichkeitsanteile. Andere bringen uns zurück in unseren Körper. Aber welchen Weg auch immer wir für uns wählen – wenn Heilung geschieht, dann immer deshalb, weil wir mit unserem ureigenen Wesen in Kontakt gekommen sind. Haben wir erst einmal gelernt, dieses Aufleuchten der grünen Ampel zu erkennen, brauchen wir uns nicht mehr mit dem vermeintlichen Schutz zu identifizieren, den uns unsere Rote-Ampel-Muster scheinbar bieten. Dann können wir den Mut aufbringen, die Grundlosigkeit unserer Urängste und -zweifel zu erforschen. In dem Maße, in dem wir unsere Projektionen loslassen und Vertrauen in die authentische Erfahrung unserer natürlichen Wachheit gewinnen, verschiebt sich unsere Perspektive ganz automatisch vom Ich-zuerst zum Wir-zuerst.

Zusammenfassung: achtsame Präsenz üben

Bei Grün gehen: Fassen Sie den Entschluss, sich von den Weckrufen durch Körper, Herz und Geist positiv unterbrechen zu lassen.

Bei Rot stehen bleiben: Setzen Sie Grenzen, um sich vor unnötigen Ablenkungen zu schützen. Um dies zu üben, praktizieren Sie Sitzmeditation.

Achtung bei Gelb: Hinter der Grundangst des falschen Selbst steht das Gefühl, abgeschnitten, unwillkommen und depressiv zu sein. Begegnen Sie solchen Ängsten und Selbstzweifeln wachsam und gütig.

3

Der Schlüssel zum achtsamen Zuhören

Ermutigung

Sich einer einzigen Unzulänglichkeit in sich selbst bewusst zu sein ist nützlicher, als tausend davon in einem anderen zu kennen. Statt schlecht von anderen Menschen zu reden und so, dass in ihrem Leben nur Reibung und Unruhe entstehen, sollten wir uns in einer reineren Wahrnehmung von ihnen üben; und wenn wir von anderen reden, dann von ihren guten Seiten.

— DER DALAI LAMA

Jack Norton ist Mathematiklehrer an einer Highschool, der über die Gabe verfügt, aus seinen Schülern das Beste herauszuholen. »Ich mag seinen Unterricht sehr«, sagt Chloe, die früher immer Probleme in Mathematik hatte. »Er hat so eine tolle Art zu erklären, und er gibt jedem das Gefühl, geschätzt zu werden. Er sagt, jeder Schüler bringt etwas ganz Besonderes in die Klasse mit. Er spornt uns an. Und hat er Humor.« Das Geheimnis von Jack ist ganz einfach. Er versucht nicht, seine Schüler mit falschem Lob oder gar Lobhudeleien bei der Stange zu halten. Stattdessen besitzt er eine Art Röntgenblick, der ihn hinter das negative Selbstbild schauen lässt, das junge Leute oft von sich selbst haben. Er hat ein Gespür für die besonderen Talente eines jeden Einzelnen und verschafft diesen Raum zur Entfaltung. Den Kommunikationsstil, den er praktiziert, hat Carl Rogers als »bedingungslose positive Anerkennung« bezeichnet. Sind wir empfänglich für die Präsenz unseres wachen Körpers, die Empathie unseres empfindsamen Herzens und die Neugier unseres offenen Geistes, stellt sich dieser ganz von allein ein. Er ist der Schlüssel zum achtsamen Zuhören und der Fähigkeit, andere zu ermutigen.

Aufmerksam zuhören zu können, ist die wichtigste Kunst der Kommunikation. Ermutigung wirkt dabei verstärkend, da die Neugier auf die natürlichen Talente eines jeden Einzelnen der Aufmerksamkeit zusätzlich Wärme verleiht. Kommt wie in diesem Fall die Begeisterung für das Wir-zuerst hinzu, können sich die Schüler Jacks als Teil eines größeren Ganzen erleben. Jack sieht Vorzüge in ihnen, die sie an sich selbst noch gar nicht wahrgenommen haben. Darum legt er großen Wert darauf, ihnen seine Beobachtungen auch mitzuteilen:

»Amy, du bist so unglaublich kreativ. Du findest immer wieder eine neue Art, an eine Aufgabe heranzugehen.«

»Nico, ich kann mich immer darauf verlassen, dass du pünktlich da bist. Du bist so zuverlässig und verantwortungsbewusst. Das weiß ich wirklich zu schätzen.«

Mit solchen ermutigenden Worten stärkt Jack seinen Schülern den Rücken. Sie fühlen sich wertgeschätzt und wünschen sich, den hohen Erwartungen ihres Lehrers auch gerecht zu werden. Gleichzeitig hat Jack eine besondere Art der »Irrtumsbelohnung«, denn er bringt den jungen Leuten überzeugend bei, offen dafür zu sein, alles auszuprobieren und aus Fehlern zu lernen. »Trägt ein Schüler die richtige Lösung vor, wird damit immer auch ein Schlusspunkt gesetzt. Ist die Antwort aber falsch, können wir uns an die Arbeit machen und ein bisschen Spaß haben! Nur aus Fehlern können wir wirklich etwas lernen.«

Jack führt, indem er selbst beispielgebend handelt. Er erzählt offen und humorvoll von den Situationen, in denen er selbst ins Fettnäpfchen getreten ist. Mit seiner Herangehensweise schafft er eine Atmosphäre des kooperativen Miteinanders, und es ist deutlich zu spüren, dass seine Schüler bei ihm etwas lernen, das weit über Mathematik hinausgeht. Sie erfahren, wie sich durch gegenseitige Ermutigung Wir-zuerst-Systeme erschaffen lassen.

Von Gärtnern und Deckeln

Eine ermutigende Führungspersönlichkeit ist wie ein Gärtner, der in jedem Samenkorn bereits die darin angelegte Blüte sehen kann und darangeht, dieses Potenzial in anderen zur Entfaltung zu bringen. Durch offenes Zuhören entsteht die geistige Qualität der Großzügigkeit. Wir können es uns leisten, andere aufzubauen, weil wir aus einem grenzenlosen Vertrauensvorrat schöpfen – Vertrauen, das wir daraus beziehen, mit wachem Körper, empfindsamem Herzen und offenem Geist präsent zu sein. Wir alle können die Führungsposition übernehmen, wann immer es im Gespräch an uns liegt, die zwischenmenschliche Atmosphäre in unserer Umgebung zu beeinflussen. Hören wir achtsam zu und ermutigen wir andere, können wir damit in unserer Familie, am Arbeitsplatz und im sozialen Gefüge unseres Umfelds eine Kultur des Wohlwollens einziehen lassen.

Während die ermutigende Führungspersönlichkeit wie ein Gärtner ist, könnte man den entmutigenden Anführer am ehesten mit einem Deckel vergleichen. Hören wir einander nicht zu, fördern wir ein von Verfolgungswahn und Misstrauen geprägtes Umfeld. Zeigt die Ampel Rot, tritt Konkurrenzdenken an die Stelle des kooperativen Miteinanders. Wir achten peinlich darauf, dass niemand größer wird, als wir selbst es sind.

Toxische Gewissheiten

Führungspersönlichkeiten von der Art eines Deckels beziehen ihre Autorität daraus, dass sie ihre eigenen Positionen nie infrage zu stellen scheinen. Unerbittlich vertreten sie starke Meinungen dazu, was richtig und was falsch sei. Doch anders als das natürliche Vertrauen eines ermutigenden Anführers erwächst diese Art von Zweifelsfreiheit und Selbstgerechtigkeit einem verschlossenen Geist und Herzen. Diese *toxische Ge-*

wissheit ist ein Rote-Ampel-Signal, auf das wir achten sollten. Geprägt wurde dieser Begriff von dem Autoren Wayson Choy. Er beschrieb damit einen Standpunkt, von dem aus wir anderen gegenüber ein Gefühl der Verachtung empfinden. Hinter toxischen Gewissheiten verbergen wir unsere Verletzlichkeiten und Unsicherheiten, denn sie geben uns das Gefühl, Boden unter den Füßen zu haben – einen auf Überzeugungen basierenden Standpunkt, der uns Substanz verleiht, indem er uns unsere eigene Überlegenheit vorgaukelt.

Die Standpunkte toxischer Gewissheit werden durch die Einflusssphären verstärkt, in denen wir uns bewegen – Familie, Kollegen, Freundeskreis, Medien, soziale Normen im Allgemeinen. Eine der Lektionen, die wir im Zusammenhang mit achtsamer Kommunikation zu lernen haben, besteht in dem demütigen Eingeständnis, wie leicht wir alle in solche Muster hineingeraten können, bei denen es nur darum geht, andere kleinzumachen.

Regiert die Achtlosigkeit und hören wir einander nicht mit Wärme und Neugier zu, macht sich in unseren eigenen vier Wänden ebenso wie in der Gesellschaft ringsum eine negative Kultur breit. Gespräche abzublocken wird zur Normalität. Kaum jemand würde wohl bewusst sagen: »Komm, lass uns zusammen essen gehen und unsere gemeinsamen Freunde durch den Kakao ziehen, damit wir nachher noch misstrauischer sind und uns noch miserabler fühlen.« Doch wenn wir nicht innehalten und genau hinschauen, was wir tun, wird genau dies geschehen. Wenn alle Leute im Raum der gleichen Meinung sind wie wir, verlieren wir den Blick für das, was wahr und was nicht wahr ist – und schon ist der toxischen Gewissheit der Boden bereitet.

Mein Lehrer Sakyong Mipham Rinpoche rät uns, in unseren alltäglichen Gesprächen sorgsam darauf zu achten, wie solche sozialen Verflechtungen entstehen: »Wenn wir Freundschaften schließen, fördern wir den gegenseitigen Einfluss auf die Sicht des anderen. Wenn wir unsere Welt beherrschen wollen, sollten wir bewusst darauf achten, mit wem wir unsere Zeit verbringen und welchen Einfluss diese Menschen auf uns haben.«[1]

Wippmuster: Wechselspiele zwischen Lobhudelei und Herabsetzung

Wie ein Deckel auf einem Einweckglas hält ein arroganter Anführer alles unter Verschluss, was in die Höhe seiner eigenen Autorität vorzustoßen droht. Immer guckt er sich jemanden aus, der für ihn die Rolle des »Unterlegenen« zu spielen hat. Mit diesem vergleicht er sich dann, um sich so der eigenen Überlegenheit zu vergewissern. Oder anders herum. Ein weiteres Rote-Ampel-Signal ist das Wechselspiel zwischen Lobhudelei und Herabsetzung. Beides ist gleichermaßen entmutigend. Dieses Verhaltensmuster funktioniert wie eine Wippe, deren Angelpunkt in Vergleichen liegt, die uns auf Kosten anderer in unserer Bedeutung aufblasen. Da es oft sehr versteckt ist, sollten wir

1 Sakyong Mipham, *Den Alltag erleuchten: Die vier buddhistischen Königswege*, S. 81

immer dann genau hinzuschauen, wenn wir uns mit anderen vergleichen – im Positiven wie im Negativen. Die verborgene Botschaft dahinter lautet: »Ich bin besser dran als du.« Sie ist ein dünnes Deckmäntelchen für: »Ich bin besser als du.«

Solche Vergleiche schleichen sich bei jeder Gelegenheit auf leisen Sohlen in unsere Alltagskommunikation ein und säen Intoleranz und Missgunst. Nehmen wir folgendes Beispiel: Vor einiger Zeit fühlte ich mich durch den Anruf eines unserer Fördermittelverwalter frustriert und bedroht. Als ich kurz darauf in der Mittagspause mit einem Kollegen spazieren ging, sagte ich zu ihm: »Wir sind beide Experten auf unserem Gebiet. Da haben wir doch ein wenig Respekt von diesen Bürokraten verdient.« Eine Trennlinie zwischen »uns« auf der einen und »denen« auf der anderen Seite zu ziehen, war überraschend wirksam. Aber mein Überlegenheitsgefühl löste sich in dem Moment auf, in dem ich erkannte, dass ich wieder einmal in ein Rote-Ampel-Muster hineingerutscht war und meine eigene Person durch Geringschätzung eines anderen aufzuwerten versuchte.

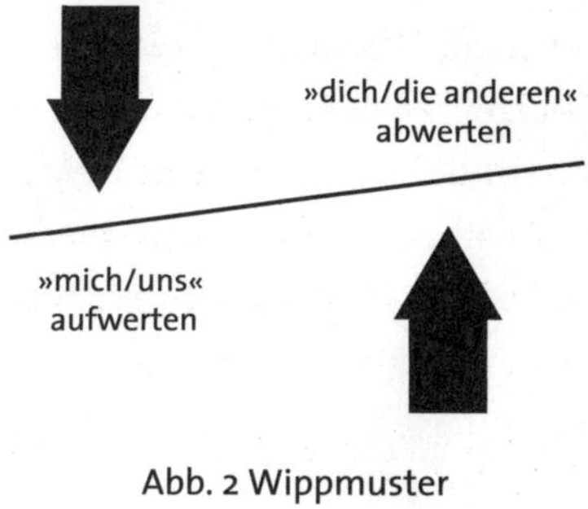

Abb. 2 Wippmuster

Unterschiedliche Arten des Zuhörens

Mit dem Zuhören ist es, als würde man Tee in eine Tasse gießen. Ist die Tasse leer und sauber, können wir klar und deutlich hören, was uns der andere sagt. Dies ist Zuhören bei Grün. Stimmen die Voraussetzungen aber nicht, sind wir außerstande zuzuhören: Die Ampel zeigt Rot. Dies ist zum Beispiel der Fall, wenn die Tasse auf dem Kopf steht. Dann haben wir keinerlei Interesse daran, dem anderen zuzuhören. Oder wenn sie einen Riss hat, durch den der Tee sickert. In dieser Situation versuchen wir zwar, dem anderen zuzuhören, sind aber mit unserer Aufmerksamkeit nicht bei der Sache. Und dann gibt es noch die Möglichkeit, dass in der Teetasse schon etwas anderes drin ist, was immer dann der Fall ist, wenn wir voller toxischer Gewissheit sind. Dann vermischen wir die Geschichte des anderen mit unserer eigenen und bearbeiten sie so lange, bis sie zusammenpassen. Werden solche Rote-Ampel-Muster zur Gewohnheit, kann die Kommunikation über Jahre hinweg blockiert sein.

Es ist überraschend, wie oft wir glauben zuzuhören, obwohl wir es nicht wirklich tun. In einer Beratungssitzung bat ich beispielsweise meinen Klienten Pete, noch einmal zu wiederholen, was seine Frau Barb gerade gesagt hatte. Ihre Worte waren gewesen: »Es tut mir leid, dass wir heute zu spät gekommen sind.«

Pete gab ihren Satz so wieder: »Was Barb gesagt hat, war, dass heute überall diese blöden Touristen unterwegs waren und deswegen der Verkehr dauernd stockte.«

Barb schaute mich an und zog eine Augenbraue hoch. Welch amüsantes Beispiel für einen Fall des Zuhörens bei roter Ampel. Petes Teetasse war bereits voll gewesen.

Zuhören bei Rot heißt, dass die Kommunikation blockiert ist. Weil wir nicht zuhören können, reagieren wir von innen heraus, und es geht mehr um die eigene Person als um alles andere. Wir sind abgelenkt und nicht konzentriert auf das Gespräch, etwa weil uns ein Gedanke, eine Idee oder irgendeine emotionale Geschichte durch den Kopf geht, die unsere Aufmerksamkeit anderweitig bindet.

Sich kein Gehör verschaffen können: Die kritische Gelbphase

Was passiert mit unserem natürlichen Selbstvertrauen und unserer Motivation, wenn der Kommunikationsfluss blockiert ist? Entmutigung macht sich breit. Um zu verstehen, woher dieses Gefühl kommt, müssen wir ganz genau darauf achten, was in solchen Momenten in unserem Herzen und im Kopf passiert. Hört uns unser Gegenüber nicht mehr zu oder interpretiert es unsere Worte falsch, kommt es zu einer Art Krise. Wir haben uns aus seiner Sicht von einem lebendigen Menschen in ein Objekt verwandelt. Kommen toxische Gewissheiten oder Herabsetzungen in einem Gespräch ins Spiel, kann es leicht dazu kommen, dass in uns erstarrte Erinnerungen an schmerzliche Erlebnisse ausgelöst werden. In dem Versuch herauszufinden, was genau passiert ist, fangen wir höchstwahrscheinlich zu zanken an. Dies ist die kritische Phase, in der sich Selbstzweifel in uns rühren: »Was habe ich falsch gemacht? Stimmt etwas nicht mit mir?«

Vor Kurzem hatte ich im Zug Gelegenheit, ein Beispiel hierfür zu beobachten: Eine junge Mutter hörte über Kopfhörer Musik aus ihrem iPod, während ihr Zweijähriger aufgeregt aus dem Fenster schaute. Es gab da draußen so viel Interessantes zu sehen. »Was ist das, Mama, was ist das?«, fragte er immer und immer wieder. Aber seine Mutter war in ihren Gedanken ganz woanders. Die anfängliche Fröhlichkeit des Kleinen schlug in Drängeln um: »Mama, Mama, was ist das, was ist das?« Immer noch keine Antwort. Man konnte förmlich zusehen, wie seine Begeisterung einer seinem Alter entsprechenden Form von Niedergeschlagenheit wich.

Da wir beziehungsorientierte Wesen sind, wird unser menschliches Selbstbild von Erfahrungen geprägt, wie sie der kleine Junge im Zug machte. Wir müssen keine Zweijährigen mehr sein, um zu spüren, wie es sich emotional auswirkt, wenn die Kommunikation zum Erliegen kommt. Aber wie der kleine Junge können auch wir meist nicht verstehen, was da eigentlich vor sich geht. Um nicht in den Bann einer toxischen Autorität zu geraten, müssen wir in einen wohlwollenden Dialog mit der Verunsicherung treten, die mit unserer inneren Entmutigung einhergeht.

Ann: Ein praktisches Beispiel für die Arbeit mit den drei Ampelphasen

Im ersten Kapitel habe ich beschrieben, wie mir im Umgang mit meinem Kollegen Robert irgendwann auffiel, dass ich mich oft mit der Schutzmaske identifizierte, hinter der ich mich gerade versteckte. Aber zwischen Verschlossenheit und Offenheit gab es Momente, in denen ich mich ungeschützt und unsicher fühlte. Wenn dies passierte, schaute ich im Büro meiner Freundin Ann vorbei. Sie verstand es, mir positiven, ermutigenden Raum für solche Gespräche zu geben. Wie sie dies machte, hat mich dazu inspiriert, ihre Vorgehensweise auf die drei Leitsätze zu übertragen.

Nachdem sie mir aufmerksam zugehört hatte, spiegelte Ann mir erstens zurück, was ich gesagt hatte, was mir die Gewissheit gab, dass meine Worte bei ihr auch angekommen waren. »Du willst mir also sagen, dass du heute Morgen mit Robert aneinandergeraten bist und es dir peinlich ist, weil du deine Position ihm gegenüber nicht richtig zu vertreten wusstest.«

Dieser erste Schritt ist ein Beispiel für die Anwendung des Leitspruchs »Bei Grün gehen«. Ann bot mir mit ihrer achtsamen Präsenz die Möglichkeit, das von mir Gesagte zu überprüfen und einer Art Realitätscheck zu unterziehen.

Zweitens vermied Ann es, negativ über Robert zu sprechen. Dies ist ein Beispiel für die Anwendung des Leitsatzes »Bei Rot stehen bleiben«. Wäre unser Gespräch zu Robert hin abgeglitten, hätten wir den eigentlichen Sinn und Zweck aus den

Augen verloren, nämlich an meiner eigenen Angst zu arbeiten.

Und drittens zeigte Ann, dass sie eine Art Midas-Hand besitzt, mit der sie alles, was sie berührt, in Gold verwandelt. Sie wiederholte nämlich das von mir Erlebte, ohne es zu verzerren, tat dies aber so, dass meine Authentizität dabei in vollem Glanz erstrahlte: »Susan, deine Harmonieliebe ist ein wunderbares Geschenk an diese Welt. Dir ist wirklich daran gelegen, in einen echten Austausch mit anderen Menschen zu treten. Dass du Robert dieses Geschenk machst wie ein kleines Mädchen, das einen Blumenstrauß überreicht, ist doch nichts, wofür du dich schämen müsstest. Die schmerzhafte Scham, die du empfindest, ist wie eine Wunde aus der Vergangenheit, die noch heilen muss. Aber das ist doch nichts Negatives.«

Ein einziges Gespräch mit Ann genügte, und ich war wie verwandelt. Der Leitsatz »Achtung bei Gelb!« fordert uns auf, solche heiklen Gespräche achtsam und ermutigend zu begleiten.

Hier noch einmal eine kurze Zusammenfassung der drei Schritte:

1. *Bei Grün gehen:* Das Gehörte wiederholen und zurückspiegeln, um zu überprüfen, ob auch alles richtig verstanden wurde.
2. *Bei Rot stehen bleiben:* Im Wir-zuerst bleiben und darauf verzichten, den Ruf eines anderen zu untergraben.
3. *Ermutigen bei Gelb:* Das verborgene Gold in der Geschichte zum Vorschein bringen, indem wir das Ganze mit bedin-

gungsloser Wertschätzung für den anderen noch einmal neu formulieren.

Ann zeigte mir, dass echtes Vertrauen aus Demut entsteht und daraus, Fassaden eher als solche zu enttarnen, als sie neu zu errichten. Sie zerstreute sowohl mein Bedürfnis, mir meine Überlegenheit gegenüber Robert zu beweisen, als auch meine Angst, ihm unterlegen zu sein. Sie half mir, in die achtsame Präsenz zurückzufinden, und erlaubte es mir so, anderen wieder offen und ermutigend zu begegnen.

Ich habe Anns achtsame Ermutigung mit den Worten »in Gold verwandeln« umschrieben, weil sie mir mit wachem Körper, empfindsamem Herzen und offenem Geist zugehört hat und auf diese Weise wie eine Goldgräberin den glänzenden Klumpen zutage fördern konnte, der sich in einem finsteren Winkel meines Inneren verbarg. Wir brauchen Ermutigung, wenn die Dinge nicht wie geplant laufen, weil die dabei offenbar werdenden Gefühle etwas überaus Intimes sind. Wann immer ich mich von Robert verletzt, beschämt, beleidigt oder irritiert fühlte, merkte ich, dass mein Warnsystem versagt hatte. Mit Anns Hilfe wurde mir klar, dass es ohnehin sinnlos war, überhaupt ein solches System zu besitzen. Da unsere wahre Natur im Wir-zuerst liegt, können wir uns nicht davor schützen, von anderen Menschen emotional berührt zu werden. Wer Achtsamkeit praktiziert, empfindet dieses vermeintliche Unvermögen als Vorteil, denn die Empfindsamkeit unseres bloßen Herzens ist authentischer als all unsere Masken.

Den Bann brechen

Machig Labdrön, ein Meditationsmeister, der vor mehreren Jahrhunderten in Tibet lebte, empfiehlt, längere Zeit auf Friedhöfen und anderen Orten, an denen es spukt, zu verbringen, um unsere auf Angst basierenden Selbstbilder zu durchschauen. In unserer modernen Zeit mag dieser Rat eher wie die Einladung zu einer Halloween-Party klingen. Die verwunschenen Orte, die uns heutzutage Furcht einflößen, befinden sich in unserem eigenen Kopf. Wenn die Dinge nicht nach Plan laufen und wir im freien Fall in den gelben Bereich stürzen, verlieren wir das Vertrauen in uns selbst. Dann hören sich die negativen Stimmen in uns so an, als würden wir von bösen Flüchen aus längst vergangenen Tagen verfolgt: »Aus dir wird nie etwas Richtiges werden!«, »Du bist zu fett, um liebenswert zu sein!«, »Fauler Nichtsnutz!«, »Diese Frau hattest du sowieso nicht verdient!«, »Für wen hältst du dich eigentlich?«. So lauten die entmutigenden Sprüche, die uns unser toxischer innerer Führer entgegenschleudert.

Ein ermutigender Zuhörer wie Ann oder Jack kann solche »Flüche« hinterfragen und damit ihren Bann brechen. Wir können dies auch selbst tun, indem wir Eigenschaften wie Neugierde, Sanftmut und Präsenz unter unsere Ängste und Selbstzweifel streuen. Der optimalste Zeitpunkt hierfür sind die Phasen, in denen die gelbe Ampel leuchtet und wir uns verletzlich fühlen. Dann nämlich bietet sich die Gelegenheit, direkt zur Wurzel unserer falschen Identität vorzudringen und in einen ermutigenden Dialog mit den verborgenen »Flüchen« zu treten, die uns vor dem zurückschrecken lassen, wer wir wirklich sind.

Der Leitsatz »Achtung bei Gelb!« erinnert uns daran, dass unsere Gespräche, unser jeweiliges Umfeld, ja sogar die Musik, die wir hören, positiv oder negativ auf uns wirken können, wenn wir uns im gelben Bereich bewegen. In Phasen, in denen die unterschwellig vorhandenen Ängste an die Oberfläche dringen, müssen wir sorgsam darauf achten, mit wem wir reden – und wem wir zuhören. Ein ermutigender Freund kann uns helfen, uns solchen Ängsten zu stellen und unser Identitätsgefühl aus ihrem Klammergriff zu befreien.

Durch achtsames Zuhören lernen wir, differenziert auf Gelbe-Ampel-Signale zu reagieren und bisher abgelehnte Persönlichkeitsanteile mit mitfühlender Einsicht willkommen zu heißen. Achtsame Ermutigung bringt uns unsere intuitive Weisheit zurück, sodass wir wissen, wie wir angemessen reagieren können. Auf diese Weise gelingt es uns, wie Hund Churchill von »Beute« auf »Spielgefährte« umzuschalten. Haben wir erst einmal zuzuhören gelernt, sagt uns unsere angeborene gesunde Intuition, was wir tun müssen.

Einfühlsam auf verletzliche Gefühle hören

Wenn wir hinhören, finden wir manchmal Zugang zur grünen Ampel, also der natürlichen offenen, wachen Qualität von Körper, Herz und Geist. Ein andermal gelingt es uns, auf eine rote Ampel zu hören, sprich auf jene negativen Stimmen, die sich bei physischer und emotionaler Anspannung einstellen. Oder aber wir lauschen in den Zwischenzustand hinein. Alle drei Situationen lassen sich mit dem Satz umschreiben: »Zuhören, selbst wenn wir Angst vor dem haben, was uns zu Ohren kommen könnte.«

Die simple Erkenntnis, dass alle Menschen unter ähnlichen Missverständnissen leiden, erlaubt es einem ermutigenden Zuhörer, sich in die Ängste anderer hineinzuversetzen. Ist uns dies bewusst, nutzen wir unseren Einflussbereich zum Vorteil anderer, statt uns selbst in den Vordergrund zu spielen. Unser Vertrauen beziehen wir daraus, dass wir selbst den dunklen Tunnel unserer Selbstzweifel durchschritten und auf der anderen Seite die Sonne unserer wahren Natur gefunden haben.

Diesen Tunnel müssen wir betreten – in unsere eigene Schattenwelt hineingehen, in der sich die Stimme unseres toxischen inneren Führers noch weiter verstärkt. Was sind die negativen Einflüsse und übelwollenden Autoritäten in unserem Kopf, die uns den Mut rauben? Gelbphasen, in denen der sichere Boden unter uns wegbricht, geben uns Gelegenheit, solche selbsterniedrigenden Stimmen zu bemerken.

Stellen wir uns zum Beispiel vor, wir wollen gerade aus dem Haus gehen und müssen feststellen, dass unser Portemonnaie verschwunden ist. Zunächst suchen wir ein paar Minuten lang die üblichen Plätze ab, in der Hoffnung, es dort irgendwo zu finden. Nach kurzer Zeit aber meldet sich eine unduldsame innere Stimme zu Wort. Wir fangen an, unserem Partner die Schuld zuzuschieben. Bestimmt hat er das Portemonnaie aus unserer Tasche herausgenommen und es irgendwo herumliegen lassen. Dann aber fragen wir uns in einem plötzlich aufkeimenden Verfolgungswahn, ob womöglich jemand bei uns eingebrochen hat. Und plötzlich kommt die Panik dazu, wie unser Chef wohl reagieren wird, wenn wir nicht pünktlich zur Arbeit erscheinen. Und schon sind wir drauf und dran durchzudrehen.

Kleine Krisen wie diese ereignen sich jeden Tag, und wenn es dazu kommt, treten sofort unsere Selbstzweifel auf den Plan. In diesen Zwischenphasen scheint die vorhersehbare Welt, die wir uns aus vertrauten Bezugspunkten aufgebaut haben, auseinanderzubrechen. Wenn wir auf diese Weise die Bodenhaftung verlieren, ist es nicht schwer, uns unser Selbstvertrauen auszureden. Darum gilt es, in diesen Momenten vorsichtig zu sein und die entmutigenden Einflüsse genau im Blick zu behalten, die uns sowohl von außen als auch aus unserem eigenen Inneren bedrängen.

Steigt Angst in uns auf und sind wir verunsichert, können wir die Kraft der Ermutigung nutzen, um die Hindernisse aufzulösen. Hören wir in Gelbphasen richtig hin, können wir zuschauen, wie unsere unterschwelligen Ängste auftauchen, ohne jedoch völlig den Kontakt zu dem Menschen zu verlieren, mit dem wir gerade im Gespräch sind. Genau das ist mir bei Betsy passiert. Ich wurde von emotionalen Erinnerungen aus meiner Vergangenheit unterbrochen. Vorübergehend verschob sich mein Fokus vom Wir zum Ich. Ich merkte, dass ich keinen Kontakt mehr zu ihr hatte, weil es zu einer unerkannten Projektion meiner eigenen Depressionserfahrungen gekommen war. Indem ich in diese Angst hineinlauschte und mich mit

Körper, Herz und Geist verband, konnte ich die Projektion erkennen und ihr mit dem Mitgefühl und der Einsicht begegnen, die ich bei der Überwindung meiner Depression gewonnen hatte. Der Schmerz, der zunächst als Barriere zwischen uns gestanden hatte, wurde damit zur Brücke. Ich kehrte ganz einfach vom Ich-zuerst ins Wir-zuerst zurück, und so gelang es mir, mit dieser inneren Haltung auf Betsy zuzugehen – im echten Vertrauen auf die ihr innewohnende geistige Klarheit.

Der Schlüssel zum einfühlsamen Zuhören liegt darin, in Kontakt mit den Botschaften zu bleiben, die uns laufend aus Körper, Herz und offenem Geist erreichen. Wie fühlt sich unser Körper an, wenn die gelbe Ampel leuchtet? Welche Empfindungen sind es, die sich in uns melden, kurz bevor wir uns verschließen? Meist kommt es zu einem plötzlichen Adrenalinstoß, wenn der Kampf-oder-Flucht-Mechanismus einsetzt. Auf der körperlichen Ebene achtsam mit dieser Angst zu kommunizieren, ist ein heikler Balanceakt, bei dem es darum geht, sie zwar da sein, aber nicht mit uns durchgehen zu lassen. Was wir dazu brauchen, ist frische Luft. Darum ist es so wichtig zu atmen. Lenken wir unsere Aufmerksamkeit auf den Körper und den Atem, kommen wir in den gegenwärtigen Augenblick zurück und geben dem Schmerz Raum, sich auszudrücken, als handele es sich um ein verwundetes Tier. Mit dem Atem hüllen wir dieses Gefühl in Akzeptanz, etwa so, wie ein wohlmeinender Freund oder fürsorgliche Eltern es tun würden.

Die toxischen Muster in unserer Kommunikation lassen sich auf ein falsches Abwehrsystem zurückführen, mit dem wir uns vor Angst und Schmerz zu schützen versuchen. Aber ungewollt verstärken wir sie damit nur noch. Die Achtsamkeitspraxis des einfühlsamen Zuhörens ermutigt uns, offen mit solchen schwierigen Empfindungen umzugehen. Behutsame Neugier bringt uns in direkten Kontakt mit unserem Schmerz und zeigt uns neue, effizientere Möglichkeiten, gut für uns selbst zu sorgen. Öffnen wir uns dem physischen Schmerz in unserem Körper, macht uns das zugleich offen für alle anderen Formen von Schmerz in unserem Leben. Durchdringen wir unsere Schutzbarrieren mit Achtsamkeit, können wir diese Gefühle wie ein neugeborenes Baby im Arm wiegen – sanft und schützend zugleich. Wie mein Lehrer sagt, sollten wir den Geist der Angst in die Wiege allumfassender Güte legen.

Paul, Sheila und Mia

Wir alle können in unserem Leben eine Kultur der Güte und des Wohlwollens schaffen, indem wir einfühlsam in unsere Kommunikationsmuster hineinlauschen und lernen, selbst ermutigender zu werden. Nehmen wir zum Beispiel die Familie Baxter. Paul, Sheila und ihre heranwachsende Tochter Mia kamen zu mir in die Beratung, weil es Konflikte wegen des von den Eltern verhängten Ausgehverbots am Samstagabend gab. In der Woche zuvor war es zum Eklat gekommen. Mia war die ganze Nacht nicht nach Hause gekommen und behauptete, bloß deshalb bei ihrer Freundin geblieben zu sein, weil sie den Zorn des Vaters gefürchtet hatte. Ich stellte den dreien das

Ampel-Konzept vor, und wir befassten uns gründlich damit, wie sich in dieser Familie Wut auf drei verschiedene Arten manifestierte.

Verschlossene Kommunikation

Paul war wütend und misstrauisch. Überzeugt, dass die einzige Option darin bestand, Mia zu bestrafen, legte er ein verschlossenes Kommunikationsverhalten an den Tag. Seine Wut war herzlos geworden, und er brachte jene Art von toxischer Gewissheit zum Ausdruck, von der bereits an anderer Stelle in diesem Buch die Rede war. Er rechtfertigte seine starre Haltung damit, dass er eben ein starker Vater sei. Als ich ihn fragte, wie er diese Stärke beschreiben würde, meinte er, sie sei wie ein Damm, der die Fluten zurückhielt, die seine Familie hinwegzuspülen drohten. Er liebte seine Tochter und seine Frau, spürte aber gleichzeitig, dass sich ihr Verhältnis zueinander laufend verschlechterte. Er war überzeugt davon, Mia zu beschützen, indem er sie auf den Boden holte – etwas, das er »sie die Konsequenzen spüren lassen« nannte. Wäre Mia jünger gewesen und auch sonst nichts dahintergesteckt, hätte vielleicht sogar das eine oder andere Argument für seine Vorgehensweise sprechen können. Doch je länger er redete, desto deutlicher wurde sein eigentliches Anliegen: Er wollte es seiner Tochter heimzahlen, dass sie seine Autorität infrage stellte.

Gesunde Wut als Alarmsignal

Sheilas Reaktion auf die Familienkrise war weniger Wut als »Alarmiertheit«, denn das für Erstere typische Gefühl der Dringlichkeit war zwar vorhanden – heißes Gesicht, Herzklopfen –, doch ihr Fokus lag nicht auf ihrer eigenen Person. An diesem Beispiel sehen wir, wie uns eine Grüne-Ampel-Wut auf ein Problem aufmerksam machen kann, das gelöst werden muss.

Dennoch hatte Sheila in der Vergangenheit durchaus ihre eigenen Erfahrungen mit der roten Ampel gemacht. Eines ihrer Achtlosigkeitsmuster bestand darin, Pauls Aggression dadurch kontrollieren zu wollen, dass sie das innere Wissen darum verdrängte, wie sehr ihre Tochter darunter litt, dass in ihrer Familie die Kommunikation zum Erliegen gekommen war.

Nachdem ich Paul und Sheila zugehört hatte, wurde mir klar, dass ich erst einen schützenden Rahmen für Mia errichten musste, bevor ich sie bitten konnte, die Situation aus ihrer Sicht zu schildern. So führte ich an dieser Stelle den Leitsatz »Bei Rot stehen bleiben« ein, bei dem es darum geht zu beobachten, wann die beiderseitige Kommunikation ins Stocken gerät. In diesem Fall, so sagte ich ihnen, würde ich die Hand heben, um für eine Pause zu sorgen. Auf dieses Signal hin sollte derjenige Gesprächsteilnehmer, der noch im grünen Bereich war, entweder still sein oder aktiv zuhören.

Paul ergriff als Nächster das Wort. Er sagte: »Wenn ich ihr den kleinen Finger gebe, nimmt sie gleich die ganze Hand.«

»Hör dir doch einmal selbst zu«, entgegnete Sheila. »Was glaubst du, wie du dich fühlen würdest, wenn man so etwas von dir sagen würde. Du stellst da eine Behauptung auf, bei der es für Mia nichts zu gewinnen gibt. Wenn du ihr sagst, dass Regeln nun mal Regeln sind, dann sagst und tust du damit genau das, was sie von uns wegtreibt.«

Solange Pauls Ampel rot war, würde uns das Gespräch nicht weiterführen. Aber dass Sheila ihm seine Aussage noch einmal mit eigenen Worten spiegelte, bewirkte etwas in ihm. Später sprach er von einer Traurigkeit, die ihm wie eine geballte Faust im Leib steckte. Seine starren Überzeugungen hatten ihn zu der Illusion verleitet, die Herausforderungen des Lebens unter Kontrolle zu haben. Jetzt aber fühlte er sich ohnmächtig und verunsichert. Es war wunderbar zu sehen, wie seine emotionale Ampel von Rot auf Gelb umschaltete, als er seinen soliden Standpunkt verließ und anfing, seiner Tochter zuzuhören.

Ein Gefühl der Verletzlichkeit

Mia hatte das Gespräch schweigend mit angehört. Die ganze Zeit über hatte sie mit verschränkten Armen dagesessen und auf den Boden gestarrt. Die Meinungen ihres Vaters hatten sie verletzt und frustriert, und wie er sie mit seinen Verallgemeinerungen zum Objekt degradierte, machte sie sehr wütend. Er schien nicht im Geringsten daran interessiert zu sein, sich anzuhören, was wirklich in ihr vorging. Dies ist ein Beispiel für eine Wut, wie sie sich in Gelbphasen einstellt – in jenen kritischen Zwischenphasen, in denen wir verletzlich sind und zuzumachen drohen. Unter Tränen brachte sie hervor: »Dir ist es doch ganz egal, was mit mir passiert! Du liebst doch keinen außer dir selbst und deine blöden Regeln!«

Ich fragte Paul und Sheila, ob es möglich wäre, dass ich in ihrem Beisein mit Mia redete, ohne von ihnen unterbrochen zu werden. Dann bat ich Mia, mir ihre eigenen Wertvorstellungen etwas näher zu erklären. Welche Verhaltensweisen betrachtete sie als gefährlich? Welche Art von Schutz bräuchte sie? Mia stellte ihren Ausführungen die Bemerkung voran, dass sie sich wünschte, ihr Vater würde sehen, wie diszipliniert sie sei. Sie wisse, dass es an der Highschool viele Schüler gäbe, die mit Drogen, Sex, Alkohol und Nikotin »und allen möglichen anderen Sachen« experimentierten. Aber sie selbst habe an so etwas kein Interesse. »Es kommt allein darauf an, mit welchen Leuten du zusammen bist«, sagte sie. »Meine Freunde sind einfach nicht so.«

Als Paul Mia zuhörte, spürte er, wie sich seine Meinungen auflösten und etwas in seinem Herzen nachgab. In seinem Inneren spielte sich ein mutiger Prozess ab. Er ging auf Distanz zur Stimme der toxischen Gewissheit – also seiner Vater-Stimme – und öffnete sich für einen Persönlichkeitsanteil, der seinen Blick auf seine Tochter lenkte. In dem Augenblick, in dem er mit der bedingungslosen Freundlichkeit sich selbst gegenüber in Berührung kam, konnte er Mia klarer sehen. Als er den Schmerz im eigenen Körper und die Traurigkeit im eigenen Herzen spürte, lernte er innezuhalten und zu atmen. Was er erlebte, durfte einfach da sein, im gegenwärtigen Augenblick.

Als ich Paul bat, einmal näher zu beschreiben, was es für ihn bedeuten würde, seinen besitzergreifenden Zugriff auf Mia zu lockern, fing er an, von seiner eigenen Kindheit zu erzählen. Er war von Natur aus neugierig gewesen und ständig darauf aus, neue Dinge zu erforschen. Er erinnerte sich gut daran, auf welch schmerzhafte Weise seiner Freude immer dann ein jähes Ende gesetzt wurde, wenn er auf die rote Ampel seines eigenen Vaters traf. Das Wort *Fehler* bekam eine bedrohliche Bedeutung. Um der Bestrafung zu entgehen und nicht Gefahr zu laufen, bei einem Fehler ertappt zu werden, flüchtete er sich in Regeln. Solange es Regeln gab, trug niemand die Schuld. Das falsche Sicherheitsversprechen des starren Glaubenssystems, das Paul sich in seiner Kindheit zugelegt hatte, um der Bestrafung durch den Vater zu entgehen, war nun überholt und konnte einer effizienteren Form von Schutz weichen.

Die Angst, dass Fehler etwas Unverzeihliches seien, hatte sich Paul ins Gedächtnis gebrannt. Indem er lernte, sich selbst offener zuzuhören, konnte er diese Erinnerung noch einmal hervorholen und ihr neu begegnen. In einer weiteren Sitzung gab ich Paul ein Hörbuch mit einer geführten Meditation mit nach Hause. Hier einige Auszüge daraus:

> Es ist jetzt an der Zeit, dir selbst ein liebevoller Vater zu sein. Das bedeutet für dich, einmal in eine ganz andere Richtung zu gehen. Statt deinen Gedanken zu folgen, verbindest du dich nun mit dem Schmerz, den du fühlst. Du versuchst nicht, die Tatsachen so zu verbiegen, dass sie weniger schmerzhaft für

> dich sind. Bleib einfach bei diesen Gefühlen in deinem Körper. Spüre direkt in sie hinein. Wo sitzen sie? Wie fühlen sie sich an? Und nun höre auf die Stimme des toxischen Führers – auf die Stimme, die dir sagt, dass du ein unverzeihliches Verbrechen begangen hast. Glaubst du das wirklich? Glaubst du wirklich, dass du perfekt sein solltest? Bist du wirklich überzeugt, dass alle Fehler bestraft werden müssen? Jetzt ist es an der Zeit, diesen Schmerz in Mitgefühl zu hüllen. Eine andere Stimme muss dieses irrationale Denken unterbrechen – die Stimme eines echten Freundes.

In den folgenden Wochen setzten Mia und ihre Eltern in meiner Praxis ihre Grüne-Ampel-Gespräche fort, und allmählich wurde ihre Beziehung flexibler und belastbarer.

In dem Maße, wie Paul und Sheila einander auf diese neue Weise begegneten, lösten sich zudem die Spannungen innerhalb der Familie. An die Stelle der von toxischer Autorität geprägten Atmosphäre trat eine Kultur des gegenseitigen Wohlwollens. Auf einmal wurde innerhalb der Familie über das Thema Vertrauen diskutiert. Während Paul seiner Tochter zuhörte, erkannte er, dass sie die Art von Schutz, die er ihr geben wollte, gar nicht brauchte. Mia sagte, es sei, »als würde man mich in ein Gefängnis sperren, damit mir nichts passieren kann«. Was sie brauchte, war etwas anderes: Sie wollte so gesehen und gehört werden, wie sie war – als eine junge Frau, die genau wusste, was sie im Leben erreichen wollte, und die über ein gutes Urteilsvermögen verfügte. In dem Maße, wie die Kommunikation innerhalb der Familie wieder zu fließen begann, kam es immer wieder vor, dass Mia ihren Vater um Rat fragte. So spürte er, dass sie zwar zunehmend unabhängiger wurde, aber immer noch einen Vater brauchte, zu dem sie aufschauen konnte.

Es heißt, man könne niemanden hassen, dessen Geschichte man kenne. Das Gegenmittel gegen toxische Gewissheiten ist, offen zuzuhören und neugierig zu sein, mehr voneinander zu erfahren. Hören wir einander wirklich zu, entfaltet sich der eng geschnürte Knoten unserer Meinungen zu der sehr viel zarteren Geschichte dessen, was wir in unserem Leben erlebt haben. Hören wir so einfühlsam und offen zu, ersetzen wir die toxischen Autoritätspersonen in unserem Inneren durch liebevollere, fürsorglichere Führer und kommen auf diese Weise wieder mit unserer wahren Natur in Kontakt. Und wenn dies geschieht, tritt manchmal urplötzlich ein Wendepunkt ein.

TAGEBUCHÜBUNG: ENTMUTIGENDE UND ERMUTIGENDE STIMMEN

- Schaffen Sie sich eine einladende Atmosphäre, in der Sie sich selbst einfühlsam zuhören können.
- Welche toxischen Gewissheiten entmutigen Sie? Woher kommen sie? Welches Gefühl vermitteln sie Ihnen?
- Lassen Sie Ihren toxischen Führer und eine ermutigende Stimme in einen inneren Dialog miteinander treten.
- Beschreiben Sie persönliche Eigenschaften, die Ihnen vorher an sich selbst gar nicht aufgefallen sind.

DREI ARTEN VON EMOTIONEN

In den Gesprächen zwischen Paul, Sheila und Mia wurde deutlich, dass sich in dieser Familie das Gefühl der Wut auf drei verschiedene Arten zeigte: rot, grün und gelb. Diese Einteilung vorzunehmen, ist eine hilfreiche Technik zur Schulung in achtsamer Kommunikation. Manche Emotionen sind offen, andere sind verschlossen, und wieder andere liegen dazwischen. Sind wir offen, ist uns unsere emotionale Intelligenz ein steter Quell der Ermutigung. Sie vermittelt uns intuitiv Informationen über den anderen oder darüber, was in der jeweiligen Situation als Nächstes geschehen muss. Sind wir jedoch verschlossen, können unsere Emotionen toxisch werden. Halten wir den Finger am emotionalen Puls des Gesprächs, fällt uns eher auf, wann wir uns von unseren eigenen Belangen oder Projektionen ablenken lassen.

Offene Emotionen bei Grün

Unter Grüne-Ampel-Emotionen verstehen wir eine ganze Bandbreite von empfindsamen Wir-zuerst-Reaktionen wie Mitgefühl, Freude, Liebe und Traurigkeit. Wir lauschen in die emotionalen Botschaften hinein, als würden wir auf die Melodie hören, mit der ein Liedtext unterlegt ist. Aus dieser Haltung entstehende Reaktionen sind in jedem Fall angemessen, weil sie im Strom unserer inneren Erzählungen weder als besonders zentral herausgehoben noch aus ihm heraus erzeugt werden. Vielmehr werden sie spontan durch Ereignisse im äußeren Umfeld ausgelöst. Sheilas Wut zum Beispiel wirkte als Alarmsignal innerhalb des Familiensystems und machte sie darauf aufmerksam, dass Paul mit seiner toxischen Autorität allen dreien Schaden zufügte.

Sämtliche Grüne-Ampel-Emotionen – auch Wut – sind letztlich Ausdruck von Empathie. Sie entstehen, wenn wir mit offenem Herzen zuhören und uns mit der Freude und dem Leid anderer Menschen verbunden fühlen. Diese starken Gefühle erlauben es uns, auf Schönheit mit einem Lächeln zu reagieren – auf eine Frühlingsblume, auf die Sichel des Mondes. Uns kommen die Tränen bei Berichten über menschliches Leid in Kriegen oder nach Naturkatastrophen wie Überflutungen, Wirbelstürmen oder Tsunamis. Grüne-Ampel-Emotionen sind natürlicherweise »Wir-zuerst« und bringen uns damit mit dem »Gold« in anderen Menschen in Verbindung – mit den einzigartigen Eigenschaften und Gaben, die sie zu bieten haben. Erleben wir Ungerechtigkeiten oder müssen wir mit ansehen, wie das Gute im Menschen unterdrückt wird, kann uns empathische Wut die Kraft verleihen, zum Wohle anderer aus unserer Komfortzone herauszutreten.

Grüne-Ampel-Emotionen sind intelligente und angemessene Reaktionen auf die Ereignisse in unserem Umfeld. Sie entstehen, bevor wir das Erlebte in »Ich« und »Du« unterteilen. Es handelt sich um Beziehungsenergien, die einmal ein Hindernis durchtrennen und uns ein andermal die Energie zufließen lassen, die wir in diesem einen Moment gerade brauchen. Wir haben es dabei mit der Rohform menschlicher

Erfahrung zu tun, mit der Freude des sich Verliebens, der Trauer in der Begegnung mit dem Tod oder dem spontanen Großmut, einen Fremden aus einer verzweifelten Lage zu retten.

Charakteristisch für Grüne-Ampel-Emotionen ist, dass sie nie Schaden verursachen, obwohl sie mitunter durchaus schmerzhaft sein können. So kann in einer Beziehung ein Wutausbruch manchmal die Luft reinigen und dafür sorgen, dass eine blockierte oder stagnierende Kommunikation wieder in Gang kommt. Das Gefühl flammt plötzlich und hell auf, als hätte man ein Streichholz entzündet. Und sobald sich die Situation wieder ändert, verglüht und erlischt es. Bleibt es im gegenwärtigen Augenblick und verwandelt sich nicht in Groll oder Hass, liegt diese Form von emotionaler Energie im grünen Bereich.

Schlüsselmerkmale von Grüne-Ampel-Emotionen:

- Sie sind fließend und stellen sich als Reaktion auf unser natürliches Kommunikationssystem ein: dem offenen Herzen und in Einklang mit Körper und Geist.
- Sie sind eine intelligente Art, uns bestimmte Dinge wissen zu lassen.
- Sie sind ein Ausdruck dessen, was im gegenwärtigen Augenblick passiert.
- Sie sind auf natürliche Weise Wir-zuerst und stellen sich in Reaktion auf das ein, was in einer Beziehung gebraucht wird.
- Sie sagen uns, was zu tun ist.

- Sie wenden die Dinge umso mehr zum Besseren, je mehr wir auf sie hören.

Verschlossene Emotionen bei Rot

Rote-Ampel-Emotionen sind Formen der Entmutigung, die immer dann auftreten, wenn die Kommunikation zum Erliegen kommt. Sie bringen uns innerlich unter Kontrolle wie ein feindseliger Herrscher und blockieren unsere Fähigkeit, im gegenwärtigen Augenblick neue Informationen aufzunehmen. Sie entstehen, wenn wir uns mit angstvollen Gedanken bezüglich der Vergangenheit oder Zukunft beschäftigen, statt mit unseren Informationen aus dem Hier und Jetzt. Dabei verursachen sie alle möglichen Formen von unnötigem Leid, das über den unvermeidlichen Schmerz des alltäglichen Lebens weit hinausgeht.

Pauls aggressive Wut gehörte zu diesen Rote-Ampel-Emotionen, die uns bisweilen regelrecht zu überwältigen drohen, weil sie endlos in unseren Gedanken entstehen und nichts mit der Realität zu tun haben. Depression ist wie ein zweihundertfünfzig Kilo schwerer Tyrann, der auf unserer Brust sitzt und jedes Gefühl von Hoffnung unter sich zermalmt. Angst und Besorgnis gönnen uns keinen friedlichen Moment. Gier ist wie ein Drogendealer, der uns ständig zu verführen sucht. Wippen wir im Wechselspiel zwischen Feindseligkeit und Selbstgefälligkeit auf und ab, ist es, als würden wir in einer Villa mit erhöhtem Unterhaltsaufwand leben, in der ständig alles überwacht sein will. Neid nagt an uns und drängt uns dazu, uns mit anderen zu messen, denn im Konkurrenzkampf als Verlierer dazustehen, ist schlichtweg undenkbar.

Üben wir uns in Achtsamkeit, können wir beobachten, dass solchen toxischen Emotionen jegliches Fundament in der Wirklichkeit fehlt. Auch fällt auf, dass erleuchtete Meister, Heilige und Menschen, die wir aufgrund ihrer außerordentlichen Charakterstärke bewundern, frei davon sind. Das hat damit zu tun, dass es sich bei Rote-Ampel-Gefühlen um konditionierte Reaktionen handelt. Sie mögen vertraut und gewohnt sein, aber sie sind kein essenzieller Bestandteil des menschlichen Wesens. Damit sind sie eher so etwas wie eine Kostümierung als unsere Haut. Sie entstehen nur dann, wenn die Kommunikation zum Erliegen gekommen ist. Ausgelöst werden sie eher von mentalen Vorstellungen als von Fakten.

Rote-Ampel-Emotionen sind eine Form von Achtlosigkeit. Sie blenden die Tatsache aus, dass unsere Wurzeln miteinander verwoben sind, und lassen uns reagieren, als käme es auf Beziehungen gar nicht an. Sie entstehen aus einer negativen Selbsteinschätzung heraus und wollen uns dann in einen schützenden Ich-zuerst-Kokon hüllen. Doch solange wir uns von anderen abgeschnitten fühlen, sind wir emotional ausgehungert und ablehnend.

Die gute Nachricht für alle, die achtsame Kommunikation praktizieren möchten: Wenn wir in unseren Gesprächen aufmerksam sind und richtig zuhören, ist die Handschrift von Rote-Ampel-Emotionen leicht zu lesen. Was die Sache erschwert, ist jedoch, dass wir nur ungern in uns hineinhören, wenn die Ampel rot ist. Mithilfe der Achtsamkeitsmeditation lassen sich solche sekundären Emotionen transformieren, denn sie unterbricht unseren Gedankenstrom, und wir kehren wieder und wieder in die Gegenwart zurück. Wir erkennen, dass Rote-Ampel-Emotionen immer aus dem Bedürfnis entstehen, Angst abzuwehren. Bleiben wir präsent und verzichten wir darauf, sie auszuleben oder zu unterdrücken, sind wir dem Verständnis dieser Angst einen Schritt nähergekommen.

Schlüsselmerkmale von Rote-Ampel-Emotionen:

- Es sind erstarrte Muster, die von Gedanken und mentalen Skripten erzeugt werden.
- Sie sind auf der körperlichen Ebene als Anspannung wahrzunehmen.
- Sie richten sich auf die Vergangenheit und Zukunft und bleiben nicht im Augenblick.
- Bleiben sie unerkannt, richten sie Schaden an.
- Sie sind nicht wahr: Sie sind ein Produkt von inneren Fiktionen und nicht der äußeren Realität.
- Sie entsprechen dem Ich-zuerst oder dem Gewinner-Verlierer-Prinzip.
- Sie verschlimmern die Lage, je mehr wir auf sie hören.
- Beispiele sind: Hass, Eifersucht, Verachtung, Sucht und Gier, Depression.

Verletzliche Emotionen bei Gelb

Mias Wut war Ausdruck ihrer Frustration und Verletztheit darüber, dass ihr Vater ihr misstraute. Verletztheit, Enttäuschung, Beschämung, Ärger oder Beleidigtsein sind nur einige der angstbasierten Emotionen, die wir mit der Gelbphase assoziieren. Sie treten immer dann auf, wenn nicht alles nach Plan läuft und dadurch unser Warnsystem durchbrochen wird. Normalerweise versuchen wir, solche verletzlichen Emotionen schnellstmöglich zu unterdrücken, weil wir fürchten, sie könnten ein Hinweis darauf sein, dass irgendetwas mit uns nicht stimmt. Sie könnten zeigen, dass wir nicht liebenswert, unwürdig, schuldig, unwillkommen oder machtlos sind. Statt in solche Ängste hineinzuspüren, verbergen wir sie hinter einer Maske – der falschen Identität, die wir als »Ich« zu betrachten gelernt haben.

Unsere Abwehrhaltung ist wie ein Leibwächter. Sie stellt sich vor unsere falsche Identität und versucht, uns zu beschützen, indem sie unsere Aufmerksamkeit von solchen schmerzlichen Selbstbildern weglenkt. So lernen wir, mit der unterschwelligen Verunsicherung zu leben, die von unseren tieferen Ängsten und Selbstzweifeln ausgeht.

Eine Gelbe-Ampel-Emotion meldet sich mit einem kleinen inneren Ruck – dem Schreck und der momentanen Verunsicherung, die sich einstellen, wenn wir merken, dass wir mit der Realität nicht im Einklang sind. Es ist, als wären wir an einem wunderschönen Sommertag auf einem Gebirgssträßchen unterwegs und würden uns unerwartet in einem dunklen Tunnel wiederfinden. Der plötzliche Verlust von Sicherheit ruft eine ganze Palette von verletzlichen Gefühlen hervor, die beim Eintreten unerwarteter Wendungen wie aus heiterem Himmel in uns aufflackern.

Gelbe-Ampel-Emotionen sind an erstarrte Erinnerungen aus Lebensphasen gekoppelt, in denen es uns an mitfühlendem Beistand fehlte, um verarbeiten zu können, dass wir die Verbindung zu einer wichtigen Bezugsperson verloren haben. Versuchen wir, unsere Angst beziehungsweise unseren Schmerz zu unterdrücken, wird daraus eine dauerhafte unterschwellige Verunsicherung, vergleichbar einem Wecker, der ständig weiterschrillt. Die damit einhergehende physische und emotionale Energie nährt unsere insgeheime Befürchtung, dass »irgendetwas mit mir nicht stimmt«.

Wie bei den sekundären Emotionen der roten Ampel sind auch Gelbe-Ampel-Emotionen mit unklaren Vorstellungen vermischt. Anders als bei ersteren sind diese Gedanken jedoch noch nicht zu einer kompletten Erzählung ausformuliert worden. Es handelt sich lediglich um Fragmente von Selbstzweifeln, die wir auszublenden versuchen. Statt uns mit der Gegenwart in Kontakt zu halten, nähren sie unser unterschwelliges Gefühl, von uns selbst abgeschnitten zu sein.

DREI ARTEN VON EMOTIONEN		
GRÜN: Wir-zuerst	ROT: Ich-zuerst	GELB: Zweifel
Alarmiertheit	Aggression	Frustration
Traurigkeit	Depression	Enttäuschung
Liebe/Wertschätzung	Gier	emotionaler Hunger
Empathie	Sorge	Angst
Freude	Rausch/Wahn	Peinlichkeit
Mitgefühl	Eifersucht	Schuld
Bewunderung	Verachtung	Beleidigtsein

Statt uns dieser Angst direkt zu stellen, suchen wir bei anderen Menschen nach Lösungen. Das ist die traurige Ironie, die in unseren Beziehungen so viel Leid verursacht: Wir schaffen Angst eben dadurch, dass wir sie in uns zu bekämpfen und uns von ihr zu distanzieren suchen.

Schauen wir uns noch einmal an, was Offenheit ausmacht, um zu sehen, wie es sich anfühlt, davon abgeschnitten zu sein:

- Aus einem Gefühl der Verbundenheit wird ein Gefühl des Abgeschnittenseins.
- Aus bedingungsloser Akzeptanz wird die Ablehnung bestimmter Aspekte unseres Erlebens.
- Aus echtem Vertrauen wird ein Gefühl der eigenen Minderwertigkeit, kaschiert von Selbstgefälligkeit.
- Aus unserer Fähigkeit zu lieben wird die Angst, nicht liebenswert zu sein, der Hunger, geliebt zu werden.

- Aus unserer natürlichen Reaktionsfähigkeit werden impulsive oder zwanghafte Handlungen, die auf einem Gefühl der Ohnmacht beruhen.

Ich habe jahrelang Seminare zur Gewaltlosigkeit gehalten und dabei die Idee entwickelt, die Energie unserer sensiblen Emotionen mit dem Wetter zu vergleichen. Viele meiner Klienten waren Fischer und Jäger – Menschen, die wussten, wie wichtig es ist zu wissen, wann sich ein Sturm zusammenbraut. Den Wetterbericht zu ignorieren, kann zur Katastrophe führen. Wenn wir uns verletzt, enttäuscht, beschämt oder beleidigt fühlen, so erklärte ich ihnen, dann ist das in etwa so, als wäre unser Boot bei unruhiger See gekentert. Weil wir den Wetterbericht unserer Grüne-Ampel-Emotionen nicht zu deuten wussten, stachen wir mit unrealistischen Erwartungen in See, nur um in dem Augenblick überzureagieren, in dem nichts mehr wie geplant lief. Diese Klienten wurden hellhörig, als sie von der Möglichkeit erfuhren, den eigenen emotionalen Wetterbericht besser verstehen zu lernen. Und schnell konnten sie den Bezug zu ihrem eigenen Leben herstellen und sich an Situationen erinnern, in denen sie unnötigerweise Schiffbruch erlitten hatten.

Schlüsselmerkmale von Gelbe-Ampel-Emotionen:

- Sie sind im Körper als Angst zu spüren.
- Sie treten auf, wenn nicht alles nach Plan läuft.
- Sie geben uns ein Gefühl der Verletzlichkeit, sodass wir sie am liebsten unterdrücken würden.

- Sie bringen unsere verborgenen Selbstzweifel ans Licht.
- Sie werden von unrealistischen Erwartungen ausgelöst oder entstehen, wenn in einem Gespräch plötzlich ein Kommunikationshindernis auftaucht.
- Sie können uns das Gefühl geben, beleidigt, frustriert, verletzt, irritiert, besorgt, peinlich berührt, beschämt oder gelangweilt zu sein.

Einen eigenen grünen Bereich schaffen

Um unsere Wertschätzung für die transformatorische Kraft der Offenheit zum Ausdruck zu bringen, arbeiten wir in meinen Seminaren mit dem Begriff des »grünen Bereichs«. Damit sind die zeitlichen und räumlichen Voraussetzungen gemeint, die es zu schaffen gilt, um einen echten Dialog zu ermöglichen. Dazu zählt auch die Zeit, die wir uns für Meditation, Kontemplation, künstlerisches Tun, Musik oder das Führen eines Tagebuchs nehmen. Manche malen sich diesen grünen Bereich als einen geschützten Ort inmitten eines Kriegsgebiets aus, andere verbinden damit eher die Vorstellung, sich ein Stück Natur in ihrer ganzen Ursprünglichkeit zu bewahren. Diese Bilder sind insofern hilfreich, als unser persönlicher grüner Bereich in mancherlei Hinsicht beides zugleich sein kann. Er entsteht in einfühlsamen Gesprächen, in denen sensible Gefühle der Gelbphase offenbar werden. Der Autor und Pädagoge Parker Palmer spricht in diesem Zusammenhang von einem »Raum des Willkommenseins«, in dem wir offen aussprechen können, was wir empfinden, und unserem Gesprächspartner so zuhören können, dass wir auch für seine Wahrheitssicht empfänglich sind. Da wir uns in einem geschützten Umfeld bewegen, können wir uns aus unserer Deckung herauswagen. Der geschützte Rahmen entsteht, wenn wir vereinbaren, bei Rot stehen zu bleiben und negative Formen der Auseinandersetzung und unaufmerksames Zuhören zu vermeiden, die eine Kultur der Angst schüren würden.

Fühlen wir uns in einem als feindlich empfundenen Umfeld verletzt oder emotional verwundet, geraten wir leicht in eine Verteidigungshaltung und stoßen andere von uns ab. Durch praktizierte Achtsamkeit aber entsteht ein grüner Bereich, der uns den Mut gibt, auf solche subtilen Botschaften zu achten und auf diese Weise herauszufinden, was wir wirklich brauchen. So klärt sich nach und nach, wie unsere empfindsamen Emotionen zum Ausdruck kommen, sodass wir sie erkennen und auf unsere Bedürfnisse zu reagieren lernen.

Auf unseren Körper hören

Sind wir wieder in voller Verbindung mit unserem Körper und dürfen Schmerz und Anspannung einfach da sein, können wir mitfühlend auf das hören und reagieren, was wir hier an empfindsamen Emotionen vorfinden. Um diese Form der Kommunikation mit der Energie unseres Körpers zu ermöglichen, müssen wir die Sprache unserer körperlichen Warnsignale verstehen lernen. Nehmen wir dieses Beispiel: »Es schnürt mir den Hals ab, als ob eine Schlinge darum läge.« Öffnen wir uns für die tiefere Botschaft, die sich in diesem Satz verbirgt, könnten wir sie intuitiv entschlüsseln: »Wenn ich spüre, dass mir die Tränen kommen und mir das peinlich ist, unterdrücke ich meinen Schmerz, indem ich die Muskulatur im Hals- und Nackenbereich anspanne.«

Es ist hilfreich, sich vorzustellen, wie wir den Körper wie in einer CT-Röhre mit dem Laserstrahl des offenen Geistes scannen und allem – was auch immer dabei zum Vorschein kommt – Raum geben. So erhält der Körper die Möglichkeit, sich in seiner eigenen Sprache auszudrücken. Er kommuniziert mit Kontrastbegriffen: heiß oder kalt, angespannt oder gelöst, angenehm oder unangenehm. Um seine Botschaften zu entschlüsseln, müssen wir neugierig erforschen, wie er uns Offenheit, Verschlossenheit oder den Schwebezustand zwischen beiden signalisiert. Wie fühlt sich unser Körper in Grünphasen an? Sind wir offen, fungieren Körper, Herz und Geist als Kommunikationssystem im Einklang mit unserer Umgebung, wie wir in Kapitel 2 gesehen haben. Hören wir achtsam auf die Botschaften unseres Körpers, erfüllen wir ihm automatisch seine Bedürfnisse: Sind wir müde, legen wir uns schlafen. Sind wir durstig, trinken wir Wasser.

In Rotphasen haben wir den Zugang zu unseren eigentlichen Bedürfnissen verloren. So kann es sein, dass unser Körper Durst meldet, unser Kopf diese Botschaft aber mit einer Fernsehwerbung in Verbindung bringt. So schenken wir uns nicht Wasser, sondern Limonade oder Bier ins Glas ein. Wir unterdrücken sensible Emotionen, indem wir ihre Energie in unserem Körper verkapseln wie eine Knospe im Winter. Es kann eine gefühlte Ewigkeit dauern, bis das Tauwetter einsetzt. Auf den ersten Blick mag es so aussehen, als ließen sich die harten Verspannungsknoten in unserem Körper nicht lösen. Solange wir uns in einem feindlichen Umfeld bewegen, können sie nicht weicher werden. Um mit unseren unterdrückten Emotionen zu arbeiten, müssen wir zunächst lernen, uns selbst mit Akzeptanz zuzuhören und uns zu ermutigen. Durch achtsames Zuhören können wir die inneren Stimmen identifizieren, die uns kritisieren und Vorwürfe machen, und dabei schaffen wir in uns automatisch Raum für den Schmerz des Nicht-Verbundenseins. Wenn die Frühlingssonne die Zweige eines Baumes mit ihren Strahlen wärmt, fangen selbst die härtesten Knospen zu sprießen an.

Durch Zuhören mit offenem Geist Mut schöpfen

Mit zunehmender Übung in Achtsamkeit sind wir immer besser in der Lage zu spüren, wann wir uns öffnen beziehungsweise verschließen. In der Meditation bemerken wir Lücken in unseren Tagträumen, als hätten wir uns mental einen Wecker gestellt, der uns aufweckt und in die Gegenwart zurückholt. Wir verbinden uns wieder mit unserem Atem. Bei der Schulung des achtsamen Zuhörens verfahren wir mit Ablenkungen auf ähnliche Weise. Immer wieder kehren wir in den gegenwärtigen Augenblick zurück, um aufs Neue mit unserem

Gegenüber in Kontakt zu treten. Der Atem und die wache Haltung unseres Körpers sind uns dabei eine Hilfe. Empfehlenswert ist auch, das Gegenüber um Unterstützung zu bitten: »Es tut mir leid, ich konnte dir eben nicht wirklich folgen. Könntest du das bitte noch einmal wiederholen?« Ebenso nützlich ist es, aktives Zuhören zu praktizieren, etwa indem wir das Gehörte zurückspiegeln oder den geäußerten Gedankengang noch einmal mit unseren eigenen Worten zusammenfassen. Gemeinsam können der Sprechende und der Zuhörende an der richtigen Balance arbeiten und sicherstellen, dass die Botschaft so korrekt wie irgend möglich beim Empfänger ankommt.

Mit der Wippe arbeiten: Die Spielfläche einebnen

Als Gegenmittel gegen das Wechselspiel gegenseitiger Vergleiche (siehe Abb. 2 auf Seite 103) ist es notwendig, Höhenunterschiede zu beseitigen, also quasi die Spielfläche einzuebnen. Ein toxisches Führungsmuster besteht darin, andere mit Schmeicheleien auf einen Sockel zu stellen oder mit Kritik zu bestrafen. Zur Kontemplation hat mir mein Lehrer folgende Sätze gegeben: Ist ein Lob zutreffend, ist es überflüssig. Es trägt nichts zur Mehrung unserer Fähigkeiten oder Leistungen bei. Ist es unzutreffend, ist es nur Schmeichelei und bedeutet nichts. Lass es darum los. Ist eine Kritik zutreffend, dient sie als hilfreiche Rückmeldung, mit der wir arbeiten können. Ist sie unzutreffend, handelt es sich lediglich um eine

Projektion des anderen und ist bedeutungslos. Sich in der Kontemplation mit diesen Sätzen zu befassen kann helfen, uns zu Lob oder Kritik auf Distanz zu bringen.

Eine weitere Möglichkeit, die Spielfläche einzuebnen und das Wippmuster zu durchbrechen, besteht darin, nach Gemeinsamkeiten zwischen uns und dem anderen zu suchen, statt nach Dingen Ausschau zu halten, in denen wir besser oder schlechter sind als er. In meiner achtsamkeitsbasierten Therapeutenausbildung wurden wir vor verschlossenen Kommunikationsmustern gewarnt, die eine Aufblähung des eigenen Egos mit dem Deckmantel der »Professionalität« tarnen. Die Herausforderung besteht darin, auf die Punkte im Gespräch zu achten, in denen wir auf Distanz zum Erleben unseres Klienten gehen, wie es mir bei Betsy aufgefallen ist. In solchen Momenten treten wir aus der Wir-zuerst-Beziehung heraus und betrachten unseren Klienten als Objekt. Ein Therapeut ist automatisch in der Rolle des Anführers oder Mentors. Das heißt nicht, dass wir perfekt sein müssen. Es ist jedoch zwingend notwendig, zwischen unseren Rote-Ampel-Projektionen – den Signalen, die uns sagen, dass wir zugemacht haben – und der Brücke der Empathie zu unterscheiden, die uns mit unserem Klienten verbindet. In einer therapeutischen Beziehung gehen also immer beide Partner gleichzeitig auf eine innere Entdeckungsreise.

Norman war Teilnehmer eines Langzeittherapieprogramms in einem Hochsicherheitsgefängnis, in dem ich als Supervisorin tätig war. Er war groß und von auffälliger Statur. Mit seinem roten Gesicht und dem gepflegten Bart sah er aus wie eine Figur aus einem Shakespeare-Drama. Er besaß ein natürliches Führungstalent, hatte diese Gabe aber bislang eher missbraucht, um sich selbst in den Vordergrund zu spielen, als um andere zu ermutigen. Er trat so selbstbewusst auf, dass die Leute ihm alles abnahmen, selbst wenn sie wussten, dass das, was er sagte, teilweise nicht ganz der Wahrheit entsprach. Er war ein erfolgreicher Verkäufer.

Während ich ihn in der Gruppe beobachtete, bewunderte ich, wie gut er das Wippmuster mit seinem Wechselspiel von Schmeichelei und Herabsetzung nutzte, um andere zu manipulieren. Er behielt stets die Oberhand, indem er sich in jeder Hinsicht als Autorität darstellte und niemals zugab, Hilfe zu brauchen. Wenn er jemanden abkanzelte, war seine Kritik mit beißendem Humor durchsetzt. Wagte jemand, den Spieß umzudrehen, kanzelte er ihn gnadenlos ab. Er war ein echter Meister, wenn es darum ging, sich selbst zu verteidigen, doch damit blockierte er die meisten Gelegenheiten zu echter Kommunikation.

Norman achtete darauf, stets in einer Position zu sein, in der die anderen zu ihm aufschauten, um sich so seiner eigenen Wichtigkeit zu vergewissern. Auf diese Weise schuf er um sich herum ein Milieu der Angst, in dem Schmeicheleien wie eine Währung gehandelt wurden. Innerhalb dieses Zirkels thronte er wie ein König in seiner Burg und schaute auf sein Bauernvolk herab. Das gelbe Blinklicht, auf das Norman mit Sicherheit ansprang, war das Gefühl, beleidigt zu werden. Darin offenbarte sich seine Achillesferse: die Grundangst, ohne seine Rüstung völlig wertlos zu sein. Wenn der Ballon unserer Selbstaufgeblasenheit platzt, kann es passieren, dass uns unsere innere Armut verschlingt. Wir könnten beim Sprung von der Burgmauer in einem tiefen Graben der Entmutigung landen. Der rote Bereich des falschen Stolzes ist dem echten Selbstvertrauen diametral entgegengesetzt. In ihm müssen wir uns mit einer Aura des Besonderen umgeben; ein ganz gewöhnlicher Mensch zu sein, macht uns Angst, denn wir assoziieren damit Minderwertigkeit.

Norman projizierte die Angst vor der eigenen Unzulänglichkeit auf andere, denen er mit Verachtung begegnete. Als ich darüber nachdachte, fiel mir etwas ein, was ich von meinem Lehrer in Achtsamkeit gelernt hatte: Großzügigkeit ist das Gegenmittel gegen Selbstgefälligkeit, denn alle guten Eigenschaften für sich behalten zu wollen, ist eine Form des Geizes. Wir greifen nach jedem glitzernden Objekt oder Umstand, denn dies sind die Dinge, die wir in unserem Schatzkästlein als Beweise für unsere persönliche Besonderheit sammeln. Geld, Schönheit, Intelligenz, akademische Stellung – wir wollen unseren Wert auf keinen Fall schmälern, indem wir die positiven Eigenschaften anderer Menschen außerhalb der Sphäre unseres Egos anerkennen.

Bei dem inneren Tauziehen in Normans Persönlichkeit standen sich Besonderheit und Minderwertigkeit als Gegner gegenüber. Dies wurde deutlich, wenn man ihm dabei zusah, wie er seine Führungsrolle in der Gruppe auslebte. Er musste in jeder Hinsicht Experte sein – eine Autorität, zu der man aufschaut. Anfangs konnte ich keinen anderen Ansatzpunkt finden, um mit Norman in Kontakt zu kommen, als in ihm mein Gegenteil zu sehen, so sehr plagten mich meine Selbstzweifel. Dann aber fiel mir auf, dass – so wie er auf alle anderen herabschaute – ich meinerseits auf ihn herabschaute. In mir gab es eine Stimme, die meinen Narzissmus bauchpinselte, indem sie ihn beurteilte. Mir wurde klar, dass ich Angst hatte, seiner Macht zu erliegen, und dass ich durchaus selbst anfällig für das Lob und die Kritik sein könnte, die er als Kontrollinstrument einsetzte.

Bei genauerem Hinsehen erkannte ich, dass der gemeinsame Boden, auf dem Norman und ich uns bewegten, die Angst vor der eigenen Minderwertigkeit war. Was, wenn jemand mich als Betrügerin entlarven sollte – als Therapeutin, die nicht zu helfen vermochte? Plötzlich sah ich, dass meine Maske der Professionalität genau das Gleiche war wie seine Maske des Alleswissers. Ich schmunzelte bei dem Gedanken, dass Herr und Frau Null-Ahnung in einem Machtkampf darum verstrickt waren, wer in dieser Gruppe das Sagen hatte.

Ich erinnerte mich an eine Situation, in der mir meine Maske der Professionalität weggerissen worden war. Ein paar Jahre zuvor hatte ich in Sitka in Alaska an einem einwöchigen Seminar teilgenommen, in dem es um die traditionellen Heilmethoden der Ureinwohner ging. Als einzige weiße Therapeutin unter lauter *Natives* fühlte ich mich befangen. Der Seminarleiter packte mich just an diesem wunden Punkt: Nachdem er unsere Hemmungen mit feiner Wahrnehmung intuitiv erfasst hatte, gab er jedem Teilnehmer auf, genau in die gegenteilige Rolle zu schlüpfen. Und so kam es, dass ich am Nachmittag als Tina Turner auftreten und vor versammelter Mannschaft »Proud Mary« singen sollte.

Ich starb fast vor Angst, aber ich nahm die Herausforderung an. Es war spät im Oktober, und während der Mittagspause stöberte ich in einem Ein-Dollar-Laden im Ort zwischen den Halloween-Artikeln eine Perücke auf. Aus einem schwarzen Schal band ich mir einen Minirock. Vor der Nachmittagsrunde schlüpfte ich in dem kleinen Waschraum neben dem Saal, in dem sich die Gruppe versammelt hatte, in mein improvisiertes Kostüm. Im letzten Moment schnappte ich mir noch einen Markerstift als Mikrofonersatz. Dann trat ich auf, die Musik setzte ein, und ich legte los.

Ich tanzte und hüpfte über die imaginäre Bühne, wie ich es früher als Jugendliche oft zu Hause im Schutz meines Zimmers zu den Platten von Janis Joplin getan hatte. Nur zog ich meine Show diesmal in aller Öffentlichkeit ab. Leidenschaftlich legte ich mich ins Zeug und sang aus voller Kehle, obwohl ich das Lied kaum kannte. Alle waren schockiert, mich von dieser ganz anderen Seite zu erleben – und ich selbst war es auch. Aber irgendwie gelang es mir, diesen Übergangsritus zu bestehen, und von da an waren die Barrieren innerhalb unserer Gruppe gefallen.

Sich zum Narren machen zu lassen, kann die perfekte Medizin sein, wenn wir uns in unserer eigenen Wichtigkeit verfangen haben. Es tut gut zu lachen, sich auf einen Spaß einzulassen und locker zu sein. Mit Authentizität überwinden wir unsere Angst, im Grunde schlecht zu sein oder dass das, was wir tun, blamabel wäre. Im Gegenteil: Sie spiegelt uns das Gute in uns zurück. Was ich von damals mitgenommen habe, ist die Erkenntnis, wie wichtig es für mich war, ein Umfeld des Vertrauens zu haben, in dem ich mich zum Narren machen konnte. Mir wurde klar, dass ich mit Norman etwas spielen, ihm gleichzeitig aber in dem Augenblick mit Respekt und Behutsamkeit begegnen musste, in dem er anfing, ehrlich zu sich selbst zu sein.

Norman war Vietnam-Veteran. Seine Maske war erstarrt, als er miterleben musste, wie sein Bruder im Ausbildungslager zu Tode kam. Er hatte seine Trauer und Verletztheit mitsamt seinen Kriegserinnerungen tief in sich vergraben.

Als Norman in einer Gruppensitzung davon erzählte, lehnte sich Bob, einer der Männer, vor. Er war schon etwas älter und hatte in den vergangenen Monaten große Fortschritte gemacht. Außerdem war er Sponsor bei den Anonymen Alkoholikern und hatte viel gelernt über den Teufelskreis von Verleugnung und Selbstrechtfertigung. Er sagte mit sanfter Stimme: »Das musst du nicht für den Rest deines Lebens mit dir herumschleppen, Mann. Dieser Krieg hat einem komplett den Himmel verdüstert. Ich weiß es. Ich bin da gewesen. Aber wenn du das alles in dir behältst, ist das ein Trauma. Mit Mut hat das nichts zu tun.«

Es folgte eine lange, peinliche Stille. Die Neonröhren surrten über unseren Köpfen, und aus der Ferne drang das Echo von knallenden Gefängnistüren über den Flur. Auf einmal verzerrte sich Normans Gesicht vor Wut. Er starrte Bob an. Mit geballten Fäusten erhob er sich halb von seinem Stuhl. So hielt er inne, starr wie eine Statue. Dann sackte er urplötzlich in sich zusammen, ließ sich auf seinen Stuhl sinken und fing an zu schluchzen. Wir verharrten schweigend, während er mehrere Minuten lang unkontrolliert weinte. Sein ganzer Körper bebte. Schließlich kamen die Worte. Er schilderte das Gefühl der Ohnmacht, das er empfunden hatte, weil er seinem Bruder nicht helfen konnte. Nach einer langen Pause redete er weiter. Er hatte keine andere Möglichkeit gehabt, als zu versteinern. Er war zu einer Statue in Uniform erstarrt, sagte er.

Nachdem er diese inneren Dämonen erstmals aus dem Sack gelassen hatte, atmete er tief durch. Er war erleichtert. All die Strafen der Welt waren nichts im Vergleich zu dem Selbsthass, den Norman sich in dieser dunklen Phase seines Lebens aufgebürdet hatte. Als er zusammenbrach, waren die anderen Mitglieder der Gruppe bereit, auf ihn zuzugehen und ihm vor Augen zu führen, dass er sich nicht über die Vergangenheit definieren müsse. Sie erinnerten ihn an einen unserer Leitsätze zur Genesung: »Vergessen wir nicht, dass wir nicht unsere Masken sind.« Das falsche Selbst ist ein Kostüm, das wir ablegen können; es ist uns möglich, anders als bisher an die Dinge heranzugehen.

Die Gruppe sorgte dafür, dass Normans Sturz sanft abgefedert wurde, und verhinderte so, dass er sich mit Selbstvorwürfen zerfleischte. Wir hatten eine Gemeinschaft geschaffen, die etwas von einem Garten hatte: Es ging in erster Linie darum, das fundamental Gute in jedem Einzelnen zum Wachsen und Gedeihen zu bringen. Als die echte Reue zum Vorschein kam, mussten wir ihr mit Mitgefühl begegnen. Geschieht dies, ist Heilung selbst unter den widrigsten Umständen möglich. Als wir Norman anschließend zu seinem Mut beglückwünschten, klang das ganz anders als die Schmeicheleien, die er normalerweise so gern hörte. Dass er uns einen Einblick in seine wirkliche Persönlichkeit gegeben hatte, schuf eine Atmosphäre der Würde und des Respekts.

Unsere eigenen Masken durchschauen

Die beiden grundlegenden Skripte von Rote-Ampel-Emotionen sind »Kopf ohne Herz« und »Herz ohne Kopf«. In Kapitel 4 und 5 werden wir sie eingehend betrachten. Regiert das Muster »Kopf ohne Herz«, weisen wir uns bedrohlich erscheinende Menschen und Situationen aggressiv zurück. Verharren wir bei »Herz ohne Kopf«, gieren wir um jeden Preis nach emotionaler Nahrung. Beide Skripte ziehen weitere sekundäre Emotionen nach sich, darunter Eifersucht, Verachtung und Verzweiflung. Wir haben in uns einen kleinen Taschenspieler, der mir nichts, dir nichts falschen Alarm auslöst, sobald wir uns bedroht oder bedürftig fühlen. Und ist der mentale Actionfilm erst einmal angelaufen, halten wir ihn nur selten an, um nachzuforschen, ob das Drehbuch auch stimmt. In der Regel bleiben wir in unseren gewohnten Bahnen, und das heißt: Entweder wir agieren die ausgelöste Alarmreaktion aus, oder wir unterdrücken sie. Dieses tiefere Muster sorgt dafür, dass die natürliche emotionale Intelligenz, die bei Grün in uns lebendig ist, schlagartig erstarrt und sekundäre Rote-Ampel-Emotionen zum Zuge kommen, die uns in Probleme führen.

Gelingt es uns nicht, aufmerksam bei der Sache zu bleiben, verfestigen sich unsere Rote-Ampel-Muster. Wie der kleine

Junge im Zug, der ständig »Was ist das?« fragte, wiederholen wir unablässig die gleiche Geschichte oder Meinung, weil wir das Gefühl haben, nicht gehört zu werden. Wir tun dies in unseren Gedanken ebenso wie in unseren Gesprächen. Das falsche Selbst identifiziert sich mit diesen mentalen Zwangsvorstellungen, und wir verteidigen unsere Meinungen und Überzeugungen so vehement, dass jeder zum Feind wird, der uns zu widersprechen wagt. Längst haben wir vergessen, dass wir uns ursprünglich nur nach Verbundenheit sehnten, nach einem Partner, der uns zuhört und einfach nur für uns da ist.

Ist unser Geist offen, werden wir den Geschichten, die wir hören, stets voller Neugierde folgen. Zum achtsamen Zuhören gehört das forschende Interesse, das uns die Schilderungen, die man uns zuträgt, Schicht für Schicht hinterfragen lässt. Hören wir offen zu, steht im Zentrum unserer Aufmerksamkeit kein greifbares »Ich«; stattdessen befindet sich dort ein innerer Raum der Abgeschiedenheit, der uns Halt gibt. Er ist entgegenkommend und voller Neugier. Und er umfängt uns mit Wärme. Was wir als empfindsames Herz bezeichnen, ist mit diesem offenen Raum untrennbar verbunden.

Der offene Geist ist wie die Natur nicht dualistisch. Aus ihm heraus können wir unser Leben direkt erfahren, bevor die Landschaft jener künstlichen Unterteilung in die Territorien von »Ich« und »Du« unterzogen ist, die uns Anlass zum Kriegführen gibt. Um dies in meinen Seminaren zu veranschaulichen, deute ich gern auf eine Landkarte an der Wand mit den Worten: »Schaut euch all diese Nationen an, mit ihren klaren Grenzen, zu deren Verteidigung Menschen ihr Leben lassen würden. Aber wenn man da draußen in der Wildnis unterwegs ist, sieht man sie dann, diese Trennlinien? Sind sie irgendwie in den Boden geritzt? Sie entstehen doch nur im Kopf. Sie basieren auf Vereinbarungen. Aber real sind sie nicht.«

Eine ermutigende Geisteshaltung umfasst die Fähigkeit, das goldene Herz im anderen zu sehen, weil wir es in uns selbst gefunden haben. Sie stärkt das Vertrauen in das zutiefst Gute der menschlichen Natur. Sie macht uns toleranter im Umgang miteinander, denn wir wissen, dass die unsichtbaren Kräfte der Achtlosigkeit auf Angst basieren. Es ist traurig mit anzusehen, wie wir vergeblich unsere eigenen Bedürfnisse zu stillen versuchen und dabei herz- und kopflos werden. Wir entwickeln die Fähigkeit, andere zu ermutigen, indem wir unseren eigenen Selbstzweifeln mit Nachsicht begegnen. Dabei ist es wichtig, nie unsere Grüne-Ampel-Vision aus den Augen zu verlieren und uns stets aufs Neue klarzumachen, dass wir nicht die Masken und Geschichten sind, an denen wir uns festzuklammern versuchen.

Spüren wir die Traurigkeit des Nichtverbundenseins, müssen wir diesem Schmerz sehr behutsam und mit einem neuen Verständnis begegnen. Das goldene Herz will gestärkt werden, um zum Vorschein zu kommen. Die Kraft der Achtsamkeit lässt uns erkennen, dass das auf Angst gegründete Selbst keine echte Substanz besitzt. Es taucht unvermittelt auf, sobald die Ampel auf Rot schaltet. Indem wir üben innezuhalten, sobald die Kommunikation zum Erliegen kommt, können wir den Missverständnissen und Ängsten, die solche Verteidigungsreaktionen auslösen, mit liebevoller Achtsamkeit begegnen.

Die am Anfang dieses Kapitels erwähnte Führungspersönlichkeit, die wie ein Gärtner ist, betrachtet unsere wahre Natur als grundsätzlich gut. Die Masken, hinter denen wir uns verschanzen, entstehen aus Angst. Sie gewinnen noch zusätzlich an Bedeutung, wenn wir uns mit den falschen Leuten umgeben. Mit der Kraft der Ermutigung können wir uns eine Familie und ein Umfeld schaffen, in dem Sanftmut regiert. Statt den auf Scham und Selbstzweifeln gegründeten Erklärungsmustern und Erzählungen zu vertrauen, können wir solche Grundängste neugierig erforschen und Anteilen von uns selbst, die verletzt sind oder lange im Verborgenen blieben, mit Mitgefühl begegnen.

4

Der Schlüssel zum achtsamen Reden

Sanftmut

Wenn wir uns hinter Barrieren verschanzen und das Gefühl der Trennung zwischen »Ich« und »Du« stärker wird, könnte sich inmitten all dieser Schwierigkeiten und all dieses Leids eine völlig neue Wendung allein dadurch ergeben, dass wir eben keine Barrieren errichten; einfach indem wir innerlich nicht kommentieren, was gerade passiert. Dies ist ein revolutionärer Schritt. Den Schmerz nah an sich heranzulassen ist der Schlüssel dazu, sich im Wesenskern zu verändern – offen zu bleiben für alles, was wir erfahren; uns von der Klinge schwieriger Zeiten ins Herz schneiden zu lassen; uns von solchen Zeiten öffnen, uns demütigen zu lassen; weiser und tapferer zu werden. Lasst euch von Schwierigkeiten verändern. Sie werden es unweigerlich tun. In meiner Erfahrung bedarf es lediglich einer gewissen Hilfe, um zu lernen, wie man nicht wegläuft. — PEMA CHÖDRÖN

Im Januar 2009 wurde Dr. Izzeldin Abuelaish, der als palästinensischer Arzt im Gazastreifen tätig ist, von Journalisten interviewt, kurz nachdem eine israelische Rakete sein Haus verwüstet und drei seiner Töchter und eine Nichte getötet hatte. Mit seiner Antwort hat er Berühmtheit erlangt: »Hätte ich die Gewissheit, dass meine Töchter das letzte Opfer auf dem Weg zum Frieden zwischen Palästinensern und Israelis wären, würde ich ihren Verlust akzeptieren.«

Einen Einblick in die Charakterstärke dieses Mannes gibt uns der israelische Arzt Dr. Marek Glezerman, der schildert, mit welcher Sorgfalt sein Freund seine Worte wählt: »Izzeldin verallgemeinert nicht, wie die meisten von uns das gern tun … Izzeldin nutzt seine Wut … zielgerichtet, er lässt nicht zu, dass Wut und Ärger ihn überwältigen und seine Umgebung unnötig belasten oder ihn von dem ablenken, worauf es wirklich ankommt.«[1]

Bereits unter normalen Umständen ist es schwierig genug, aus dem Geist der Achtsamkeit heraus zu sprechen, aber wenn es uns gelingt, das selbst in einem so schmerzlichen Moment zu tun, ist das wirklich bemerkenswert. Wenn unsere besten Absichten dem Druck der Ereignisse nicht standzuhalten vermögen, kann uns der Leitsatz »Bei Rot stehen bleiben« daran erinnern, dass es einen Unterschied gibt zwischen den brutalen, unvermeidlichen Widrigkeiten des Lebens – unserem primären Erleben also – und dem unnötigen Leid, das durch

---

1 Izzeldin Abuelaish, *Du sollst nicht hassen: Meine Töchter starben, meine Hoffnung lebt weiter*, S. 15

achtlose Reaktionen entsteht. Lassen wir den Schmerz ebenso wie unsere negativen Reaktionen dicht an uns heran, sind wir eher bereit, in unsere Gespräche Sanftmut einkehren zu lassen.

Sprechen wir mit Sanftmut, verbessern wir damit unsere Chancen, gehört zu werden. Vermeiden wir Übertreibungen oder Verallgemeinerungen, können wir uns selbst in Momenten des Zorns oder Schmerzes eine Wir-zuerst-Perspektive bewahren. Die Wahrheit auszusprechen, ist ein heikles Unterfangen. Praktizierte Achtsamkeit hilft uns, unsere Motive zu hinterfragen. Befinden wir uns in unserem Gespräch wirklich auf einer »Zweibahnstraße«, oder bringen wir den Verkehr zum Erliegen, indem wir einseitig auf Sendung gehen? Achtsamkeit zeigt uns, dass alles, was wir sagen, von unseren persönlichen Wahrnehmungen, Interpretationen und emotionalen Reaktionen gefärbt ist. Als vor Kurzem in Kanada ein neuer Vierundzwanzig-Stunden-TV-Nachrichtensender auf Sendung ging, stellte ein örtlicher Journalistikprofessor eine gute Frage: »Wie viele der gesendeten Informationen sind Nachrichten, und wie viele sind Meinungen?« Genau das müssen wir uns fragen, wenn wir uns in achtsamer Kommunikation üben.

Mit Sanftmut zu sprechen hat nichts damit zu tun, »nett« zu sein, unsere scharfen Kanten zu schleifen und uns selbst wie ein unartiges Kind in die Schranken zu weisen. Diese Art von Nettigkeit lenkt unsere Aggression bloß nach innen, wie es im Kommunikationsstil von »Herz ohne Kopf« der Fall ist. Echte Sanftmut entsteht aus dem Wissen, dass Neugier und Empathie uns zuverlässiger schützen als Meinungen und Reaktivität. Sie erwächst aus dem Verständnis, dass es eher darum geht, uns unser Gefühl der Zugehörigkeit und unsere Beziehungen zu bewahren, als unser persönliches Territorium mit Grenzbefestigungen abzustecken. Unser natürliches Kommunikationssystem ist wie der Puls, den ein Arzt ertastet, indem er uns seine Finger fest und zugleich sanft aufs Handgelenk legt. Mit wachem Körper, empfindsamem Herzen und offenem Geist spüren wir ihn auch. Offen zu bleiben, selbst im Konfliktfall, lässt die Kommunikation in beide Richtungen fließen. Behutsam überwachen wir dabei den Puls der Beziehung, um immer zu wissen, welche Wirkung unsere Worte auf den Zuhörenden haben.

Bricht die Kommunikation zusammen, wird diese intuitive Verbindung von Abwehrhaltungen überlagert. Aggression basiert auf Selbsttäuschung. Sie spiegelt uns vor, dass Rote-Ampel-Strategien Machtquellen seien, selbst wenn diese unser Leben ruinieren. Als ich über meine Kommunikation mit meinem Kollegen Robert nachdachte, wurde mir klar, dass meine Abwehrhaltung wie eine große neonbeleuchtete Zielscheibe wirkte, die mich zur perfekten Beute machte. Manchmal versuchte ich, mich im Umgang mit ihm hinter einer Maske falschen Selbstvertrauens zu verschanzen und vorzugeben, dass er mir egal sei. In solchen Momenten fühlte ich mich jedoch noch verletzlicher als der Kaiser ohne Kleider aus dem Märchen. Mein falsches Selbstvertrauen machte mich nur noch anfälliger für Roberts Beleidigungen. Manchmal versuchte ich es sogar mit einer offensichtlicheren, aggressiveren

Verteidigungshaltung. Dann griff ich den hungrigen Bären frontal an und stritt mich mit ihm. Aber solche Kämpfe ließen die Situation nur noch weiter eskalieren. Langfristig gesehen gab es keinen Sieger. Obwohl ich mir vorgenommen hatte, tapfer zu sein, war ich im Inneren meist verletzt oder wütend. Aus heutiger Sicht ist mir klar, dass ich zusah, wie meine Rote-Ampel-Strategien eine nach der anderen scheiterten.

Wir dürfen nie vergessen, dass uns Kommunikationsbarrieren nicht nur von anderen, sondern auch von uns selbst abschneiden. Auf der körperlichen Ebene fühlen sich Rote-Ampel-Reaktionen wie ein Sichverschließen an. Unsere physische Energie bleibt in unseren Muskeln stecken. Unsere Aufmerksamkeit für das Geschehen ringsum schrumpft in dem Maße, wie unsere Wahrnehmungen durch den Filter des »Ich-zuerst« laufen: Es geht nur noch um »ich will« und »ich will nicht«. Es ist, als würde sich unser Herz verschließen. Genau das sind die Signale, auf die es zu achten gilt. Um das achtsame Reden zu üben, ist es wichtig zu verstehen, wie wir herz- und kopflos werden.

Uns in Momenten des Schmerzes zu verschließen, ist eine derart machtvolle Gewohnheit, dass sie sich anfühlt wie ein Instinkt. Doch geben wir diesem Impuls nach, verstärkt das nur unseren Schmerz. Das Gleiche gilt in unserer Kommunikation mit anderen. Weil wir nicht wissen, wie wir mit unserem emotionalen Schmerz behutsam umgehen können, flammt er auf, und eine Sekundärreaktion setzt ein. Aus achtloser Wut wird Aggression, so wie sich eine unversorgte Wunde entzündet.

Aggressive Strategien lenken unsere Aufmerksamkeit weg von unserem Schmerz, indem sie uns zum Über- oder Unterreagieren bringen. Wir versuchen, die Irritation nach außen zu lenken, indem wir andere verantwortlich machen, oder wir unterdrücken sie und erklären uns selbst für schuldig. Um solche aggressiven Strategien zu durchbrechen, wenden wir den Leitsatz »bei Rot stehen bleiben« an. Wir müssen innehalten und uns genau anschauen, auf welch vielfältige Weise wir unsere Situation verkomplizieren, indem wir unser Unbehagen übertreiben oder unterdrücken. Sanftmut findet sich im Bereich zwischen der Primärenergie der Wut und den sekundären aggressiven Reaktionen, die sie nach sich ziehen kann.

Um aggressive Kommunikationsmuster in Sanftmut zu verwandeln, geht es zunächst darum, die Infektion zu behandeln. Erst dann befassen wir uns mit dem ursprünglichen Schmerz. Das erfordert einen langsamen Entwicklungsprozess, den mein Lehrer als »disziplinierte Geduld« bezeichnet. Die gute Nachricht: Fehler zu machen, ist ein notwendiger Bestandteil des Lernens. Es ist unmöglich, in einem völlig sterilen Umfeld eine Resistenz gegen Infektionskeime aufzubauen. Wir müssen uns an Feindseligkeit stoßen – unserer eigenen und der von anderen –, um das Geduldigsein zu lernen.

Friedensstifter schulen ihre Schlichtungsqualitäten, indem sie ein tiefgreifendes Verständnis von Kriegsgründen entwickeln. Ärzte lernen, Infektionen zu stoppen, indem sie Bakterien unter dem Mikroskop studieren. Auf die gleiche Weise üben sich achtsame Kommunikatoren im Bewahren von Beziehungen, indem sie beobachten, wie Menschen sich öffnen und verschließen. Wie werden wir herz- und kopflos in Momenten der Bedrohung? Wir sind froh über jedes Feedback auf unsere blinden Flecken, weil wir wissen, wie gefährlich unberechenbar die Sekundärinfektion namens »Aggression« sein kann. Mag sein, dass sie uns manchmal nur für ein oder zwei Nächte den Schlaf raubt. Aber ohne Vorwarnung kann sie eine unerwartete Wendung nehmen und unsere Rettungsanker zerstören: die Beziehungen, auf denen alles andere aufbaut.

Wenn die Ampel auf Rot schaltet, wechseln wir in die Ich-zuerst-Position. In unserer Herzlosigkeit ist es uns dann egal, wer verletzt wird. Wir sind wie ein Betrunkener, der in einem voll besetzten Saal mit dem Schwert herumfuchtelt. Es kann sogar passieren, dass wir uns selbst einreden, anderen wehzutun sei etwas Gutes: Wir würden uns besser fühlen dadurch. Das ist der Wahnsinn des Rote-Ampel-Denkens.

Rote-Ampel-Muster holen uns weg von der Wahrheit der Gegenwart. Das Kommunikationsmuster »Kopf ohne Herz« kann brutal schonungslos sein. Mit den Schockwellen der Aggression versuchen wir, in der Situation die Oberhand zu behalten. Das andere Extrem ist das Kommunikationsmuster »Herz ohne Kopf«. Es ist vage und schwer zu greifen. Betrachten wir diese Muster unter dem Mikroskop der Achtsamkeit, sehen wir deutlicher, wie durch das Ausagieren oder Unterdrücken von Schmerz das Mitgefühl uns selbst und anderen gegenüber blockiert wird.

Bei Grün gehen: Fassen Sie die Absicht, sich die Wir-zuerst-Perspektive zu bewahren und während des Redens an den Zuhörenden zu denken.

Bei Rot stehen bleiben: Setzen Sie Grenzen, um zu verhindern, dass der Ruf anderer Menschen geschädigt wird. Dies gilt insbesondere, wenn Konflikte auftreten oder Ärger hochkommt. Behalten Sie stets all die vielen Möglichkeiten im Auge, Empathie zu unterdrücken und herzlos zu werden.

Achtung bei Gelb: Die Grundangst des aggressiven und urteilenden falschen Selbst liegt darin, schuldig zu sein. Verweigern wir uns dem Schmerz, verlieren wir die Kraft des Verzeihens. Begegnen Sie dem Schmerz von Konflikt und Wut darum mit Vergebung und Klarheit – mit mitfühlender Einsicht!

TAGEBUCHÜBUNG

A. *Experimentieren Sie damit, Barrieren durch Grenzen zu ersetzen.*

1. Rufen Sie sich eine Situation ins Gedächtnis, in der bei Ihrem Gegenüber die Ampel auf Rot schaltete und es Ihnen trotzdem gelungen ist, sich die Offenheit von Herz und Geist zu bewahren. Welche Umstände haben Ihnen dabei geholfen?
2. Inwiefern unterscheidet es sich, ob wir zumachen, eine Barriere errichten oder den Zutritt-verboten-Schildern eines anderen offen begegnen?
3. Was bedeutet es, unseren eigenen Achtlosigkeitsmustern mit entgegenkommendem Verständnis zu begegnen?

4. Inwiefern sind diese Beobachtungen hilfreich, um mit anderen in Kontakt zu treten?

B. *Vergleichen Sie die offene und die verschlossene Form des »Bei-der-Wahrheit-Bleibens«.*

Offener Selbstausdruck bei Grün:

Wacher Körper: Beschreiben Sie Ihre unmittelbaren Sinneswahrnehmungen. Beispiel: »Als ich dich weggehen sah …«

Empfindsames Herz: Beschreiben Sie die primären (Grüne-Ampel-)Emotionen, die dabei in Ihnen aufgestiegen sind.

Beispiel: »Ich fühlte mich traurig.«

Offener Geist: Erforschen Sie neugierig, was diese Erfahrung für Sie bedeutet. Beispiel: »Ich habe mich gefragt, ob du nicht hören wolltest, was ich dir gesagt habe.«

Aktion: Was brauchen Sie, oder was möchten Sie als Nächstes tun? Beispiel: »Es wäre mir deshalb daran gelegen, einen besseren Zeitpunkt für ein Gespräch miteinander zu finden.«

Verschlossener Selbstausdruck bei Rot:

Wahrnehmungen: Beschreiben Sie das auslösende Ereignis.

Zum Beispiel: »Als du weggegangen bist.«

Interpretation: Beschreiben Sie das Erklärungsmuster oder den inneren Kommentar, den Sie diesem Ereignis »zugeschrieben« haben. Zum Beispiel: »Das macht alles keinen Sinn.«

Reaktion: Welches Gefühl hat dieses Erklärungsmuster in Ihnen ausgelöst? Zum Beispiel: »deprimiert, wütend«. Aktion: Was haben Sie als Nächstes getan? Zum Beispiel: »Ich habe beschlossen, nie wieder mit dir zu reden.«

VIER STUFEN DER HERZLOSIGKEIT

Lukas starrte das Zu-verkaufen-Schild in seinem Vorgarten an. »Da habe ich mich zwanzig Jahre lang abgestrampelt, um dieses Haus abzubezahlen und mir und meiner Partnerin eine glückliche Zukunft aufzubauen, und jetzt sagt sie mir, dass sie sich scheiden lassen will. Sie hat mir mein Leben ruiniert.« Anders als Dr. Abuelaish reagieren die meisten von uns in schmerzlichen Lebenskrisen so, dass wir alles nur noch schlimmer machen. Beim Versuch, das Gefühl der Ohnmacht erträglicher zu machen, projizieren wir oft die Schuld nach außen auf einen anderen, den wir zum Feind erklären. Statt die Irritation oder tiefe Verletzung direkt zu durchleben, verstricken wir uns in unseren aggressiven Erklärungsmustern und schaden uns damit am Ende zusätzlich, indem wir unsere Brücken hinter uns abbrennen.

Lukas' Ausbruch zeigt, wie schnell Schmerz in Aggression umschlagen kann, wenn die Kommunikationsampel auf Rot steht. Hören wir ihm genau zu, können wir vier Eskalationsstufen unterscheiden. Mit jedem weiteren Schritt verschließt er sein Herz ein Stück mehr vor der Frau, die er zu lieben behauptet. Ob wir es mit Spielplatzrowdys, ethnisch bedingtem Hass in einem Dorf oder dem Zerfall einer Ehe zu tun haben, es sind diese Stufen, die empfindsame Menschen grausam werden lassen. Hier noch ein paar wörtliche Zitate von Lukas, die die vier Stufen von »Kopf ohne Herz« verdeutlichen:

1. »So etwas darf mir nicht passieren.« (Klage/Kritik)
2. »Sie hat alles ganz allein in der Hand. Und sehen Sie, was sie mir antut.« (Entzweiung)
3. »Es ist alles ihre Schuld. Sie hat es auf mich abgesehen.« (Vorwurf)
4. »Wenn sie glaubt, ich würde sie in irgendeiner Weise finanziell unterstützen, nach allem, was sie mir angetan hat, dann irrt sie sich gewaltig.« (Vergeltung)

Durch das Praktizieren von achtsamer Kommunikation lernen wir zu erkennen, wie sich diese Stufen in unseren Gesprächen zeigen. Bleiben wir bei Rot stehen, können wir Brandmauern errichten, um ein Ausbreiten der Aggression nicht nur gegenüber anderen, sondern auch in unserem eigenen Kopf zu verhindern.

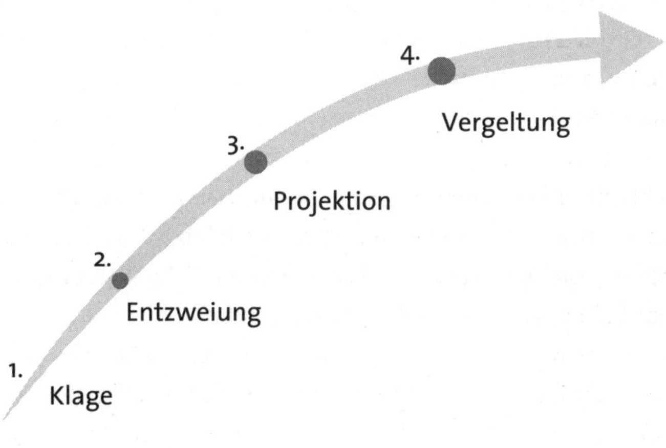

Abb. 3 Die vier Stufen von »Kopf ohne Herz«

Klage/Kritik

Die erste Stufe der Herzlosigkeit ist der Impuls, Schmerz zu verdrängen, statt mit ihm in Kontakt zu treten. Sophia, die unter chronischen physischen Schmerzen leidet, beschreibt dies treffend, wenn sie sagt: »Schmerz hat die Eigenschaft, sich an Angst anzukoppeln.« Statt unseren Schmerz in Mitgefühl zu hüllen und ihm mit der Neugier des offenen Geistes zu begegnen, bringt uns Angst dazu, achtlos zu werden, uns zu verschließen und unsere Aufmerksamkeit auf Fluchtstrategien zu richten.

Bei Lukas mischte sich der Schmerz über den drohenden Verlust seines Hauses und seiner Ehe mit der Angst, Glück nicht verdient zu haben und bestraft zu werden. Seine Gedanken verrannten sich darin, sich katastrophale Folgen auszumalen. Dies schlug sich in seiner Wortwahl nieder: Er redete von »zerstören« und »explodieren«, von »Katastrophe« und »unmöglich«. Um sich von dieser Angst und diesem Schmerz zu distanzieren, verschanzte er sich hinter einer Bunkermentalität und machte mobil.

Der Glaube, dass ihm »das nicht passieren darf«, ist ein Beispiel für eine toxische Gewissheit, wie wir sie in Kapitel 3 kennengelernt haben. Sie vermittelt die Illusion, festen Boden unter den Füßen zu haben, obwohl alles auseinanderbricht. Andere Formulierungen wären: »Was habe ich getan, um das zu verdienen?« oder »Wie konnte sie mir das antun?« Es ist nicht leicht, mit unerwarteten Verlusten und Leid im Leben fertig zu werden, aber noch schwieriger wird es, wenn wir sie wegschieben wollen. George, ein sterbender Hospizpatient, hat kürzlich zu mir gesagt: »Sich zu beklagen, ist Zeitverschwendung, und dafür bleibt mir keine Zeit.«

Wenn wir uns von unserem Schmerz abkehren, hören wir nicht auf seine Botschaft. Diese Kommunikationsunterbrechung verstärkt zusätzlich unser Gefühl von Ohnmacht und Angst. Klagen bauen auf dieser Ohnmacht auf, indem sie die Verantwortung für unser Leid verlagern. Sie geben Lukas das Gefühl, das Opfer seiner Frau zu sein. Wenn er seine Freunde dazu bewegen kann, ihm zuzustimmen, verfestigt sich seine Aggression.

Lukas erlebt die schmerzlichste Krise seines Lebens, und es ist deutlich zu sehen, wie seine Rote-Ampel-Gespräche seine emotionale Lage noch zusätzlich verschlimmern. Um achtsam zu sein, müssen wir nicht darauf warten, dass solch einschneidende Dinge passieren. Wir können unsere Belastbarkeit trainieren, indem wir unsere Reaktionen auf kleinere, alltägliche Irritationen abzumildern lernen.

Meine Freundin Peg zog vor etwa zehn Jahren in eine mexikanische Kleinstadt. Sie schrieb mir Folgendes:

> Im Laufe der Zeit merkte ich, wie viel fröhlicher meine mexikanischen Freunde die üblichen Höhen und Tiefen des gesellschaftlichen Lebens nehmen. Sie sind einander so viel näher und daran gewöhnt, ihren Wohnraum mit mehreren Generationen zu teilen. Ich bin sicher, dass sie sich gegenseitig genauso auf die Nerven gehen wie wir, aber ich habe den Eindruck, dass sie keinen Sinn darin sehen, sich zu beklagen. Statt zu versu-

chen, die anderen zu kontrollieren, lernen sie einfach, geduldiger zu sein.

Vor Kurzem hatte ich Gelegenheit, den Wahrheitsgehalt von Pegs Worten am eigenen Leib zu erfahren. Über unserer Wohnung waren neue Eigentümer eingezogen. Vorher hatte die Wohnung einem ruhigen älteren Ehepaar gehört, und ich war an die Stille in meiner Umgebung gewöhnt. Die neuen Leute brachen wie eine Herde Elefanten über uns herein. Normalerweise halte ich mich für einen relativ lockeren, kinderlieben Menschen, aber nun fiel mir auf, wie sich der innere Dialog in meinem privaten Denkstübchen veränderte. Ich fing an, in Gedanken die Hausordnung durchzugehen, um zu sehen, ob es irgendeine Grenzüberschreitung gab, über die ich mich beschweren konnte.

Dann verreiste ich, um Freunde in Europa zu besuchen, und verbrachte einige Zeit in einem Apartment in Rom. Hier fühlten sich die Kindergeräusche aus der darüberliegenden Wohnung normal an, ebenso wie das Stimmengewirr der älteren Leute, die die Bänke auf dem Trottoir vor dem Gebäude in Beschlag nahmen und sich lautstark unterhielten. Ich liebte dieses Gefühl, mittendrin zu sein und dazuzugehören. Die bloße Veränderung der Erzählung, die ich um die Geräusche in meinem Umfeld spann, nahm meiner negativen Reaktion die Schärfe. Ich schaltete um von »Das darf nicht sein« auf »Es ist, wie es ist, und das ist gut so.«

Bitte beachten Sie, dass wir hier von Rote-Ampel-Reaktionen reden und nicht von der gesunden Form des Problemlösens, wie sie zur Korrektur von Grüne-Ampel-Situationen bisweilen erforderlich ist. Auf dieses Thema werden wir in Kapitel 6 noch zu sprechen kommen.

Das Gegenmittel gegen Klagen/Kritik: Die Dinge akzeptieren, wie sie sind

Wir leben in einer unbeständigen Welt. Auf ein sonniges Wochenende folgt ein verregneter Montag; unser Körper altert und wird krank; über Nacht schießt der Benzinpreis nach oben. Unsere Stimmungen wechseln, und wir empfinden Irritation, Verletztheit, Unbehagen. Das Gegenmittel gegen Klagen und Kritik ist, Frieden mit diesem alltäglichen Zusammenbrechen der Kommunikation zu schließen. Wie Friedensstifter, die mit schwierigen Menschen und Situationen in Kontakt treten, die die meisten unter uns am liebsten gar nicht mehr sehen wollen, können wir lernen, solche Störungen sanftmütig anzunehmen, statt sie von uns wegzuschieben.

Sanftmut ist belastbar. Sie gibt uns die Kraft, Beleidigungen und Schuldzuweisungen zu absorbieren und selbst dann »Es tut mir leid« zu sagen, wenn in Wirklichkeit unser Gegenüber die Ungerechtigkeit zu verantworten hat. Wir tun, was immer nötig ist, um den Kommunikationskanal offen zu halten, und warten geduldig ab, wenn er sich verschließt. Wir können dies tun, ohne unsere persönliche Würde zu verlieren oder die Macht unserer eigenen Wahrheit zu unterlaufen, denn wir wissen, dass die Ursachen für Krieg und Aggression just in dem Moment entstehen, in dem Schmerz oder auch nur die Angst vor Schmerz in uns auftauchen.

Befolgen wir den Leitsatz »bei Rot stehen bleiben«, besteht beim Auftreten des Gefühls des inneren Zurückweichens der erste Schritt darin, aufmerksam zu werden. Er erinnert uns daran, in solchen unbequemen Momenten des Lebens innezuhalten und offen zu bleiben. Wenn wir in solchen Augenblicken Kurs halten können und akzeptieren, dass wir nichts ändern können, kappen wir damit die gesamte Aggression dieser Welt unmittelbar an den Wurzeln ihrer Entstehung.

TAGEBUCHÜBUNG

1. Denken Sie an eine Situation in Ihrem Leben, in der Sie mit etwas Irritierendem in Kontakt getreten sind, statt sich dagegen zu wehren und es von sich zu weisen. Beschreiben Sie dieses Erlebnis.
2. Welches Leid ist in Ihrem Leben heute unvermeidlich?
3. Wie können Sie diesem unvermeidlichen Leid mit mehr Akzeptanz, Sanftmut und Mitgefühl begegnen?

Entzweiung

Lukas war auf die »Opferrolle« fixiert. Dieser Rolle entsprechend hatte seine Frau alle Macht und er keine. Wenn wir unseren Schmerz als etwas von uns weisen, zu dem es gar nicht hätte kommen dürfen, begeben wir uns auf die nächste Eskalationsstufe der herzlosen Kommunikation und erklären die Person, die uns herausfordert, zum Feind. Wir tun dies, indem wir zwischen »uns« und »denen« eine Trennlinie ziehen. Die Entzweiung verhärtet sich dadurch, dass wir unser Gegenüber entmenschlichen, indem wir ihm bestimmte Etiketten anheften.

Ein Seminarteilnehmer namens Tony lieferte dafür folgendes Beispiel:

> Welche Fortschritte ich auch immer in meiner Achtsamkeitspraxis gemacht zu haben glaube, sie scheinen sich in dem Augenblick aufzulösen, in dem ich mich hinters Steuer meines Autos setze. Fährt der Fahrer des Wagens vor mir zu langsam, ist er ein Depp. Fährt er zu schnell, ist er ein Arschloch. Und wie es aussieht, scheint jeder einer der beiden Kategorien anzugehören. Jeder außer mir.

Eine weitverbreitete Form der Entzweiung besteht darin, das direkte Gespräch mit jemandem zu vermeiden, mit dem wir in Konflikt sind, und einen Dritten in die Sache hineinzuziehen. Die Folge ist eine unselige Dreieckskonstellation. Barbara, eine Kollegin von mir, sagte: »Ich weiß nicht, wie Robert darauf kommt, für unsere Gruppe als Sprecher auftreten zu können. Er interessiert sich nicht dafür, was *ich* denke. Er ist inkompetent und ichbezogen.« Darauf folgte ein peinlicher Moment, in dem sie darauf wartete, dass ich ihr recht geben würde. Ich holte tief Luft und fragte sie, ob wir unsere Unterhaltung verschieben und einen Zeitpunkt ausmachen könnten, um später am Tag noch einmal darüber zu sprechen.

Das Gegenmittel gegen Entzweiung: Den Graben überbrücken

Als Barbara und ich uns dann trafen, erzählte ich ihr ein wenig von meinen Seminaren in achtsamer Kommunikation. Ich erläuterte ihr die Vorzüge des Wir-zuerst-Ansatzes in der Kommunikation und dass es in ihrem eigenen Interesse sei, den Gesprächskanal zu Robert offen zu halten. Ich bot ihr an, mich als Trainingspartnerin zur Verfügung zu stellen, damit sie an mir üben könne, im Gespräch mit Robert freundlich zu bleiben und klar zwischen ihrer persönlichen Interpretation und den Fakten zu unterscheiden. So könnte sie zum Beispiel sagen:

> »Robert, immer wenn wir ein Meeting haben und über unser Projekt reden, habe ich das Gefühl, dass du dich nicht dafür interessierst, wie ich darüber denke. Mir ist klar, dass das nur meine persönliche Interpretation der Situation ist, aber sie entsteht, weil du für die Tagesordnung zuständig bist und in den Meetings keine Zeit für Feedbacks bleibt. Ich bitte dich, in Zukunft mehr Zeit für Diskussionen einzuplanen.«

Durch das vorherige Durchspielen des Gesprächsverlaufs konnte Barbara Robert gegenüber respektvoll bleiben, was die

Chance zur Lösung des Problems verbesserte. Lassen wir uns dagegen auf Dreieckskonstellationen ein, begeben wir uns in einen Teufelskreis, in dem Entschuldigung und Vergebung erschwert werden.

Eine andere Möglichkeit, der Entzweiung zu begegnen, besteht darin, auf Verallgemeinerungen und Etikettierungen zu verzichten. Ein Hinweis darauf, dass wir jemanden in eine Schublade stecken, ist die Verwendung der Worte *immer* und *nie.* »John kritisiert mich immer.« »Martha bittet nie um Hilfe.« Um diese Gewohnheit zu durchbrechen, können wir mit folgender Kommunikationsübung arbeiten. Sie heißt »Ausnahmen«:

> John kritisiert mich immer, außer wenn er es nicht tut.
> Mary bittet nie um Hilfe, außer wenn sie es doch tut.

Wenn wir uns entzweien, filtern wir bestimmte Details aus und schauen über die Gemeinsamkeiten hinweg, die wir mit anderen teilen. Das Gegenmittel ist in diesem Fall, gemeinsamen Boden zurückzugewinnen. Dazu können wir das *empfindsame Herz* »einschalten«, jenen Mischbereich, in dem die Trennlinie zwischen »uns hier« und »denen dort« verschwimmt.

Schuldzuweisung

Lukas ist überzeugt, dass seine Partnerin eine Affäre hat, und diese Meinung ist Teil des Erklärungsmusters geworden, mit dem er sich erklärt, warum sie ihn verlassen will. Was er dabei nicht erwähnt ist, dass er selbst zwei Affären hatte, von denen sie nichts weiß. Indem er sich auf das konzentriert, was sie ihm angetan hat – auf seine Opferrolle also –, lenkt Lukas seine Aufmerksamkeit von allem weg, was vermuten lassen könnte, das Scheitern seiner Ehe hätte irgendetwas mit seinem eigenen Verhalten zu tun.

Ist diese trennende Barriere erst einmal errichtet, wird sie zur Projektionsfläche für alle möglichen anderen schuldzuweisenden Erzählungen. Es ist, als würde die spiegelnde Klarheit des offenen Geistes ins Gegenteil verkehrt, sodass die äußere Welt uns unsere eigenen Ängste zurückwirft, statt uns mit neuen Informationen zu versorgen. Fortan dreht sich jede unserer Wahrnehmungen um »mich«. Der Rasenmäher im Garten sagt mir, dass ich faul bin. Der Anruf meiner Freundin unterbricht mich in meiner Ruhe. Zeigt die Ampel Rot, wird durch die Barriere alles verzerrt, und wir wollen nur eines wissen: *Ist das gut oder schlecht für mich?*

Die Erzählungen, die wir uns im Bann der Herzlosigkeit zusammenspinnen, geben Hinweis darauf, welche Anteile unserer Persönlichkeit wir abgespalten haben. Wie wir bereits gesehen haben, führt die Gewohnheit, uns vor Schmerz zu verschließen, dazu, dass wir unsere emotionalen Verletzungen dauerhaft ignorieren. Ohne mitfühlende Einsicht verfestigen sich solche Verletzungen zu erstarrten, unbewussten Erinnerungen, die sich in Projektionen ausdrücken. Ein extremes Beispiel hierfür ist ein Häftling namens Ross, mit dem ich einmal gearbeitet habe. Während seiner Jugend hatte ihn die Angst gequält, dass er schwul sein könnte. Die rigiden religiösen Überzeugungen seiner Eltern machten es ihm unmöglich, seine sexuellen Gefühle zu akzeptieren. Darum verschloss er sich und projizierte seinen Selbsthass nach außen. Eines Nachts wurde dieser innere Konflikt offenbar – mit tragischen Folgen. Er fing bereits nachmittags zu trinken an und fand sich gegen neun Uhr abends in einer örtlichen Schwulenkneipe wieder. Er verging vor Sehnsucht nach intimer Berührung mit einem Mann. Als sich ihm aber ein attraktiver junger Mann namens Matt näherte, erstarrte er. Was dann geschah, bekam er nicht mehr mit. Er hatte einen Filmriss und weiß nur noch, dass er Stunden später im Gefängnis aufwachte. Er wurde vor Gericht gestellt und später auch verurteilt, weil er Matt so übel zusammengeschlagen hatte, dass er bleibende Gehirnschäden davontrug.

Ross' Geschichte wirft ein Schlaglicht darauf, wie wir uns von bestimmten Angst machenden Anteilen distanzieren, indem wir sie auf andere projizieren. Um in unserer Familie, am Arbeitsplatz und in unserem gesellschaftlichen Umfeld eine Kultur des Friedens zu schaffen, müssen wir mit all diesen unverzeihlichen, unliebsamen Anteilen, die wir in uns fürchten, in Dialog treten. Wir machen uns mit ihnen vertraut, wenn wir den Menschen in unserem Leben, die für uns wichtig sind, noch einmal neu begegnen. Unser »Bloß-nicht-vertrauen«-

Knopf könnte von bestimmten Autoritätsfiguren ausgelöst werden; unser »Faulpelz«-Knopf womöglich von Leuten, deren Arbeitstempo sich von unserem unterscheidet. Es gibt Menschen, mit denen wir auf einer Wellenlänge liegen und die wir gern um uns haben. Und es gibt andere, in deren Gegenwart wir uns unwohl fühlen, weil sie so anders sind. Achtsame Kommunikation zu praktizieren heißt, uns den Raum dafür zu schaffen, aus jedem Gespräch im Leben etwas zu lernen – sei es nun angenehm oder unangenehm.

In Rotphasen geben wir dadurch unsere Macht ab, dass wir Fehler in anderen suchen. Verschlossene Gespräche sind wie ein Schneeballsystem. Wir versuchen, unsere Freunde auf unsere Seite zu ziehen und sie von der Richtigkeit unserer Geschichte zu überzeugen, ohne dass sie sich die Fakten allzu genau ansehen sollen. Im Grunde basieren Schuldzuweisungen auf dem Wippmuster des »Entweder-oder«-Denkens: »Entweder ist Josh schlecht und ich bin gut; oder: Wenn er in Ordnung ist, muss ich der oder die Schlimme sein.« Ganz abgesehen von all den ausgefeilten Erklärungsmustern und Rechtfertigungen ist das Rote-Ampel-Denken ziemlich plump, hängt es doch von dieser primitiven dualistischen Weltsicht ab.

Das Gegenmittel gegen Schuldzuweisungen: Dualistische Projektionen auflösen

Verstehen wir, wie der dualistische Verstand funktioniert, können wir diese starre »Gut/Schlecht«-Barriere leichter auflösen. Dualität erzeugt alle möglichen Bezugspunkte, die jeweils von einem Gegenüber abhängen: gut/schlecht, klein/groß, angenehm/unangenehm. Diese sind uns zwar im Alltag eine Orientierungshilfe, aber sie sind stets nur relativ zu sehen. Eine Möglichkeit, sie in unseren Gesprächen zu vermeiden, besteht darin, sie zu mischen. So können wir versuchen, etwas Begehrenswertem eine negative Eigenschaft beizumischen (»Vergiss nicht, wie übel dir morgen sein wird, wenn du heute hemmungslos schlemmst.«), oder etwas Negativem eine positive Eigenschaft (»Sie ist gar nicht so übel.«).

Eine weitere Möglichkeit besteht darin, dann, wenn es im Gespräch zu Vorwürfen kommt, einen Teil der negativen Aspekte auf unsere eigene Kappe zu nehmen. Zum Beispiel:

Sally: »Ich kann Joe nicht ausstehen. Er ist so ein Idiot. In unseren Wochenmeetings versucht er dauernd, mich dumm dastehen zu lassen, und wenn ich etwas zu präsentieren habe, unterbricht er mich, als wäre meine Arbeit unwichtiger als seine.«

Bella: »Ich verstehe gut, wie du dich fühlst, aber ich bin wohl gar nicht so viel anders als Joe. Vor lauter Begeisterung für meine eigenen Sachen passiert es mir auch oft, dass ich andere unterbreche.«

Indem Bella einen Teil der negativen Eigenschaften, die Sally auf Joe projiziert, für sich selbst beansprucht, löst sie damit die Barriere auf und hilft ihrer Freundin, etwas mitfühlender zu sein – nicht nur Joe, sondern auch sich selbst gegenüber.

Eine andere Interventionsmöglichkeit in einer von Vorwürfen belasteten Gesprächssituation besteht darin, mithilfe des aktiven Zuhörens die Fakten zu spiegeln, ohne sie durch eine persönliche Bewertung einzufärben. »Joe legt die Füße auf den Schreibtisch« ist eine Beschreibung, eine Tatsache. »Joe ist faul« hingegen ist ein Urteil.

Vergeltung

Wer nach Rache strebt, hält seine eigenen Wunden offen.

— SIR FRANCIS BACON

Bis zu dem Zeitpunkt, als Lukas zum Anwalt ging, war seine Wut durch die Gespräche, die er mit seinen Freunden geführt hatte, derart eskaliert, dass er nicht einmal mehr an einem Mediationsprozess interessiert war. Überzeugt davon, dass seine Frau es nur darauf abgesehen hatte, ihn über den Tisch zu ziehen, suchte er sich einen angriffslustigen Anwalt und versuchte, das alleinige Sorgerecht für seine Kinder zu erstreiten, indem er nachwies, dass seine Ex als Mutter ungeeignet sei. Der Familienrichter hörte sich alles an und verwarf den Fall. Ironischerweise verschlangen die Gerichts- und Anwaltskosten exakt den Gewinn, den Lukas durch den Verkauf seines Hauses erzielt hätte.

Aggression ist am destruktivsten, wenn wir uns innerlich erlauben, einen Dritten für unseren Schmerz büßen zu lassen. Hängen wir Vergeltungsfantasien nach, sind wir schnell davon überzeugt, dass es uns erleichtern werde, den anderen leiden zu sehen. Zum Beispiel, wenn uns jemand auf der Autobahn schneidet und wir sagen: »Damit kommt er mir nicht davon!«

Ist die Kommunikation zum Erliegen gekommen, entwickeln sich die Dinge normalerweise schlecht. Wir ignorieren den Dominoeffekt, den unsere Worte auslösen. Schauen wir genau hin, merken wir vielleicht, dass es uns gar nicht um Kommunikation, sondern darum geht, unser Gegenüber zu bestrafen. Dies ist ein sicheres Zeichen dafür, dass wir den anderen zum Objekt gemacht haben.

Mark und Maria versuchten gerade, sich mit dem ersten Jahr der Schlaflosigkeit zu arrangieren, das ihnen ihr von häufigen Koliken geplagtes Baby bescherte. Mark fühlte sich frustriert und ärgerte sich über den Verlust an Intimität in ihrer Ehe. Eines Abends engagierten sie einen Babysitter, um etwas Zeit für sich zu haben. Aber Mark war nicht in der Stimmung für einen schönen Abend zu zweit. Maria sollte eifersüchtig werden. Er wollte sie dafür bestrafen, dass sie im vergangenen Monat mehrmals nein gesagt hatte, als er mit ihr schlafen wollte. Und so lockte er sie in die Falle, indem er ihr erklärte, wie wichtig Ehrlichkeit in einer Beziehung sei, bloß um ihr daraufhin in allen Einzelheiten zu erzählen, welche intimen Gespräche er unlängst auf einer Geschäftsreise mit seiner attraktiven Kollegin geführt hatte. Sein Plan erwies sich als Schuss in den Ofen. Maria stand auf, verließ das Restaurant und fuhr mit dem Taxi nach Hause.

Später, in der Beratung, begriff Mark, wie er sich eingeredet hatte, dass es richtig sei, Maria leiden zu lassen. Wie ein PR-Berater arbeitet unsere innere Rechtfertigungsmaschinerie mit allerhand mentalen Tricks, um unsere Selbsttäuschungen bei roter Ampel schönzureden. Einer besteht darin, die Bedeutung bestimmter Worte zu verdrehen. So bat mich Mark am Anfang der Sitzung, seinen Standpunkt zu »prüfen«, obwohl er eigentlich meinte, ich solle ihn *rechtfertigen*. Er wollte, dass ich mich auf seine Seite schlage und ihm seine Geschichte abnehme, was typisch für Rote-Ampel-Gespräche ist. Rechtfertigen aber ist das genaue Gegenteil von prüfen, denn Letzteres hieße, seine Version des Gesprächsverlaufs einem Realitätscheck zu unterziehen. Wenn wir darauf pochen, dass andere uns in unseren Projektionen bestärken, statt uns die Wahrheit zu sagen, ist das ein Alarmsignal. Dann verschleiern wir das Offensichtliche und reden uns ein, dass Schädliches in Wirklichkeit gut für uns sei. Rechtfertigung ist wie eine Hochglanzwerbung, die uns Junkfood als gesund verkauft, sodass wir aufhören, uns gut zu ernähren, weil Fertigessen so bequem zuzubereiten ist.

Als Mark seine Rechtfertigungen schließlich loslassen konnte, erkannte er, dass ihm wirklich daran gelegen war, ehrlich zu Maria zu sein, er aber nicht wusste, wie. Es kostete ihn eine Menge Mut, seine Komfortzone zu verlassen und Maria endlich die Wahrheit zu sagen: dass er eifersüchtig und verletzt war, weil ihre ganze Aufmerksamkeit dem Baby galt. Er gab zu, dass er sie mit seiner Bestrafungsaktion nicht nur hatte verletzen wollen; er hatte sich auch gewünscht, von ihr ein Zeichen der Loyalität zu bekommen, indem sie ihn ihre Eifersucht spüren ließ. Es war ihm peinlich, sich ihr gegenüber durch das Mitteilen dieser Gefühle so verletzlich zu zeigen, aber als er es tat, war ihm, als käme er dadurch mit einer tieferen inneren Wahrheit in Berührung. Und das war der Moment, in dem er erkannte, wie schädlich seine Vergeltungskampagne im Gegensatz dazu gewesen war.

Statt den Schmerz über seinen mangelnden Kontakt mit Maria zu übertünchen oder auszuagieren, ging Mark in die Achtsamkeit und hielt ihn aus: Er war einfach still, beobachtete seinen Atem und die Empfindungen in seinem Körper und ließ die Gedanken ganz entspannt kommen und gehen. Allmählich traten Körper, Herz und Geist in Kommunikation miteinander. Erst als seine Emotionen auf der körperlichen Ebene in Form von Empfindungen und Energie zum Ausdruck kamen, konnte er die richtigen Worte finden. Das Wort *Frustration* wurde erst zu *Angst* und dann zu *Traurigkeit*. Bevor er mit Maria in Kommunikation treten konnte, musste er lernen, sich selbst zu trösten, wenn er so empfand. Nur wenn er seinen eigenen Bedürfnissen mit Sanftmut, Entgegenkommen und Ehrlichkeit begegnete, konnte es ihm gelingen, für seine Frau und das Baby zugänglicher zu sein.

Nach einer Zeit der Trennung machten Mark und Maria einen Neuanfang. Er entschuldigte sich bei ihr derart authentisch, dass sich die Barriere zwischen ihnen aufzulösen begann. Maria beugte sich zu ihm und griff nach seiner Hand. Trotz – oder vielleicht wegen – der Krise hatten sie in ihrer Beziehung eine neue Ebene des Vertrauens erreicht.

Es war nicht leicht für Mark, sich in seiner Verletzlichkeit zu zeigen, weil er solche Gefühle bisher als irrational und unreif abgetan hatte. Aber das Risiko einzugehen und Maria zu sagen, wie es wirklich in ihm aussah, lohnte sich. Er tat es in drei Schritten: Erstens erkannte er an, dass das Problem bei ihm und nicht bei ihr lag; zweitens entschuldigte er sich ernsthaft dafür, sie so verletzt zu haben; und drittens fasste er den Entschluss, sich selbst um seine emotionalen Bedürfnisse zu kümmern, statt dies Maria aufzubürden.

Hier eine Zusammenfassung der Selbstreflexionen aus Marks Hausaufgaben-Tagebuch:

Rote-Ampel-Muster:

Körper: Wenn ich sehe, wie du das Baby hältst,
Interpretation: denke ich, dass du mich nicht mehr liebst.
Rote-Ampel-Emotion: Ich werde wütend und will Vergeltung.
Rechtfertigung: Ich sage mir, dass ich ein Recht auf gleich viel Zeit mit dir habe.

Grüne-Ampel-Muster:

Wacher Körper: Wenn ich sehe, wie du das Baby hältst,
Empfindsames Herz: empfinde ich Sehnsucht und Traurigkeit.

Offener Geist: Ich bin neugierig, wie sich unsere Beziehung verändert, und habe Angst, wohin das führen wird.

Das Gegenmittel gegen Vergeltung: Vergebung und Versöhnung

Frieden bedeutet nicht nur das Nichtvorhandensein von Konflikten, sondern erfordert dazu auch einen positiven, dynamischen und partizipatorischen Prozess, in dessen Rahmen der Dialog gefördert wird und Konflikte in einem Geist des gegenseitigen Verständnisses und der Zusammenarbeit beigelegt werden.

— ERKLÄRUNG ÜBER EINE KULTUR DES FRIEDENS (RESOLUTION A/RES/53/243 DER GENERALVERSAMMLUNG DER VEREINTEN NATIONEN VOM 13. SEPTEMBER 1999)

Ein starkes Gegenmittel gegen Vergeltung liegt darin, sich das Vergeben zur Natur zu machen. Der Tenor unserer geheimen Agenden offenbart sich in dem Moment, in dem wir bereit sind, die Maske fallen zu lassen und uns zu fragen: Was würde es mich kosten, einfach zu verzeihen? Wie unser Freund Paul neigen viele von uns aus den verschiedensten Gründen dazu, auf unsere menschlichen Unzulänglichkeiten überzureagieren und aus Fehlern den Schluss zu ziehen, inakzeptabel, schuldig und im Grunde schlecht zu sein. Begegnen wir unseren inneren »Gut/Schlecht«-Skripten mit Mitgefühl, können wir den

Beschränkungen anderer Menschen mehr Verständnis entgegenbringen.

Gelingt es uns, den Anteil von uns zu heilen, der sich schuldig fühlt, können wir zur Wahrung des Gesamtfriedens gelegentlich kleinere Ungerechtigkeiten in Kauf nehmen. Lernen wir, mit Achtsamkeit in den gegenwärtigen Augenblick zurückzukommen, ist dies wie ein Sicherheitsnetz, wann immer wir Wut oder Hass in uns aufsteigen fühlen.

Als Erzbischof Desmond Tutu eine opferorientierte Justiz forderte, um nach dem Ende der Apartheid die Aussöhnung der südafrikanischen Gesellschaft voranzutreiben, unterstrich er, dass Vergebung nicht dazu diene, das Schreckliche einer Gräueltat oder eines Unrechts zu billigen oder herunterzuspielen. Es geht vielmehr darum, es ausdrücklich als falsch zu verurteilen, gleichzeitig aber eine Wir-zuerst-Haltung einzunehmen. Wir erkennen den Täter also grundsätzlich in seinem Menschsein an und geben ihm die Möglichkeit, einen Neuanfang zu machen. Nach Tutus Worten ist Vergebung eine Möglichkeit, das fundamental Gute in einem Menschen anzuerkennen und an seine Fähigkeit zur Veränderung zu glauben.

Aus meiner Arbeit mit Sexualstraftätern in einem Hochsicherheitsgefängnis, darunter Männern wie Norman, weiß ich aus eigener Erfahrung, wie wahr Tutus Ansatz ist. Vergebung hat nichts mit Strafverfolgung zu tun, die auf dem Prinzip der Vergeltung basiert. Vielmehr ist sie ein unverzichtbarer Bestandteil einer opferorientierten Justiz – einer Justiz, die auf die Wiederherstellung des gesellschaftlichen Gleichgewichts abzielt, das durch das Verbrechen aus der Balance geraten ist.

Um zu verstehen, wie sich Vergebung in die Praxis der achtsamen Kommunikation einfügt, wollen wir drei wesentliche Punkte betrachten:

1. Vergebung heißt nicht, über den angerichteten Schaden hinwegzusehen und unsere Wahrheit zu unterdrücken, wie es für das Muster »Herz ohne Kopf« typisch wäre.
2. Bei Vergebung geht es um Vertrauen. Um echt zu sein, muss sie aus der Wir-zuerst-Perspektive erwachsen – aus der Erkenntnis, dass wir mit anderen verbunden sind.
3. Vergebung entsteht aus der tiefen Sehnsucht, in unsere Beziehungen und in unsere Gesellschaft wieder den Sinn für Ausgewogenheit und Ganzheit einkehren zu lassen.

Uns selbst zum Schweigen bringen

Die vier Stufen der Herzlosigkeit können sich auch nach innen richten. In diesem umgekehrten Muster nehmen wir Schuld und Bestrafung auf uns, anstatt sie im Außen zu suchen beziehungsweise zu erwirken. Schauen wir uns das Rote-Ampel-Signal, das ich als Herunterspielen oder »Minimieren« bezeichne, einmal genauer an. Hier ein Beispiel:

Vor Kurzem war ich bei meiner Freundin Sarah zu Besuch. Sie saß mir am Tisch gegenüber und schenkte Tee ein. Versehentlich stieß sie die Kanne um, und sie verbrühte sich die Hand. Ich schrie auf, als hätte ich mich selbst verletzt. Ich fühlte mit ihr und war so besorgt um sie. Für mich stand die Versorgung ihrer Hand ganz im Vordergrund. Sie selbst aber gab keinen Ton von sich und blendete die Tatsache, dass sie sich verbrüht hatte, komplett aus. Mein Mitgefühl schob sie beiseite. Lediglich ihr Kiefer verspannte sich, als sie aufsprang und eifrig daranging, den Tee aufzuwischen. Dabei beschimpfte sie sich die ganze Zeit selbst. Es tat mir richtig weh mitanzusehen, wie meine Freundin so hart mit sich umging.

Sarah verleugnete die Wahrheit ihrer Realität und brachte den Teil von ihr zum Schweigen, der der Hilfe bedurfte. Ich wusste einige Dinge aus Sarahs Vergangenheit. Sie hatte als Kind im Restaurant ihres Vaters mitgearbeitet. Er war alleinerziehend, trank zu viel und misshandelte sie. Sarah lernte, in dieser gefährlichen Situation zu überleben, indem sie sich beibrachte, die natürlichen Reaktionen ihres Körpers und ihre Bedürfnisse zu unterdrücken. In der Tee-Szene erlebte ich mit eigenen Augen, wie sie das Schmerzsignal aus ihrer verbrannten Hand abzuschalten vermochte. Sie spulte automatisch das alte Muster ab, das sie so gut verinnerlicht hatte. Egal, was du empfindest, sagte ihr die internalisierte Stimme ihres Vaters, du hast kein Recht, um Hilfe zu bitten. Die Pflicht, den verschütteten Tee aufzuwischen, ist wichtiger als der Schmerz in deiner Hand. Als Sarah ihren Hilfeschrei unterdrückte, stand sie unter der Knute eines inneren Tyrannen, der ihr – wie damals ihr alkoholkranker Vater – sagte, was zu tun sei. Sarahs Hand war bald geheilt, aber ihr Rote-Ampel-Muster gräbt sich mit jeder Wiederholung tiefer ein und verursacht ihr immer noch größeres Leid.

In dem Maße, in dem wir an Erfahrung in achtsamer Kommunikation gewinnen, können wir in einem einzigen Gespräch mitunter alle drei Ampeln aufleuchten sehen. Sind wir in der Lage, an uns selbst zu merken, wie sich unsere innere Haltung von offen zu ängstlich und schließlich zu verschlossen verschiebt, können wir diesen Prozess auch bei anderen erkennen. Wissen wir, wie es sich anfühlt, die eigenen Bedürfnisse zu minimieren und körperliche Botschaften und Emotionen zu unterdrücken, gelingt es uns eher, respektvoll stehen zu bleiben, wenn bei unserem Gegenüber die Ampel auf Rot umschaltet, statt vorzupreschen in dem Versuch, einen bestimmten Gang der Dinge zu erzwingen. Wir können auch beide innehalten und offen bleiben. Bei Sarah erkannte ich an einem bestimmten Punkt, dass sie mir ein Stopp-Signal sandte. Bleiben wir mit achtsamer Präsenz bei einem befreundeten Menschen, wenn die Kommunikation zum Erliegen kommt, ist es, als würden wir in die Rolle liebender Eltern schlüpfen, deren Kind einen Albtraum erlebt.

Wenn sich unser Gegenüber im Gespräch plötzlich verschließt, müssen wir flexibel genug sein, unsere Hoffnung auf eine Zwei-Wege-Kommunikation aufzugeben und in die Einbahnstraße der achtsamen Präsenz zu wechseln. Wie ein Satz Stoßdämpfer auf einer Buckelpiste verhilft uns Achtsamkeit zu emotionaler Stabilität und Belastbarkeit. Gegenwärtig zu bleiben und die Traurigkeit zu spüren, von der Freundin in einem für sie schmerzvollen Moment abgeschnitten zu sein, ist eine einsamere Erfahrung, als diesen Schmerz zu minimieren und zu verleugnen.

Andere zum Schweigen bringen

Wie wir gesehen haben, ist der Verzicht auf aggressive Kommunikation nicht gleichbedeutend damit, uns selbst zum Schweigen zu bringen und für inakzeptabel befundene Persönlichkeitsanteile zu unterdrücken. Achtsamkeit zeigt uns vielmehr, wie schmerzhaft und unnötig Aggression ist. Enthalten wir uns harscher Worte und hören wir auf, über andere zu klatschen, fallen uns allmählich auch subtilere Formen der Aggression auf, etwa wie wir andere zum Schweigen bringen, wenn sie etwas sagen, was wir nicht hören wollen.

Das Zum-Schweigen-Bringen ist wie eine Tarnkappenwaffe in unserem Schuldzuweisungsarsenal. Es ist eine Form der Aggression, die oft unbemerkt bleibt. Wir bringen andere zum Schweigen, wann immer wir Informationen herausfiltern, die wir als unangenehm empfinden. Ich habe dies immer und immer wieder in meiner eigenen Kommunikation erlebt. Hier nur ein Beispiel: Wenn es um Mitgefühl geht, ist mir mein Sohn Sheehan ein guter Lehrer. Er war damals etwa sechs Jahre alt. Ich hatte ihn zu einem Gruppenretreat mitgenommen, und wir hatten uns für dessen Dauer in einer kleinen Berghütte einquartiert. Es war mitten im Winter und bitterkalt. Eines Tages entdeckte Sheehan auf einer verschneiten Wiese eines der Rinder, die in dieser Gegend beinahe wie Wild lebten. »Schau, wie es friert!«, rief er entsetzt.

»Aber es hat doch einen dicken Fellmantel, der es warm hält«, antwortete ich in meiner Dummheit.

»Nein, schau doch«, beharrte er. »Schau ihm in die Augen.«

Wäre dies ein normaler Tag und wir mit dem Auto auf dem Weg zum Supermarkt gewesen, hätte ich meinen Sohn und seine einfühlsamen Worte wahrscheinlich weiterhin ignoriert und ihn durch meine herablassende Art zum Schweigen gebracht. Glücklicherweise war ich aber auf einem Retreat, und auf dem Weg durch den Schnee zu unserer Hütte gab es keine weiteren Ablenkungen. Darum schaute ich noch einmal hin.

Auf der Stirn des Rindes hatte sich eine Kruste aus Schnee gebildet. Stocksteif stand es da und stemmte sich gegen den Wind. Es war nicht zu übersehen, wie das arme Tier trotz seines Wintermantels litt. Plötzlich war ich von der gleichen tiefen Traurigkeit und Hilflosigkeit ergriffen wie mein Sohn. Genau diese Gefühle hatte ich mit meiner oberflächlichen Erklärung zu unterdrücken versucht. Wäre die Tür zu unserer Hütte breiter gewesen, hätte das Tier wahrscheinlich mit uns die Nacht verbracht. So aber blieben Sheehan und ich lange wach. Im Feuerschein des Holzofens entwarfen wir in Gedanken alle möglichen menschlichen Behausungen, in denen immer auch ein Unterstand für Tiere vorgesehen war, die Schutz vor den Unbilden der Witterung brauchten. Wenn uns im realen Leben auch die Hände gebunden sind, so können wir zumindest den Wunsch formulieren, dass Leid auf irgendeine Weise gelindert wird.

Bei rot stehen bleiben

Durch die Praxis des sanften Redens mäßigen wir unsere Reaktionen, indem wir unangenehmen, irritierenden oder schmerzlichen Erfahrungen mit Mitgefühl, Einsicht und Aufmerksamkeit begegnen – den drei Komponenten unseres natürlichen Kommunikationssystems also. Dazu wenden wir unsere Aufmerksamkeit nach innen und verändern unsere Beziehung zum Schmerz. Dieser umfasst nicht nur das ursprüngliche Unbehagen, das wir auszublenden versuchen, sondern auch das von unseren Rote-Ampel-Mustern geschaffene Leid. Um die Kettenreaktionen zu unterbrechen, die unsere Aufmerksamkeit ablenken, wenden wir den Leitsatz »Bei Rot stehen bleiben« an.

Um die Rotphase zu unterbrechen, brauchen wir folgende vier Fähigkeiten:

- Zwischen Rot und Grün *unterscheiden* und den Unterschied zwischen unserem primären Grüne-Ampel-Schmerz und der sekundären Rote-Ampel-Aggression sehen können
- Unsere eigenen Rote-Ampel-Signale *erkennen* können
- Uns der mitreißenden Kraft des aggressiven Trends entziehen oder diesen *durchbrechen* können
- *Weich werden* können, indem wir unsere Aufmerksamkeit auf den ursprünglichen Schmerz lenken, den wir vermeiden wollten

Die Kombination dieser vier Fähigkeiten ermöglicht es uns, Aggression in Mitgefühl zu verwandeln. Sie lassen sich am leichtesten in einem grünen Bereich entwickeln, also im Rückzug. Wie bereits an anderer Stelle erläutert, ist ein grüner Bereich ein Raum für sinnvollen Dialog, den wir mithilfe von Meditations- oder Kontemplationspraktiken entweder allein mit uns führen oder zusammen mit anderen Menschen, die ebenfalls achtsame Kommunikation zu praktizieren bereit sind. Im vorigen Kapitel haben wir gesehen, wie achtsames Zuhören Ermutigung und Heilung für diejenigen unserer Persönlichkeitsanteile bringt, die wir für schlecht befinden.

Bei Rot stehen zu bleiben, gibt uns die Möglichkeit, uns selbst einen solchen Raum des mitfühlenden Zuhörens zu schaffen. Ob im Dialog mit uns selbst oder einer Vertrauensperson – wir brauchen diesen Raum, um einfühlsam in unseren Schmerz und unsere Angst hineinlauschen zu können. Wenn wir mitten in einer Auseinandersetzung den Impuls verspüren, spazieren zu gehen, folgt dieser dem gesunden Instinkt, den Rückzug anzutreten, bevor wir etwas sagen oder tun, das unserer Beziehung schaden könnte. Fehlt uns in solchen Momenten aber eine Methode zur geistigen Auseinandersetzung mit uns selbst, kehren wir aus einer solchen Auszeit womöglich mit schlagkräftigeren emotionalen Waffen zurück, als wir sie ursprünglich hatten. Ein grüner Bereich gibt uns die emotionale Sicherheit, uns nach innen zu wenden und in uns hineinzuhorchen. Dies ist der Moment, in dem wir mitfühlende Einsicht für die Traurigkeit, die Ohnmacht und den Schmerz des Getrenntseins entwickeln können.

Finden wir in solchen Momenten Unterstützung darin, auch nur wenige Minuten lang offen zu bleiben, werden wir merken, dass eine Krisenreaktion einen Anfang und ein Ende hat. Von dieser Energie getragen zu sein, ist, als würden wir das Steuer ganz fest halten, wenn wir unerwartet in einen dunklen Tunnel fahren. Je besser wir unsere eigenen Verunsicherungsreaktionen kennenlernen, umso weniger können sie uns aus der Bahn werfen.

Schauen wir uns die vier Fähigkeiten einmal näher an, und analysieren wir, wie wir sie sowohl allein als auch mithilfe einer ebenfalls dem Geist der achtsamen Kommunikation verpflichteten Vertrauensperson trainieren können.

Die erste Fähigkeit: Die eigenen Muster anschauen wollen, um Rot von Grün zu unterscheiden

Ein mutiger erster Schritt zur Auflösung von Barrieren ist ganz einfach die Bereitschaft, uns einmal unsere eigenen Muster genauer anzuschauen – die Kettenreaktionen, die unseren primären Schmerz auf die sekundäre Ebene der Aggression heben. Um dies zu tun, arbeiten wir mit einer Technik, die als *Selbstreflexion* bezeichnet wird. Da es schwierig ist, Rote-Ampel-Muster zu erkennen, wenn sie voll in Aktion sind, wählen wir eine kürzlich erlebte Situation und analysieren diese.

Selbstreflexion kann auf verschiedene Weise erfolgen:

- als kontemplative Meditation
- durch unstrukturiertes Schreiben in einem Tagebuch oder in Form einer Analyse wie in der unten stehenden Tagebuchübung
- durch Erstellen einer Collage oder eine andere Form der künstlerischen Darstellung (zum Beispiel Olivias »Fotoalbum«, mit dem wir uns im nächsten Kapitel ausführlich befassen werden)
- im kontemplativen Dialog mit einer Vertrauensperson, die achtsam zuhören kann

Die Praxis der Selbstreflexion macht sich eine interessante Eigenschaft des menschlichen Geistes zunutze: die Tatsache, dass Bilder sowohl von eingebildeten als auch von erinnerten Begebenheiten die gleichen Emotionen auslösen können, als würde sich das Ganze jetzt in diesem Augenblick im realen Leben zutragen. Dieses Phänomen ist dafür verantwortlich, dass wir uns nächtelang mit sekundären Emotionen herumquälen, während wir in Gedanken in einer Endlosschleife immer und immer wieder die schmerzhaften Szenarien vor unserem geistigen Auge ablaufen lassen. In der Selbstreflexion können wir uns diesen Prozess achtsam zunutze machen.

Wir beginnen die Übung mit ein paar Minuten der stillen Meditation, spüren in unseren Körper hinein, beobachten den Rhythmus unseres Atems und lassen behutsam alle Gedanken los, die uns ablenken. Dann wenden wir uns einer bestimmten Gesprächssituation zu, in der die Kommunikation zum Erliegen gekommen ist oder eine aggressive Wendung nahm. Dabei gilt es darauf zu achten, wie wir die Erfahrung in der Gegenwart neu durchleben. Dies ist insofern hilfreich, als wir unsere Reaktionen dabei aus der angstbasierten Situation herauslösen und sie wie ein Wissenschaftler im Labor unter Idealbedingungen untersuchen können. So vermeiden wir das Gefühl der Dringlichkeit, das normalerweise in die Achtlosigkeit führt.

Mein Lehrer Sakyong Mipham Rinpoche vergleicht die »Ich-zuerst«-Perspektive damit, falsch herum durch ein Fernglas zu schauen: Das Glück, nach dem wir streben, rückt in noch weitere Ferne. Dies ist eine unbequeme Erkenntnis, kann uns aber in der Praxis der achtsamen Kommunikation zum Durchbruch verhelfen. Haben wir das Prinzip erst einmal erkannt, sind wir einen Schritt näher daran, das Fernglas umzudrehen und uns genauer anzuschauen, was wir eigentlich tun.

Wie ein wissbegieriger Journalist hinterfragen wir, was genau mit unserer Kommunikation passiert ist, als wir uns verschlossen haben. In der relativen Sicherheit meiner eigenen vier Wände kehre ich zu einer Begegnung mit Robert zurück. Ich sehe vor meinem geistigen Auge, wie er den Gang entlangkommt. Dies ist der Auslöser für alles Weitere. Der Film beginnt. Genau jetzt im gegenwärtigen Moment habe ich bestimmte Empfindungen. Ich spüre, wie sich mein Körper verspannt. Wo genau sitzt diese Anspannung? Welche Farbe hat sie? Welche Form? Welchen Teil meines Körpers erfasst sie?

Ich merke, wie sich in meinem Kopf ein Abwehrskript entwickelt. Welche Handlung hat es? Welche Figuren kommen darin vor? Was ist der letzte Akt des Stücks? Ich spüre, wie mein Herz sich anspannt und zusammenzieht, während die Geschichte ihren Lauf nimmt. Ich will mich nicht verletzlich zeigen. Ich fühle mich wie ein mittelalterlicher Ritter, der sein Schild vor sich in die Höhe hält. Meine Wahrnehmung verengt sich – die Welt fühlt sich nicht mehr sicher an. Sie erscheint mir nicht mehr so lebenswert. Ich habe das Gefühl, wie durch einen Sehschlitz meines Helms zu schauen. Ich habe nur noch meine eigene Sicherheit im Sinn. Es gibt nur noch ihn auf der einen und mich auf der anderen Seite.

Es reicht schon, ein einziges Reaktionsmuster zu analysieren, um zu verstehen, wie wir uns im Moment des Verschließens von unserer Freundlichkeit abschneiden. Zeigt die Ampel Rot, muss jeder Mensch und jede Situation, ja alles »da draußen«, den Filter unserer Selbstschutzfragen passieren: *Wird mir das wehtun? Brauche ich das? Wäre es nicht besser, die Augen davor zu verschließen?*

Doch fahren wir mit unserer Analyse fort: Was passierte als Nächstes? Welche Maske habe ich aufgesetzt? Wie entwickelte sich die Situation von da an weiter? Falsches Selbstvertrauen, Aggression und andere Rote-Ampel-Taktiken können uns keine Sicherheit verschaffen. Sie funktionieren nicht. Vielmehr lassen sie die emotionale Sicherheit, die wir in unseren Beziehungen suchen, in noch weitere Ferne rücken.

TAGEBUCHÜBUNG

1. Wählen Sie eine Situation aus, in der Sie gemerkt haben, dass Sie sich in der Kommunikation verschlossen. Was genau war das auslösende Moment?
2. Wenn Sie im Hier und Jetzt in sich hineinspüren, welche Empfindungen haben Sie? Macht sich Anspannung in Ihrem Körper bemerkbar? Und wo sitzt sie?
3. Welches Abwehrskript legen Sie sich im Kopf zurecht? Welcher Handlung folgt es? Welche Figuren kommen darin vor? Was ist der letzte Akt des Stücks?
4. Spüren Sie, wie sich Ihr Herz anspannt und zusammenzieht? Wie gefährlich ist es, sich verletzlich zu zeigen?
5. Was haben Sie in dieser Situation gesagt oder getan?
6. Welche Wir-zuerst-Reaktion wäre in dieser Situation erforderlich gewesen? Malen Sie sich realistisch aus, wie diese im Detail aussehen könnte?

Reflektieren wir auf diese Weise unsere Kommunikationsmuster, kann immer wieder kurz die grüne Ampel aufleuchten, sodass wir von kurzen Momenten der Neugier oder Traurigkeit unterbrochen werden. Uns wird allmählich klar, dass unsere aggressiven Sprachmuster in Wirklichkeit die Stimmen unserer inneren Tyrannen sind. Und mit dieser Erkenntnis beginnt sich die mitfühlende Einsicht langsam durchzusetzen.

Ein innerer grüner Bereich entsteht, wenn wir es uns zur Routine machen, uns täglich zur Kontemplation zurückzuziehen und uns in Meditation und Selbstreflexion zu üben. Auf diese Weise schaffen wir die Gelegenheit, die unausgesprochenen Gedankenfolgen in unserem Kopf zu verarbeiten und daraus Einsichten zu gewinnen. Ein äußerer grüner Bereich entsteht, wenn wir uns mit einem Kreis von Vertrauten umgeben, die uns einfühlsam zuhören, wenn wir von Aggression, Ängsten, Sehnsüchten oder Eifersucht überwältigt werden. Wie meine Freundin Ann können sie uns helfen, uns dem primären Gefühl von Schmerz oder Traurigkeit zu öffnen, das wir in uns blockieren.

Ein Gespräch im grünen Bereich ist wie eine Art gemeinschaftliche Meditation. Der andere hilft uns, in die Frische des gegenwärtigen Augenblicks zurückzufinden, indem er uns hilft, Rote-Ampel-Reaktionen von Grüne-Ampel-Reaktionen zu unterscheiden. Er erinnert uns daran, dass verbale Aggressivität nichts bringt. Sie verleiht uns keine Macht. Herzlose Kommunikation verschlimmert schmerzhafte Situationen, statt sie besser zu machen.

Bei Rot stehen zu bleiben, bedeutet im Wesentlichen, der Realität den Vorzug vor unseren inneren Fiktionen zu geben. Treten wir einen Schritt zurück, wenn wir von intensiven Reaktionen erfasst werden, gibt uns das die Chance, wieder in die Gegenwart zurückzukommen. Wir müssen dies nicht allein tun. Es bietet sich an, eine Vertrauensperson aus dem grünen Bereich, also jemanden wie Ann, um Hilfe und Feedback zu bitten – jemanden, der ebenfalls Achtsamkeitsmeditation praktiziert und uns mit seiner Klarheit und Güte zur Seite steht, damit wir unsere Hirngespinste wieder von den Fakten des gegenwärtigen Augenblicks zu trennen vermögen.

Mein Meditationslehrer erzählt gern die Geschichte eines Mannes, der eines Tages, als er im Morgengrauen in seinen Garten hinaustrat, ein zusammengerolltes Etwas auf dem Rasen liegen sah. Im Halbdunkel war er sich sicher, dass es sich um eine giftige Schlange handeln müsse. Sein Herz raste vor Angst. Er ging in Windeseile alle Möglichkeiten durch, wie er sich des Tiers entledigen könnte. Eine halbe Stunde später ging die Sonne auf, und er schaute noch einmal hin. Und jetzt, bei Tageslicht betrachtet, erkannte er, dass die Schlange, vor der er sich so gefürchtet hatte, nichts anderes als ein Gartenschlauch war.

Wenn wir übertreiben, sind wir wie der Mann, der einen Schlauch für eine Schlange hält. Eine andere Version der Geschichte zeigt, wie wir untertreiben und damit unsere eigene Wahrheit zum Schweigen bringen. Dies geschieht häufig bei Herz-ohne-Kopf-Reaktionen, die aufgrund unserer emotionalen Bedürftigkeit unseren gesunden Menschenverstand überlagern. Dieses Herunterspielen oder Minimieren ist, als würden wir in unserer Vorstellung aus der Giftschlange einen Wasserschlauch machen. Die Schlange könnte stellvertretend für einen ausfälligen Partner, eine Dosis Kokain oder irgendeines der anderen allgegenwärtigen Gifte stehen, mit denen wir uns im Alltag umgeben. Sind wir von emotionalem Hunger geblendet, kann uns das durchaus dazu verleiten, über die eine oder andere Giftschlange hinwegzusehen oder uns vorzugaukeln, dass sie nützlich sei.

Eine Vertrauensperson aus dem grünen Bereich könnte zu uns sagen: »Ich weiß, dass du im Augenblick völlig aus dem

Häuschen bist und glaubst, rausgehen und auf das eingerollte Etwas da draußen auf dem Rasen eindreschen zu müssen, aber bitte, vertrau mir, es ist nur ein Gartenschlauch.«

Es ist wichtig, sich immer vor Augen zu führen, dass Rote-Ampel-Emotionen von Gedanken erzeugt werden. Dies unterscheidet sie von Grüne-Ampel-Emotionen, die in direktem Bezug zur Realität stehen. In der Achtsamkeitsmeditation üben wir, aufzuwachen und in den gegenwärtigen Augenblick zurückzukehren, wenn wir von einer fiktionalen Geschichte in unserem Kopf besessen sind. Toxische emotionale Reaktionen wie Aggression, Sucht und Neid entstehen, weil wir uns selbst nicht vertrauen. Solange wir nicht in der Lage sind, wirklich in unseren Körper, unser Herz und unseren Geist hineinzulauschen, sind wir taub für die Botschaften, die uns sagen, was wir wirklich brauchen.

TAGEBUCHÜBUNG

Wie unterscheiden Sie zwischen Ihren Projektionen und der Wahrheit einer Situation? Beschreiben Sie anhand eigener Beispiele, wann Sie schon einmal einen Gartenschlauch für eine Schlange – beziehungsweise eine Schlange für einen Gartenschlauch – gehalten haben.

Die eigenen Rote-Ampel-Signale erkennen

Eine Vertrauensperson aus dem grünen Bereich kann uns auch helfen, eigene Rote-Ampel-Signale zu erkennen, die normalerweise in unserem toten Winkel verborgen sind. Zu lernen, uns unsere eigenen aggressiven Muster wirklich einzugestehen, ist nicht einfach. Es scheint, als würden wir umso mehr Selbsttäuschungen aufdecken, je ehrlicher wir mit uns werden. Fast könnten wir den Eindruck gewinnen, wir würden ständig Informationen entweder übertreiben oder herunterspielen. Da dies mit zunehmender Achtsamkeit immer deutlicher zutage tritt, könnte es so aussehen, als würden wir mit unseren Übungen alles eher verschlimmern als verbessern. Darum ist es wichtig, mit Humor und Wohlwollen uns selbst gegenüber an die Sache heranzugehen. Es geht uns nämlich nicht allein so. In jedem einzelnen Menschen auf diesem Planeten wirkt eine eigene Version dieser unsichtbaren Kräfte, die sich der Offenheit widersetzen. Begegnen wir unseren eigenen Einschränkungen also mit Freundlichkeit.

Achtsamkeitslehrer vergleichen die natürliche Synchronizität von Körper, Herz und Geist oft mit einem gut eingespielten Team von Pferd und Reiter. Doch wir müssen uns klarmachen, dass unser Ausgangspunkt ein völlig anderer ist: Unsere gewohnte achtlose Kommunikation ist wie ein Reiter ohne Zügel. Es fühlt sich so an, als wären nicht wir es, die im Sattel sitzen – vielmehr ist es so, als würden wir von unsichtbaren Kräften geritten. Um meine Schüler auf spielerische Weise zu ermutigen, sich mit ihren aggressiven Verhaltensmustern auseinanderzusetzen, erzähle ich ihnen gern von den ungebärdigen »Schulpferden«, mit denen ich in meiner Kindheit zu tun hatte.

Ich nahm Reitstunden bei Mrs. Marshall, einer talentierten, aber mittellosen Dressurlehrerin. Nach ihrer Auswanderung von England nach Kanada kaufte sie sich ein kleines Stück Land mit einer halb verfallenen Scheune und richtete dort eine Reitschule ein. Ihre Pferde waren ein Sammelsurium von Sonderlingen, die sie aus verschiedenen ausweglosen Situationen gerettet hatte. Meine erste Reitstunde absolvierte ich auf Tarnish, einer blassbraunen Stute, die Mrs. Marshall vor der Hundefutterfabrik gerettet hatte. Tarnish war von launischem Naturell und bekannt dafür, urplötzlich stehen zu bleiben. Und das Kind, das oben draufsaß, konnte machen, was es wollte – wenn Tarnish nicht wollte, bewegte sie sich nicht weiter.

Wochen später wurde mir Tinker zugeteilt, ein kleiner Rotschimmel-Wallach mit teuflischem Funkeln in den Augen. Er war von jener kriminellen Disposition, die einen in ein freundschaftliches Verhältnis hineinzulocken vermag, bloß um in dem Augenblick, in dem man Vertrauen zu ihm gefasst hat, aus heiterem Himmel die Ohren flach anzulegen, die Zähne zu blecken und im gestreckten Galopp hinter den anderen Pferden herzujagen wie ein Mafia-Killer auf der Flucht.

Als ich etwas älter war, ritt ich Twig, einen riesengroßen Kastanienbraunen mit Stoppelmähne, der aussah wie das Trojanische Pferd Homers. Er wirkte abgestumpft und trottete einfach seines Weges, ohne sich groß Gedanken darüber zu machen, was vor ihm passierte. Twig war ein ausgemustertes Zugpferd. Vielleicht pflügte er deshalb bisweilen wie ein Panzerfahrzeug mitten durch unseren selbst gebauten Zaun auf die Straße.

Am unvergesslichsten jedoch sind mir die Reitstunden in Erinnerung geblieben, die ich vor Schreck erstarrt auf dem Rücken von Elvie O'Maxie zubrachte. Elvie war ein Amerikanischer Traber und hatte zwölf Jahre ihres Lebens an und auf der Rennstrecke zugebracht. Eigentlich war sie sanftmütig, doch bisweilen flammte schlagartig die Erinnerung an ihr früheres Leben in ihr auf. Dann war es, als würde sie wieder in der Startbox stehen, bloß um im nächsten Moment mit allem, was sie hatte, loszupreschen. Voller Todesangst klammerte ich mich an ihre Mähne. Derart hilflos zu sein und nicht zu wissen, welch verheerendes Ende mich erwartete, war ein Übergangsritual, das ich im Laufe der Jahre unzählige Male durchlief, bis ich endlich gelernt hatte, eine echte Beziehung zu einem Pferd aufzubauen.

Mit der Zeit kann die Schulung der Achtsamkeit unseren Geist so stabilisieren, dass wir in der Lage sind, die Zügel in die Hand zu nehmen und unsere Worte mit unseren Absichten in Einklang zu bringen. Aber zunächst geht es erst einmal darum, uns mit dem Schulpferd anzufreunden, das wir im Augenblick reiten. Welche unsichtbaren inneren Kräfte bringen uns dazu, auf eine Weise aggressiv zu reagieren, die wir nicht beabsichtigt haben?

Begegnen wir den schwierigen Schulpferden in uns mit behutsamer Ehrlichkeit und Humor, ist dies der Schlüssel dafür, auch mehr Geduld für andere Menschen zu empfinden, die in ihrer Kommunikation vor ebensolchen Herausforderungen stehen. Jeder von uns hat seine persönliche, unverwechselbare Version der roten Ampel und seine eigene Geschichte dazu, wie sie entstanden ist. Das Ergebnis aber ist immer das gleiche: Unser natürliches Kommunikationssystem läuft asynchron. Das heißt, unsere Gedanken sagen das eine, unser Körper drückt aber etwas anderes aus, und was unser Herz dazu sagt, das wissen wir nicht. Innerlich segmentiert und außer Balance zu sein, ist uns so vertraut, dass wir keinen Sinn mehr dafür haben, was nun wirklich stimmt. So funktionieren wir chronisch auf der Grundlage falscher Informationen, und es ist kein Wunder, dass wir das Konzept der »offenen Kommunikation« mit »alles ist möglich« verwechseln.

Minimieren, rechtfertigen, ausblenden und *übertreiben* sind vier Rote-Ampel-Signale, die sich am Beispiel der Pferde verdeutlichen lassen.

Minimieren: Tarnish, das Pferd, das streikt

Das erste Rote-Ampel-Signal, auf das es zu achten gilt, ist die Kommunikationsbarriere selbst. Der Gesprächsfluss trifft auf ein Hindernis, und wir fangen an, die Information zu redigieren, indem wir auf das momentane Ereignis entweder über- oder unterreagieren. In unserer Meditationspraxis üben wir, auf diese Verschiebung zu achten, denn sie stellt sich in dem

Augenblick ein, in dem unsere Aufmerksamkeit vom Atem wegzuwandern beginnt und wir in Gedanken abschweifen. Wird das, was wir im gegenwärtigen Moment an Informationen empfangen, von solchen Gedanken und inneren Erzählungen überlagert, wechselt unsere Ampel von Grün auf Rot.

Als Sarah versuchte, ihre Rote-Ampel-Signale zu verstehen, erzählte ich ihr von den Schulpferden. Sie identifizierte sich mit Tarnish, der Stute, die aus unerfindlichen Gründen stehen blieb und sich verweigerte. Statt in ihren Reaktionen zu übertreiben, ging ihr innerer Drehbuchschreiber daran, diese herunterzuspielen. Tat ihr etwas weh, verschloss sie sich und richtete ihre Aggression nach innen.

Durch die Identifikation mit Tarnish gelang es Sarah, Mitgefühl für diesen alten Gaul aufzubringen, der vom jahrelangen treuen Dienst ganz steif in den Gelenken war. Sie liebte Tiere, und so fiel es ihr nicht schwer, Allgüte für ein solches imaginäres Pferd zu empfinden. Dies wurde die Brücke, über die sie wohlwollend auf jenen überlasteten Anteil ihrer selbst zugehen konnte, der sich nicht anders auszudrücken vermochte als dadurch, sich zu verschließen.

Rechtfertigen: Tinker, das Pferd mit der geheimen Agenda

Das zweite Rote-Ampel-Signal, auf das es zu achten gilt, ist das Rechtfertigen. Ist die Kommunikationsbarriere hochgefahren, übernimmt unser innerer Drehbuchschreiber die Regie, und die Geschichten fangen zu sprudeln an. Mit Rechtfertigungen geben wir uns die Erlaubnis, schädliche Dinge zu sagen oder zu tun. Sie schaffen das, was mein Lehrer als »negative Negativität« bezeichnet – eine zusätzliche Ebene der Selbsttäuschung, die unsere ursprüngliche Schmerzreaktion verschleiert. Steht die Kommunikationsampel auf Rot, werden unsere Gespräche mit anderen zum Widerhall unserer inneren Rechtfertigungen, die uns umso plausibler erscheinen, wenn es uns gelingt, sie uns von anderen bestätigen zu lassen.

Mark durchschaute seine Rechtfertigungen, als er die Geschichte des kleinen Rotschimmels Tinker hörte. Über die Identifikation mit dem Pferd mit der geheimen Agenda konnte er sich behutsam dem Verständnis nähern, dass seine Rechtfertigung eine Zweibahnstraße war und er nicht nur Maria, sondern auch sich selbst etwas vormachte. Als er zur Attacke gegen Maria blies, war er völlig überzeugt, das Richtige zu tun. Doch dann verweigerte sie sich und ließ ihn allein im Restaurant sitzen, was in seinem Drehbuch einen plötzlichen Schlusspunkt setzte.

In der Auseinandersetzung mit seinen Rechtfertigungen nutzte Mark von nun an die Achtsamkeitstechnik der positiven Unterbrechungen und achtete auf Situationen, in denen es »richtig ist, falschzuliegen«. Schmunzelnd meinte er, Maria sei immer bereit, dabei mit Hand anzulegen. Dies war durchaus wörtlich zu verstehen, denn wann immer er in sein altes Muster zurückfiel, hob sie wortlos die Hand und signalisierte ihm damit: »Stopp.«

Ausblenden: Twig, das Bulldozer-Pferd

Das dritte Rote-Ampel-Signal, auf das es zu achten gilt, ist das Ausblenden beziehungsweise Abwehren von Rückmeldungen. Ist unsere Kommunikationsbarriere oben, messen wir unseren inneren Erzählungen mehr Bedeutung bei als dem gegenwärtigen Augenblick. Wir interessieren uns nicht dafür, unsere Meinungen einem Realitätscheck zu unterziehen und sie auf ihre Richtigkeit zu überprüfen. So kommt es, dass wir uns mit lauter Leuten umgeben, die uns nicht die Wahrheit sagen können. Wir bringen alle zum Schweigen, die offen sind, und hören nur auf die, die unsere Ansicht teilen. Von Menschen, denen wirklich an unserem Wohl gelegen ist, wollen wir nichts wissen. Stattdessen beschränken wir unseren Umgang auf jene, die in der gleichen Falle sitzen wie wir selbst.

Genau dies war bei Lukas der Fall. Seine kategorische Interpretation der Umstände bezüglich seiner Scheidung ließ keinen Raum für andere Sichtweisen. Er war das Opfer und seine Frau die Böse. Wer das anders sah, stand auf der falschen Seite. Haben wir uns solchermaßen hinter einer Barriere verschanzt, werden wir dumm und engstirnig wie Twig, das Schulpferd, das es fertigbrachte, einfach über einen Zaun zu trampeln. Verschließen wir uns vor den ehrlichen Rückmeldungen unserer Freunde, ist es, als würden wir die Schnur eines Drachens kappen. Unser Geist hebt immer mehr vom Boden der Realität ab, und wir werden vom Sturm unserer imaginären Ängste hin- und hergerissen. Unsere Gedanken kreisen und kreisen und warten mit immer neuen Rechtfertigungsszenarios auf. Es ist ein weitverbreiteter Glaube, dass wir mit unseren Gedanken niemandem schaden könnten, aber er ist falsch. Ist unser Geist verschlossen, kauen wir innerlich immer wieder dieselben imaginären Erlebnisse mit den dadurch ausgelösten emotionalen Reaktionen durch. Je öfter Lukas sich seine Geschichte erzählte, desto wahrer wurde sie. Da er für Rückmeldungen nicht empfänglich war, blockierte er den Zugang zu der einen Sache, die er sich sehnlichst wünschte: eine glückliche Zukunft mit seiner Frau.

Übertreiben: Elvie O'Maxie, der Gaul, der mit dir durchgeht

Es war die erste Paartherapie-Sitzung von Eve und Sam, und die beiden stellten sich mir vor. Ich wusste wenig über sie, außer dass sie seit acht Jahren verheiratet waren und keine Kinder hatten. Eve eröffnete das Gespräch mit der Bemerkung, dass sie froh sei, nun endlich Gelegenheit zu haben, ehrlich mit Sam zu reden. Dann schlug sie sofort scharfe Töne an und ließ ihrem Zorn freien Lauf. Sie hörte sich an, als sei Sam ihr schlimmster Feind. »Ich sage es dir ganz ehrlich – ich hasse dich. Ich habe dich nie geliebt. Ich habe mich nur von deinem Geld blenden lassen. Wenn du mich anfasst, graust es mir. Darum habe ich einen Liebhaber gebraucht. Was ich bei ihm empfinde, habe ich bei dir nie gespürt …« Ich hob die Hand, um sie zu unterbrechen, denn diese Art von »Ehrlichkeit« war in Wirklichkeit ein verbaler Angriff. Kommunikation war das nicht. Da richtete Eve ihren Ärger gegen mich und meinte, dass sie von mir als Frau schon erwarte, Partei für sie zu ergreifen.

Eve war überzeugt, dass jede Emotion, die sie empfand, und jede Geschichte, die ihr durch den Kopf ging, gleichbedeutend mit »der Wahrheit« sei. Es ist schwer für jemanden, der nicht in Meditation geübt ist, zwischen Grüne- und Rote-Ampel-Erfahrungen zu unterscheiden. Wenn wir davon reden, »unsere Barrieren sinken zu lassen«, was letztlich bloß eine andere Formulierung für Offenheit ist, bedeutet das nicht, dass wir all unsere Grenzen in der Beziehung aufgeben sollen. Offenheit ist kein Freifahrtschein. Sie berechtigt uns nicht, einem anderen unseren emotionalen Giftmüll vor die Füße zu kippen.

Eve war wie Elvie O'Maxie, die auch gelegentlich über die Stränge schlug. Aus ihrem Kommunikationsverhalten sprach ein unkontrollierter Geist. Sind wir nicht in Achtsamkeit geschult, können unsere Gedanken und Emotionen wer weiß wohin mit uns durchgehen und in unseren Beziehungen Chaos anrichten. Nach dieser ersten Sitzung habe ich getrennt mit Eve und Sam gearbeitet, damit sie für sich selbst klären konnten, was sie einander eigentlich mitteilen wollten. Es fiel Eve nicht leicht, ihre Wut auf Sam loszulassen. Ich leitete sie zu einer Achtsamkeitsübung an, die ihre Aufmerksamkeit wieder dorthin lenkte, wo sie hingehörte: auf die ursprüngliche Ebene ihres Körpers, in ihr Herz, zu ihrer Neugier. In dem Maße, wie sie in die Balance zurückfand, wurde ihre Sicht der Wahrheit klarer. Wie Mark hatte sie Sam bestrafen wollen, weil sie sich von ihm vernachlässigt fühlte; weil er nicht für sie da gewesen war, als sie ihn brauchte. Aber anders als bei Mark und Maria war die Beziehung zwischen Sam und Eve bereits an einem Punkt angelangt, an dem es kein Umkehren mehr gab. Beide wussten dies, aber keiner von beiden mochte sich eingestehen, dass ihre Ehe am Ende war. Sie hatten an die Stelle der leidenschaftlichen Liebe den leidenschaftlichen Hass treten lassen, den sie in einem achtlosen Ritual ausagierten. Sam übernahm dabei die Rolle des kühl Distanzierten, während Eve gegen ihn tobte und wütete. Die Praxis der achtsamen Kommunikation bot ihnen immerhin die Möglichkeit, ihre persönliche Integrität wiederherzustellen. Für Sam bedeutete das, dass er sein Herz öffnen konnte, um die mit dem Abschied einhergehenden Gefühle von Traurigkeit und Bedauern zu spüren. Für Eve hieß es, die Wahrheit zu akzeptieren, dass die Beziehung am Ende war, ohne Sam oder sich selbst dafür die Schuld zuzuschieben. Dem Einsatz beider ist es zu verdanken, dass sie als Paar in Würde auseinandergehen konnten.

TAGEBUCHÜBUNG: EIN STALL VOLLER PFERDE

Welche Schulpferde reiten Sie? Nennen Sie eigene Beispiele, oder arbeiten Sie zunächst mit den von mir beschriebenen. Wie äußern sich Ihre Achtlosigkeitsgewohnheiten in Ihrer Meditationspraxis? Wie kommen diese Muster im Gespräch mit anderen Menschen zum Ausdruck? Zum Beispiel:

- Tarnish: Aus heiterem Himmel mache ich plötzlich ohne erfindlichen Grund zu oder klammere mich an Meinungen, von denen ich weiß, dass sie irrational sind.
- Tinker: Ich habe einen gemeinen Zug und will andere beleidigen oder ihnen etwas heimzahlen.
- Twig: Ich habe starke Meinungen und ignoriere andere Menschen, wenn ich rede.
- Elvie: Manchmal geht meine Wut mit mir durch, ohne dass ich weiß, wohin mich das führen soll.

Der Aggressivität den Wind aus den Segeln nehmen

Die dritte Fähigkeit, die wir brauchen, um Verbalaggressionen Einhalt zu gebieten, besteht darin, die Erklärungsmuster und Erzählungen zu unterbrechen, die in unseren Gesprächen geäußert werden, um unsere verschlossenen Kommunikationsmuster zu legitimieren. Wir können eine Vertrauensperson bitten, uns Feedback zu geben, sobald unsere Gespräche ins Negative abgleiten. Wenn wir auf verschlossene Kommunikationsmuster anspringen und sie ausagieren, schaden sie unseren Beziehungen. Durchschauen wir sie aber, statt sie von uns zu weisen, können sie uns etwas lehren. Haben wir sie erst einmal erkannt, können wir sie als Mahnung nutzen, das Stehenbleiben bei Rot zu üben, und achtlose Gespräche unterbrechen, indem wir in den gegenwärtigen Augenblick zurückkehren.

Was von vielen als hilfreich empfunden wird, ist, sich Rote-Ampel-Muster als einen guten Freund vorzustellen, der zu viel getrunken hat. Wenn er uns wirklich etwas bedeutet, nehmen wir ihm die Autoschlüssel ab. Wir bringen den Mut dazu auf, weil wir ihn lieben, nicht, weil wir ihn hassen. Um unsere Rechtfertigungen zu durchbrechen, müssen wir uns klarmachen, dass *Stopp!* wirklich stoppen bedeutet, sprich, dass wir darauf verzichten, irgendetwas zu sagen, was uns oder anderen schaden könnte. Wir übergeben die Autoschlüssel jenem Teil in uns, der dem »Wir-zuerst« verpflichtet ist und dessen Anliegen es ist, den Ruf anderer selbst dann zu schützen, wenn wir sie gerade als unsere größten Feinde empfinden.

Das Symbol der roten Ampel ist ein hilfreiches Signal dafür, dass wir uns bei hochgefahrenen Barrieren in Gefahr befinden. Wir bewegen uns auf Kollisionskurs. Preschen wir weiter, wird alles nur noch schlimmer, denn auf diesem Weg wird es uns nicht gelingen, direkt mit unserem Schmerz und unserer Traurigkeit in Kontakt zu treten. An diesem Punkt zahlt es sich aus, unsere Hausaufgaben gemacht zu haben. Haben wir unsere Rote-Ampel-Muster nämlich vorab analysiert, können wir uns gut vorstellen, wohin uns unsere Reaktionen führen werden, so wie ein betrunkener Fahrer sich ausmalen kann, dass er im Gefängnis landet oder einen tödlichen Unfall verursacht.

In der Rolle des Zuhörenden haben wir zwei Möglichkeiten, ein herzloses Kommunikationsmuster zu unterbrechen. Die erste besteht darin, den anderen tatsächlich in seiner Rede zu unterbrechen, um ihn in den gegenwärtigen Moment – die Wachheit von Körper, Herz oder Geist also – zurückzuholen.

> Julie war aufgewühlt, denn sie kam gerade von ihrem Scheidungsanwalt. Darum schlug ich ihr vor, einen kleinen Spaziergang zu unternehmen, statt in der Praxis zu bleiben. Es war ein herrlicher Frühlingstag, aber sie war in Gedanken so sehr mit dem leidvollen Konflikt mit ihrem Ehemann Lukas beschäftigt, dass sie keinen Blick dafür hatte. Ständig ging sie die Geschichte wieder von vorne durch, und mit jedem Mal wuchsen ihre Angst und Wut. Ich hatte das Gefühl, ihr nicht helfen zu können, aber mir wurde klar, dass es uns in unserem Gespräch ähnlich ging wie einem Pferd mit Scheuklappen. Wir starrten auf die Vergangenheit und blendeten die Gegenwart aus. Darum unterbrach ich sie und schlug vor, uns auf eine Bank zu setzen, tief durchzuatmen und die Schönheit ringsum zu genießen. Wir wählten einen Platz, an dem wir ein Beet voller Osterglocken vor uns hatten, das von blühenden Azaleen eingerahmt war. Je länger wir schauten, desto spektakulärer erschien uns der Anblick. Es vergingen ein paar Minuten. Dann atmete Julie erleichtert auf und bedankte sich bei mir.

Ein erleichtertes Aufatmen bringt uns in die Gegenwart zurück, und die grüne Ampel leuchtet auf. Wenn wir auf diese Weise – und sei es nur ganz kurz – wieder mit der Gegenwart in Verbindung kommen, ist es, als würden wir im unerschöpflichen Quell der Wachheit neue Energien tanken.

Die zweite Möglichkeit, wie ein Zuhörender ein Rote-Ampel-Muster durchbrechen kann, besteht im einfachen Zurückspiegeln des Gehörten. Ist der Kommunikationskanal verschlossen, sind unsere Möglichkeiten beschränkt, da auf der

Zweibahnstraße nichts mehr läuft. Dennoch können wir ein Stopp-Schild in die Höhe halten, indem wir das Gesagte wiedergeben, ohne selbst etwas hinzuzufügen.

> Ed: »Ich kann diese Faulenzer nicht ausstehen, die den ganzen Tag rumsitzen und Sozialhilfe kassieren, während wir arbeiten müssen, um sie durchzufüttern.«
> Dwayne: »Ich verstehe, dass du Arbeitslose für faul hältst und sie als Belastung empfindest.«

In dieser Situation leuchtet bei Ed eine rote Ampel und signalisiert, dass er nicht an einer Rückmeldung oder anderen Meinung interessiert ist. Dwayne kann dazu entweder einfach schweigen oder, wie in diesem Beispiel, klarstellen, dass es sich bei Eds Aussage um eine persönliche Ansicht und nicht um eine Tatsache bezüglich arbeitsloser Menschen handelt.

Bei verschlossener Kommunikation kann uns sanftes Sprechen helfen, der Herausforderung der Aggression mit Geduld und emotionaler Reife zu begegnen. Um dies zu tun, bleiben wir einfach auf Kurs und spiegeln zurück, was wir hören oder sehen, als würden wir auf einem Aufzeichnungsgerät die Wiedergabetaste drücken. Gelingt es uns, offen zu bleiben und nicht dem Druck nachzugeben, unserem Freund seine Geschichte abzukaufen, kann aktives Zuhören den Punkt verdeutlichen, an dem Fiktion und Fakten auseinandergehen. Die eskalierende Wirkung der aggressiven Rede kann mit dem einfachen Geschenk der Anerkennung durchbrochen werden, sodass sich unser Gegenüber selbst dann respektiert fühlt, wenn wir seine Meinung nicht teilen.

Durch aktives Zuhören unterbrechen wir Rechtfertigung durch Bestätigung und bieten dem anderen einen Realitätscheck an. Mit der Formulierung »Ich verstehe, dass du dies für wahr hältst«, verlagert sich unser Fokus von der äußeren Situation weg hin zu dem Glaubenssystem, in dessen Rahmen sie steht. In seltenen Fällen ist es möglich, allein durch diese Art des Zuhörens und Umdeutens der Diskussion Missverständnisse zwischen Menschen auszugleichen. Eine beachtliche Zahl von Konflikten lässt sich einfach dadurch auflösen, dass das Problem klarer artikuliert wird.

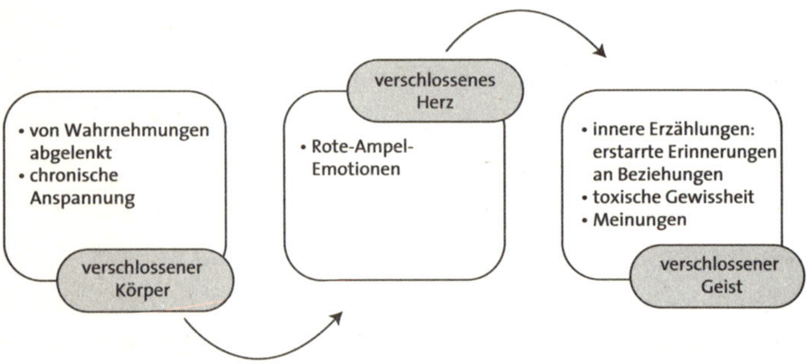

Abb. 4 Verschlossene Kommunikationsmuster

Sich dem primären Schmerz zuwenden und dadurch weich werden

Die vierte Fähigkeit, die wir brauchen, ist, der von uns empfundenen Traurigkeit und Ohnmacht mit mitfühlender Einsicht zu begegnen. Wir kehren damit zu der ursprünglichen Verwundung zurück, die uns zugefügt wurde – Dr. Abuelaish etwa zur Trauer über den Tod seiner Töchter. Würden wir versuchen, uns der Rohheit der Wunde zu entziehen, würden wir sie mit Hass und Aggression infizieren. Es ist jedoch möglich, selbst im Zorn aus einer Wir-zuerst-Haltung heraus in unserer Rede sanft zu bleiben. Der Schlüssel hierzu ist, uns nicht zu Schuldzuweisungen verleiten zu lassen. Natürlich müssen wir unsere Gefühle ausdrücken, gleichzeitig aber müssen wir um unsere Reaktionen eine schützende Brandmauer errichten. Damit wir dies in schwierigen Momenten auch tun können, müssen wir in unserer Kommunikation das Gegenmittel gegen das Muster »Kopf ohne Herz« einsetzen: die mitfühlende Einsicht.

Um auf solche zarten Emotionen zu lauschen, kehren wir in unseren Körper zurück. Achtsamkeit vermag uns zum Herzen zurückzuführen, mit dem wir geboren wurden. Dabei entdecken wir, mit welchen Tricks wir versucht haben, unseren Schmerz zu unterdrücken oder auszuagieren, damit wir unser Herz nicht direkt spüren müssen. Der Rhythmus des Atems ist eine Möglichkeit, wie unser Herz zu uns spricht. Wir hören zu, indem wir den Atem frei ein- und ausströmen lassen. Es erfordert Mut, uns zu entspannen und so zu akzeptieren, wie wir sind. Unser Atem bringt uns mit Körper, Herz und Geist in Kontakt, und gleichzeitig bildet er eine Brücke zwischen unserem inneren Erleben und der äußeren Welt. Bleiben wir bei unserem Atem, eröffnen wir einen Raum für den Schmerz, die Angst, die Traurigkeit und all die anderen Emotionen, denen wir üblicherweise aus dem Weg zu gehen versuchen.

Bleiben Sie einfach bei Ihrem Atem. Bleiben Sie beim Atem, wie er in den Körper ein- und wieder aus ihm ausströmt, wie er sich sanft im Raum ringsum verteilt und Sie wieder in Kontakt mit der unausgesprochenen Sprache Ihres bioenergetischen Erlebens bringt. Verzichten wir darauf, unsere emotionalen Reaktionen zu beurteilen oder zu unterdrücken, und wenden uns stattdessen dem Atem zu, gewinnen wir damit etwas Abstand zu unseren Gedanken, sodass wir die subtilen Energien des empfindsamen Herzens leichter erfassen können.

Sind wir erst einmal in der Lage, unsere eigenen Rote-Ampel-Reaktionen zu vermeiden, müssen wir lernen, in der sensiblen Gelbphase Kurs zu halten und uns der Traurigkeit zu stellen, uns abgeschnitten und missverstanden zu fühlen. Gelingt es uns, dieses Gefühl in die Absicht zu verwandeln, klarer hinzuschauen, kann es uns als zusätzliche Motivation dienen, in unserer Kommunikation Achtsamkeit walten zu lassen. Achten Sie in Gesprächen darauf, wie Sie andere Leute ausblenden und zum Schweigen bringen, wenn sie Dinge sagen, die Sie nicht hören wollen. In dem weiter oben beschriebenen Beispiel etwa verschloss ich mein Herz vor dem Leid des Rindes, indem ich die diesbezügliche Bemerkung meines Sohnes zurückwies.

Die Gespräche, die wir mit anderen führen, zeigen uns, was in unseren Gedanken und unserem Herzen vor sich geht. Als mein Sohn versuchte, mich darauf hinzuweisen, dass das Tier fror, wies ich mit meiner vorgefassten Meinung nicht nur seine Worte, sondern auch meine empfindsamen Gefühle zurück: »Alles ist in Ordnung, und zwar weil …« Das Muster »Kopf ohne Herz« schnitt mich von meiner Klarheit ab. Martin Buber würde sagen, dass das Gespräch mit meinem Sohn von einer Ich-Du-Beziehung zum Ich-Es gewechselt hatte. Ich hatte mein Kind zum Objekt gemacht.

Achtsamkeit zu praktizieren, öffnet uns für die Traurigkeit, denn wann immer wir irgendjemanden vom »Du« zum »Es« machen, trauert unser Herz. Wie die Trauer, die sich angesichts des Todes einstellt, empfinden wir den Schmerz des Verlusts, sobald wir jemandem die Tür vor der Nase zuschlagen – wenn wir Augen und Ohren davor verschließen, mit wem wir es zu tun haben, und uns weigern anzuhören, was er uns zu sagen versucht. Wir brauchen also ein erhebliches Maß an Mut und Güte, wenn wir nicht mehr über unseren Schmerz und unsere Traurigkeit schweigen, sondern uns die Vergeblichkeit solcher achtlosen Kommunikationsmuster klar vor Augen führen.

Sanftmut verbindet uns mit der Kraft unseres natürlichen Herzens, indem sie uns für das traurige Gefühl der Ohnmacht öffnet, das wir empfinden, wenn wir an unsere Grenzen stoßen. Hören wir auf, davor davonzulaufen, und nehmen es voll und ganz an, richten wir damit unsere Absichten neu aus. Statt auf die Traurigkeit zu reagieren, indem wir zumachen, geloben wir uns zu tun, was auch immer zu tun ist, damit sich die Dinge eines Tages ändern. Auf diese Weise machen wir uns die Kraft der Erwartung – eine positive Form des Wunschdenkens – zunutze.

Eine Möglichkeit, dies zu tun, wenn der Kommunikationskanal verschlossen ist, besteht darin, mit uns selbst zu sprechen, etwa indem wir uns sagen:

- Möge Sarah glücklich sein. Möge sie wissen, dass sie geliebt wird und es in Ordnung ist, dass sie Bedürfnisse hat. Möge sie von einer warmen, liebevollen Mutter-Energie umgeben sein, die sie heilen kann. Mögen alle Menschen, die wie Sarah verletzt sind und Angst haben, von ihrem Leid erlöst werden. Mögen sie alle Liebe erfahren.
- Mögen Lukas und alle Menschen auf der Erde, die im Augenblick wütend sind, von ihrem Zorn und ihrer Angst befreit sein. Mögen sie sich entspannen und erkennen, dass sie in Sicherheit sind. Mögen sie in einem von Sanftmut geprägten Umfeld, in dem sie nichts zu befürchten haben, Erlösung von ihrem Schmerz erfahren.
- Möge dieses halb erfrorene Tier und mögen all die Tiere und Menschen auf der Erde, die frieren oder hungrig sind, getröstet, umsorgt, gewärmt und genährt werden. Sollte es eine Möglichkeit geben, wie ich helfen kann, möge ich sie finden und nutzen.

Die Praxis der mitfühlenden Einsicht basiert im Wesentlichen auf folgenden Schritten:

- Innehalten.
- Schauen, was los ist.
- Die Anspannung im Körper spüren.
- Die Traurigkeit im Herzen spüren.
- Positive Wünsche für die anderen formulieren.
- Sich den Raum zum Zuhören nehmen.

Vor der verschlossenen Tür

Um die Wurzeln der Aggression – Angst und Selbstzweifel – zu transformieren, müssen wir unterscheiden können zwischen der primären Grüne-Ampel-Emotion der Traurigkeit und den sekundären Rote-Ampel-Emotionen, die wir im Zustand der Wut mit unseren rasenden Gedanken und inneren Erzählungen auslösen. In der dazwischenliegenden Gelbphase spüren wir die sensiblen, auf Angst basierenden Gefühle, die entstehen, wenn wir auf die Barriere eines anderen stoßen und uns entsprechend verletzt und missverstanden fühlen. Um all diese Emotionen zu sortieren, müssen wir manchmal aus der Situation herausgehen und uns Raum schaffen. In Momenten, in denen uns ein nahestehender Mensch als größter Feind erscheint, ist der Zeitpunkt hierfür gekommen. Gelingt es uns, an diesem Punkt auf Kurs zu bleiben, gibt uns das die Freiheit, etwas Neues auszuprobieren.

Julie konnte nur sehr schwer ertragen, dass sie für ihren Mann Lukas zum Hass-Objekt geworden war. Da sie in achtsamer Kommunikation geschult war, setzte sie alles daran, ein

Umschalten ihrer eigenen Kommunikationsampel auf Rot zu vermeiden. Wenn es dennoch geschah, spürte sie, dass sie von ihren inneren Ressourcen abgeschnitten war – von der emotionalen Intelligenz ihres Schmerzes.

Sie hörte sich denken: *Warum passiert das? Ich habe doch nichts falsch gemacht.* Ein neutraler Beobachter hätte ihr dies bestätigt: *Lukas' Entscheidung, den Kontakt zu dir zu kappen, hat nichts mit dir zu tun.* Fehlt diese Rückversicherung jedoch, ist Julie wie die meisten von uns gewohnt, das Ganze persönlich zu nehmen.

Schaltet bei einem anderen die Ampel auf Rot, sehen wir uns einer doppelten Herausforderung gegenüber. Einerseits müssen wir aufpassen, uns nicht selbst in Rote-Ampel-Reaktionen hineinziehen zu lassen. Und andererseits müssen wir einfach präsent sein in der Gewissheit, dass die Kommunikation fürs Erste zum Erliegen gekommen ist. Entscheidend dabei ist, sich stets daran zu erinnern, die Sache nicht persönlich zu nehmen, was alles andere als einfach ist.

Wenn jemand die Tür zuschlägt und ein Kein-Zutritt-Schild aufstellt, ist die Zweibahnstraße der Kommunikation unpassierbar geworden. Solange sich Lukas im roten Bereich aufhält, gibt es für ihn nur eine Realität: die Geschichte in seinem Kopf. Was von da an gesagt oder getan wird, hat nicht das Geringste mit Julie zu tun. Die Person, die vor der Tür steht, ist zum Objekt degradiert und darauf reduziert worden, eine Rolle in einem Rote-Ampel-Drehbuch zu spielen.

Da der Mensch sehr empfindlich auf das Gefühl des Abgeschnittenseins reagiert, ist es nicht leicht auszuhalten. Und doch ist es eine Tatsache. Unser Freund im roten Bereich sieht oder hört uns nicht mehr als der, der wir sind. Darum müssen wir die Traurigkeit des Getrenntseins aushalten, auf Kurs bleiben und Ausschau halten nach der Gelbe-Ampel-Befürchtung: *Was stimmt nicht mit mir?* In solchen Momenten kann uns die innere Einsamkeit der achtsamen Präsenz als Stütze dienen. In der Meditation oder mithilfe von Freunden aus dem grünen Bereich können wir mit unserem Gefühl des fundamental Guten in Kontakt bleiben und geduldig abwarten, bis das Kommunikationssignal des anderen wieder von Rot auf Grün umschaltet. Möglicherweise kommt es nicht dazu. Julies Aufgabe bestand darin, die Grenzen in ihrem Leben neu zu ziehen und an die Tatsache anzupassen, dass Lukas nicht mehr zum inneren Kreis ihres Lebens gehörte. Für sie hatte das Zu-verkaufen-Schild vor ihrem Haus symbolische Kraft. Ohne in Hass oder Aggression zu verfallen, stellte sie sich vor, wie ihr früherer Partner aus ihrem intimen Kernbereich in eine äußere, distanziertere Zone wechselte. Dieses Bild erlaubte es ihr, das Ende ihrer Ehe zu betrauern und sich auf die neue Realität einzustellen, dass aus ihrem einstigen Geliebten jemand geworden war, der ihr zu schaden versuchte.

Julie war sich bewusst, dass die Kettenreaktionen, die in die Aggression führen, sehr schnell einsetzen können, wenn die Kommunikation zum Erliegen kommt. Richtet jemand eine negative Projektion auf uns, ist es schwer, dies nicht persönlich zu nehmen. Manche von uns wünschen sich in solchen Situationen nichts sehnlicher, als voranzustürmen und zu versuchen, die Barriere zu durchbrechen. Einen Feind zu haben ist eine beinahe ebenso leidenschaftliche Erfahrung wie einen Geliebten zu haben. Die Gedanken an ihn rauben uns den Schlaf, unser Herz klopft bei der Vorstellung, ihm im Flur über den Weg zu laufen. Die Dynamik fühlt sich an wie eine starke Strömung in einem Fluss. Wir wollen das letzte Wort haben – und selbst das reicht uns nicht.

KEIN-ZUTRITT-SCHILDER

Was passiert, wenn bei einem anderen die Barriere hochgeht?

Sind wir in solchen Momenten achtsam präsent, hilft uns dies, eine Ein-Weg-Kommunikation zu etablieren, in der wir der Empfänger sind. Reflektieren Sie anhand der folgenden Beispielsituationen mithilfe eines Tagebuchs oder im Gespräch mit einer Vertrauensperson, wie Sie es erleben, selbst offen zu sein, wenn Ihr Gegenüber verschlossen ist.

Wie ergeht es Ihnen,

- wenn man Sie nicht beachtet
- wenn Sie falsch beschuldigt oder als Feind betrachtet werden
- wenn man auf Sie herabschaut oder Ihnen mit Verachtung begegnet
- wenn Sie von jemandem überrumpelt werden, der Sie vereinnahmen will
- wenn Sie in die Rolle des Konkurrenten gedrängt werden und wegen Ihrer Leistungen und Vorzüge beziehungsweise in Ihrer Führungsposition unterminiert werden?

Aus dem Schmerz, zum Objekt der Projektionen eines anderen geworden zu sein, erwächst Empathie für andere, die – wo auch immer auf der Welt – ebenfalls Vorurteilen, Hass, Selbstgerechtigkeit und so weiter zum Opfer gefallen sind. Welche Kraft erwächst daraus, präsent zu bleiben, ohne sich zu verschließen oder zu reagieren? Und was passiert im Vergleich dazu, wenn wir voranstürmen und alles mit dem Bulldozer plattmachen?

Zusammenfassung

Mit der Praxis der achtsamen Kommunikation durchbrechen wir die Gewohnheit, Dinge zu übertreiben oder herunterzuspielen, und entziehen damit den hiervon ausgelösten toxischen Emotionen den Boden. Es handelt sich dabei um eine Methode, die es uns erlaubt, Rote-Ampel-Situationen mit Mitgefühl und Einsicht zu begegnen. Wir vertiefen das Mitgefühl für uns und andere, ohne die gedankliche Klarheit zu opfern. Vom Ich-zuerst ins Wir-zuerst zu wechseln, ist ein langsamer, allmählicher Prozess der Desidentifikation mit unseren Masken, in dessen Verlauf uns der Zustand der Offenheit immer vertrauter wird.

Es ist leichter, die Momente zu bemerken, in denen wir uns verteidigen, als die ständig wiederkehrenden Muster zu erkennen, die in unsere Persönlichkeit eingewoben zu sein scheinen. Doch wir erweisen einander einen Bärendienst, wenn wir glauben, diese Muster seien wir selbst. »Er hat den Jähzorn seines

Vaters geerbt.« »Die Veranlagung zur Sucht ist ihm in die Wiege gelegt.« Manchmal ist es schwer zu trennen, wer wir sind und welche Verhaltensweisen wir uns angeeignet haben. Ein Kleinkind mag eine genetische Veranlagung zu bestimmten Ausdrucksformen haben, aber wir werden nicht mit einer Ritterrüstung ums Herz und einem Kopf voller Meinungen geboren.

TAGEBUCHÜBUNG

Kommentieren Sie die Schlüsselpunkte dieses Kapitels in Ihrem Tagebuch, oder tauschen Sie sich mit jemandem über Ihre Gedanken dazu aus:

1. Schauen Sie hin, um die Wahrheit zu sehen. Denken Sie daran, dass die rote Ampel Probleme verheißt. Mit Reaktionen wie dem Zum-Schweigen-Bringen oder Schuldzuweisungen tyrannisieren wir in Wirklichkeit nur uns selbst oder andere. Sie können uns nicht schützen.
2. Erkennen Sie in Ihren Gesprächen die verschiedenen Signale. Hierzu gehören im Wesentlichen: Rechtfertigungen, das Zurückweisen von Feedback und eine zunehmende Verschlimmerung der Situation; die vier Stufen des Vorwurfs (Klagen, Entzweiung, direkte Vorwürfe, Vergeltung); das Zum-Schweigen-Bringen oder Unterdrücken von anderen oder das Tyrannisieren von uns selbst.
3. Nehmen Sie sich eine Auszeit, oder erwirken Sie eine Unterbrechung. Wenn wir eine Rotphase erst einmal als solche

erkennen können, versuchen wir, Schaden zu vermeiden, indem wir das Muster auf irgendeine Weise unterbrechen: Wir schweigen, gehen aus der Situation heraus oder treten den Rückzug an.

4. Nehmen Sie sich eine »Auszeit«, in der Sie weich werden können, indem Sie sich Ihren »grünen Bereich« schaffen. Wenden wir uns nach innen, führt uns dies unmittelbar zur mitfühlenden Einsicht für die verletzlichen Grundängste, die wir abzublocken versuchten.

Achtsame Rede ist von Sanftmut geprägt und gleicht so unsere Muster der Herz- und Kopflosigkeit wieder aus. Statt unseren Schmerz aggressiv von uns zu weisen, lehrt sie uns, mit der Empfindsamkeit der Empathie zu leben. Sie zeigt uns, dass wir die Menschen, die wir lieben, nicht besitzen und Momente der Freude nicht festhalten können. Mit zunehmender Übung werden unsere emotionalen Reaktionen reifer, bis wir irgendwann das Gefühl, falsch verstanden worden zu sein, aushalten können.

Analog zum Gebet des heiligen Franz von Assisi verwandelt sich unser Bedürfnis, verstanden zu werden, mit dem Übergang vom Ich-zuerst ins Wir-zuerst in das Bedürfnis, andere zu verstehen. Aus unserem Wunsch, geliebt zu werden, wird der Wunsch, andere zu lieben. Selbstlos zu werden ist nicht, als müssten wir einen großen Felsen einen Hang hinaufrollen in dem Versuch, ein besserer Mensch zu werden. Vielmehr öffnen wir uns einfach der wahren Natur unseres Herzens – dem Menschen, der wir wirklich sind.

5

Der Schlüssel zu achtsamen Beziehungen

Bedingungslose Freundlichkeit

Wie eine Mutter ihren eigenen Sohn,
ihr einzig Kind mit ihrem Leben schützt,
so möge man zu allen Lebewesen
entfalten ohne Schranken seinen Geist!

— DAS METTĀ-SUTTA
DEUTSCHE ÜBERSETZUNG
NACH NYANAPONIKA

Im Müllcontainer hinter Olivia Sanfords Wohnblock liegt ein Album mit ihren Hochzeitsfotos und eine Pappschachtel voll CDs und Briefen. »Zuerst wollte ich sie verbrennen«, sagte sie lächelnd. »Aber ich war mir sicher, dass die Flammen auf das ganze Haus übergreifen würden. Auch so war es ein befriedigendes Gefühl, die Sachen in den Müll zu werfen.« Diese symbolische Beerdigung war der letzte Akt in Olivias Beziehung zu

Tom. Dass sie sich von ihrem Hochzeitsalbum trennte, bedeutete für sie einen Richtungswechsel. Sie verabschiedete sich von ihrer Gewohnheit, »immer an den falschen Stellen nach Liebe zu suchen«. Sie war entschlossen, ihre ungesunden Beziehungsmuster durch die Praxis der Achtsamkeit zu überwinden und herauszufinden, was bedingungslose Freundlichkeit heißt.

In der Liebe und im Glück wäre es uns am liebsten, wenn die Dinge vorhersehbar blieben. Unsere Beziehungen sollen möglichst nah an das romantische Ideal eines immerwährenden Happy Ends herankommen. Wen oder was wir lieben, wollen wir besitzen. Dabei blenden wir achtlos aus, was James Agee als »das grausame Strahlen dessen, was ist« bezeichnet. Dieses Muster zu transformieren, steht im Mittelpunkt unseres nächsten Themas: den Schlüsselelementen einer achtsamen Beziehung.

Bedingungslose Freundlichkeit umfasst die Tugenden von Offenheit, Vertrauen und Entgegenkommen. Sie sind gemeint, wenn wir davon reden, mit uns selbst Freundschaft zu schließen. Bedingungslos ist eine solche Freundschaft immer dann, wenn sie sich auf einer fundamentaleren Ebene bewegt als unser innerer Drehbuchschreiber, der alles und jedes in »Mag ich« oder »Mag ich nicht« einzuteilen versucht. Lassen wir uns auf sie ein, wird unser unmittelbares Erleben der Realität – glücklich oder traurig, schmerzhaft oder angenehm – zu einem allgegenwärtigen Begleiter, auf den wir uns mehr und mehr zu verlassen lernen.

Olivia hatte sich aus ihrer unglücklichen Ehe mit Tom verabschiedet und sich entschlossen, erst einmal allein zu leben und sich selbst auf eine neue Art und Weise zu begegnen. Sie wollte ihre Gewohnheit ablegen, krampfhaft nach Sicherheit zu streben, aber dazu brauchte sie Unterstützung. Als Fotografin war sie es gewohnt, ihre Ideen visuell auszudrücken. Inspiriert von einer glücklichen Kindheitserinnerung, stellte sie sich vor, sich auf einem Gummifloß vom Anlegesteg abzustoßen und einen Bach hinunterzutreiben. Dieses Bild nutzten wir, um die Eigenschaften der bedingungslosen Freundlichkeit zu verdeutlichen. Unter »bedingungslos« verstehen wir den offenen Geist – das Erkennen der fließenden Qualität unseres alltäglichen Erlebens. Und mit »Freundlichkeit« umschreiben wir das empfindsame Herz – die Fähigkeit, uns von dem Schönen, das uns begegnet, berühren und erfreuen zu lassen. Denn wir leben und lieben in dem, was in der japanischen Poesie als »fließende Welten« bekannt ist.

Mit den Leitsätzen arbeiten

Mit ihrer Visualisierung brachte Olivia ihre Version des Leitsatzes »Bei Grün gehen« zum Ausdruck. Während der Meditation erlebte sie kurze Momente der Offenheit, und ab und zu blitzten diese auch bei ganz gewöhnlichen Tagesaktivitäten auf. »Heute Morgen habe ich gemerkt, dass ich die Küchenarbeitsfläche und den Wasserhahn mit der gleichen liebevollen Hingabe putzen kann, mit der ich meinem Hund das Fell bürste oder einem Liebhaber über den Rücken streiche«, sagte sie mir eines Tages.

Olivia arbeitete auch mit dem zweiten Leitsatz der achtsamen Kommunikation: »Bei Rot stehen bleiben«. Sie nutzte ihn, um zu einem mitfühlenderen Verständnis für ihre Herz-ohne-Kopf-Muster zu gelangen. Sie wollte in Erinnerung behalten, wie schmerzhaft ihre Beziehung mit Tom für sie gewesen war.

Als Olivia und ich uns zum ersten Mal trafen, hatte sie sich gerade in ein Frauenhaus geflüchtet. Ihr linkes Auge war geschwollen, und sie hatte ein Hämatom am Hals. Trotzdem beharrte sie darauf, dass Tom sie ungeachtet seiner Gewaltausbrüche wirklich liebe.

»Er braucht mich«, sagte sie. »Keiner von uns kann ohne den anderen leben.«

Ich fragte: »Können wir das Wort *Liebe* kurz weglassen und nach einem anderen Begriff suchen? Wie wäre es zum Beispiel mit *Respekt*? Würden Sie sagen, dass er Sie respektiert?«

Sie hielt inne und beobachtete, wie sich der Zigarettenrauch vor ihr in der Luft kräuselte.

»Nein, respektiert fühle ich mich nicht. Er hört nie auch nur ein Wort von dem, was ich sage.«

Olivia war es gewohnt, sich mithilfe ihrer eingeschliffenen Achtlosigkeitsmuster an angstgeprägte Beziehungen zu adaptieren. Statt auf ihre eigenen Stärken und Ressourcen zu vertrauen, hatte sie gelernt, von externen Machtfaktoren abhängig zu sein. Tom war ein solcher Machtfaktor für sie. Herz-ohne-Kopf-Kommunikationsmuster verstellten ihr den Zugang zu ihrem Urteilsvermögen. Ihre Situation war ein gefährliches Beispiel dafür, wie dies geschehen kann.

In meiner Arbeit mit Paaren verwende ich den Begriff »Beziehungskokon« als Umschreibung von Achtlosigkeitsmustern im Umgang zwischen Partnern. In einem Beziehungskokon suchen wir nach der Balance zwischen Nähe und Distanz und versuchen gleichzeitig, alles Angstmachende zu meiden. Damit nehmen wir jedoch uns selbst und dem anderen die Möglichkeit, so zu sein, wie wir wirklich sind. Stattdessen machen wir den anderen zum Objekt – eine Projektion, die auf unseren eigenen Bedürfnissen basiert. Beziehungskokons sind in einer Wechselwirkung von »Kopf ohne Herz« und »Herz ohne Kopf« gefangen, die sich aus zwei entgegengesetzten Ängsten speist. Auf der einen Seite steht die Verlustangst – die Angst vor dem Verlassenwerden –, die ins »Herz ohne Kopf« führt, wie es Olivia in ihrer Beziehung zu Tom erlebt hat. Sind wir vom anderen abhängig, machen wir diesen zum Objekt unseres Begehrens und tauschen unsere Macht gegen Sicherheit ein. Und auf der anderen Seite steht eine Angst, die Tom womöglich dazu veranlasst hat, sich von seiner Empathie für Olivia abzuschneiden: Fühlen wir uns von unserem Partner vereinnahmt oder umgarnt, fürchten wir, unsere Macht an ihn zu verlieren, und lassen ihn zum bedrohlichen Objekt erstarren. So werden in einer an Bedingungen geknüpften Freundschaft aus Liebenden irgendwann Feinde.

Obwohl ich Tom nie begegnet bin, haben viele der anderen Männer, mit denen ich gearbeitet habe, das Wegbrechen gesunder Grenzen und das Gefühl der Vereinnahmung durch eine Frau als Bedrohung ihrer Männlichkeit erlebt. Mit Kopf-ohne-Herz-Reaktionen versuchen sie, der tief sitzenden Angst vor ihren eigenen weichen, weiblichen Eigenschaften aus dem Weg zu gehen. Das heißt nicht, dass sich diese Wechselwirkung von Kopf- und Herzlosigkeit nicht auch bei gleichgeschlechtlichen Paaren manifestieren würde. Wie Olivia feststellte, entsteht sie aufgrund der dualistischen Barriere, die uns von unserem wachen Körper, empfindsamen Herzen und offenen Geist trennt. Verändern sich die Grundbedingungen, könnten wir uns darum unversehens im entgegengesetzten Muster wiederfinden. Dieses Spiel kann sich ewig fortsetzen, solange wir der Konfrontation mit unseren Ängsten ausweichen und nicht anfangen, mit uns selbst Freundschaft zu schließen.

Wenn wir unsere angstgeprägten Beziehungsmuster ausagieren, versäumen wir, das Schöne zu genießen und Freude zu empfinden. Unsere Sprache führt uns in die Irre. Wir verwechseln das Wort *Liebe* mit emotionalem Hunger und das Wort *Intimität* mit Besitzenwollen. Am Anfang dieses Missverständnisses steht ein Mangel an Freundlichkeit uns selbst gegenüber. Achtlos klammern wir uns an einen anderen Menschen, um uns besser zu fühlen, bloß um ihn herzlos wegzustoßen, wenn er uns diesen Wunsch nicht erfüllen kann. Führen wir uns diesen Zusammenhang klar und doch mitfühlend vor Augen, wird uns schmerzlich bewusst, wie verletzend und unnötig die Höhen und Tiefen einer an Bedingungen geknüpften Freundlichkeit sein können.

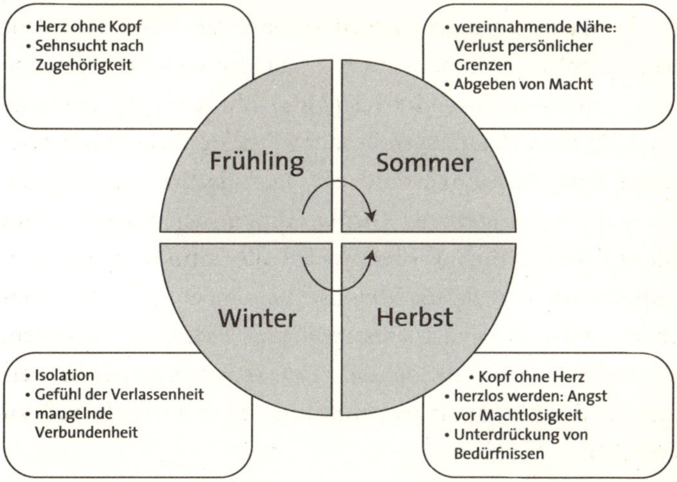

Abb. 5 Jahreszeiten einer »Ich-zuerst«-Beziehung

Olivias und Toms Version dieser »Ich-zuerst«-Konstellation war ein Beziehungskokon, der als Nähe-und-Distanz-Spiel bezeichnet wird: Einer ist der Jäger, der andere der Gejagte. Dabei versuchen beide, die Balance zwischen Gemeinsamkeit und Freiheit herzustellen und gleichzeitig Ängste zu meiden. Olivia spielte in diesem Fall die Rolle der Jägerin auf der Basis von Herz-ohne-Kopf-Skripten, während Tom als Gejagter mit Kopf-ohne-Herz-Mustern reagierte. Aus systemischer Sicht wird so ein eigenartiges Gleichgewicht erreicht. Solange beide ihrer Rolle treu bleiben, hat die Konstellation Bestand, gleichzeitig aber bleiben echte Nähe und persönliche Macht unerreichbar.

Als Paartherapeutin habe ich unzählige Male mit angesehen, wie sich das Rad von Kopf- und Herzlosigkeit in endlosen Schleifen dreht. Mit verklärten Blicken und rosaroten Hochzeitsfantasien fängt es an, und oft genug endet es mit grässlichen Scheidungsauseinandersetzungen vor Gericht. Wie bei Olivia beginnt es mit der falschen Überzeugung, dass wir bei unserem Partner und nicht in uns selbst bedingungslose Freundschaft finden könnten. Es handelt sich hier um einen kindlichen Wunsch ohne Bezug zur Realität erwachsener Menschen – eine unrealistische Erwartung, die uns in Beziehungen auf Kollisionskurs bringt.

Da Rote-Ampel-Muster es uns ermöglichen auszublenden, was uns unsere Ängste sagen wollen, halten sie uns in einer Schleife gefangen, in der eine Reaktion zur nächsten führt und keine echte Kommunikation stattfinden kann. Diese Machtkämpfe sind nicht nur in Paarbeziehungen und Familien zu beobachten, sondern auch im gesellschaftlichen und beruflichen Kontext.

Wir haben es hier mit angstgeprägten Beziehungsmustern zu tun, die nur in einem Milieu der Schnelligkeit und Achtlosigkeit funktionieren können. In dem Augenblick, in dem wir innehalten, unsere Aufmerksamkeit um hundertachtzig Grad umlenken und unmittelbar mit unseren Ängsten und emotionalen Bedürfnissen in Kontakt treten, können wir die bedingungslose Freundlichkeit entdecken. Genau dies nahm Olivia sich vor. Statt unkontrolliert zwischen Extremen hin und her zu pendeln, war sie neugierig darauf zu erfahren, was es hieß, »allein zusammen« zu sein – also die Balance zwischen Nähe und Distanz zu finden. In dem Maß, in dem sie lernte, sich ihre eigenen Bedürfnisse zu erfüllen, konnte sie sich auch darum kümmern, was in der Beziehung gebraucht wurde. Das gelegentliche Aufleuchten der grünen Ampel zeigte ihr, was es heißt, weich zu werden und sich zu öffnen. Sie beschloss, ihre Erfahrungen in solchen Momenten in mentalen Schnappschüssen festzuhalten. In Erinnerung an ihr Hochzeitsalbum, das im Müll gelandet war, legte sie ein neues »Fotoalbum« an, in dem das Thema Partnerschaft in einem anderen Licht dargestellt wird: Sie fing an, ihren Genesungsprozess in einer Collage zu dokumentieren. Auch darin stand das Thema Beziehung im Vordergrund, doch diesmal ausgehend von der Wir-zuerst-Philosophie.

Jahreszeiten der bedingungslosen Freundlichkeit

Gemeinsam gingen Olivia und ich daran, die zentralen Themen ihrer Collage zu strukturieren: Auf einem weißen Bogen Papier zeichneten wir einen großen Kreis, der den kompletten jahreszeitlichen Verlauf einer Beziehung symbolisiert. Dann nahmen wir uns die Zeit, um uns vorzustellen, wie eine Grüne-Ampel-Beziehung aussehen könnte, die auf bedingungsloser Freundlichkeit basiert. Olivia hatte sich ja vorgenommen, das Ganze in Form eines Fotoalbums zu gestalten. Darin wollte sie die vier Phasen oder »Jahreszeiten« einer Beziehung darstellen. Um ein tieferes Verständnis und Wohlwollen für ihre

Rote-Ampel-Muster zu gewinnen, musste sie ihre neue Sichtweise den schmerzhaften Lektionen gegenüberstellen, die sie in ihrer Beziehung zu Tom gelernt hatte. Aus diesem Grund erstellte sie in der Planungsphase zudem eine Grafik, die die Wechselwirkung von »Herz ohne Kopf« und »Kopf ohne Herz« in ihrer gescheiterten Ehe verdeutlicht. Sie hatte vor, in ihrer Arbeit neben ihren Grüne-Ampel-Jahreszeiten auch ihre Rote-Ampel-Muster darzustellen. Zu Hause erstellte sie eine Serie von Collagen, in denen sie ihre persönliche Reise vom Aufwachen aus ihrem Beziehungskokon bis hin zur bedingungslosen Freundlichkeit symbolhaft dokumentierte.

Sie wählte die Metapher der vier Jahreszeiten, um sich die entscheidenden Wendepunkte eines gesunden Beziehungsverhaltens klarzumachen und sich die Momente vor Augen zu führen, in denen die Kommunikation bei mangelnder Achtsamkeit in die Achtlosigkeit zu kippen droht. In jeder dieser Phasen bestand die Gefahr, sich von einem Rote-Ampel-Muster einlullen zu lassen; aber stets gab es auch ein Grüne-Ampel-Gegenmittel, um sich wachzurütteln. Wir arbeiteten zunächst mit diesen vier Jahreszeiten, um die Richtung hin zu einer offeneren, echteren Beziehung grob vorzuzeichnen. Aus den Schlüsselelementen, die sich dabei im Hinblick auf eine achtsame Kommunikation herauskristallisierten, entwickelten wir Leitlinien, die sie in ihren Gesprächen befolgen konnte, um eine »Wir-zuerst«-Haltung einnehmen zu können.

Hier eine Zusammenfassung unserer Ergebnisse:

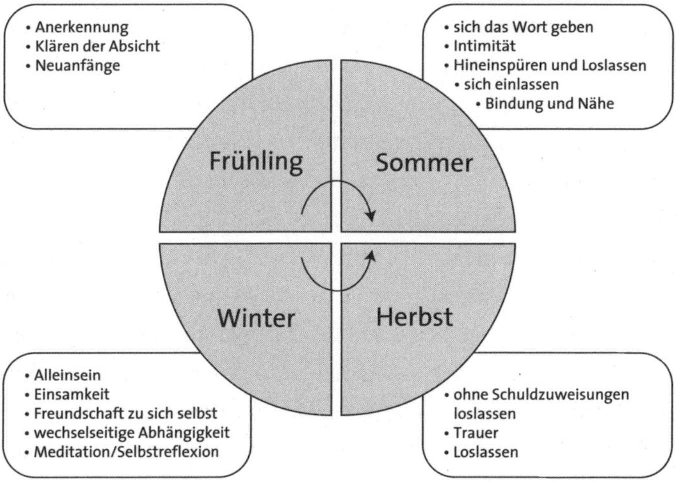

Abb. 6 Jahreszeiten einer »Wir-zuerst«-Beziehung

Winter: Hier bestand das Rote-Ampel-Muster darin, sich vor dem Alleinsein sowohl zeitlich als auch räumlich zu drücken. Als Grüne-Ampel-Gegenmittel boten sich Meditation und Selbstreflexion an. Olivia war entschlossen, sich mit ihren Verlustängsten zu konfrontieren und sich auf die Suche nach bedingungsloser Freundlichkeit zu begeben.

Indem sie sich auf das Gefühl des Alleinseins einließ, fand sie zu echter Verbundenheit, nicht nur mit sich selbst, sondern mit allem ringsum. In Gesprächen sind das Pausen, in denen es Raum für Stille gibt.

Frühling: Diese Jahreszeit setzte immer dann ein, wenn Olivias Blick auf etwas Schönes fiel. Ihr Rote-Ampel-Muster war, danach zu greifen und es haben zu wollen. Als Gegenmittel übte sie sich im »Schaufensterbummeln«. Wir verglichen den Frühling mit einer Phase des Liebeswerbens, einer Zeit, in der es Informationen einzuholen gilt, ohne die eigene Absicht aus dem Blick zu verlieren. Im Gespräch steht diese Jahreszeit für das aktive Zuhören.

Sommer: Wenn Olivia bekam, was sie wollte, markierte das den Sommeranfang. In diesem Moment trat die Rote-Ampel-Gewohnheit des Besitzenwollens auf den Plan, die danach verlangte, das Objekt der Begierde um jeden Preis festzuhalten. Als Gegenmittel verschob Olivia ihren Fokus darauf, achtsame Vereinbarungen zu treffen. Sie nahm sich vor, dafür zu sorgen, dass sie ihre Zusagen einhielt, selbst wenn es nur um Kleinigkeiten wie etwa das Versprechen ging, pünktlich zu einer Verabredung zu erscheinen. Sie wertete dies als Möglichkeit, Nähe und Vertrauen aufzubauen. Damit hatte sie eine alternative Handlungsmöglichkeit gefunden, um die Menschen, die sie liebte, nicht mehr achtlos kontrollieren zu müssen. Im Gespräch ist es Sommer, wenn wir uns selbst ausdrücken.

Herbst: Wenn eine Beziehung ihren Zenit überschritten hatte und die guten Zeiten zu Ende gingen, reagierte Olivia mit dem Rote-Ampel-Muster der Herzlosigkeit. Sie wurde zornig und griff mit Vorwürfen an. In dieser Phase musste sie ihr Wunschdenken loslassen und die Vergänglichkeit – die fließende Qualität der Wirklichkeit – als Tatsache akzeptieren. Das Grüne-

Ampel-Gegenmittel bestand also im Loslassen. Im Gespräch bedeutet das, mit Enttäuschungen umzugehen.

Olivia setzte sich mit ihrer Gewohnheit auseinander, sich Hals über Kopf in Liebesbeziehungen hineinzustürzen, ohne die langfristigen Konsequenzen ihrer Entscheidungen zu bedenken. Im Herz-ohne-Kopf-Muster wird der Frühling – also die Zeit der Bindung – als besonders positiv herausgestellt, während die Jahreszeit des Loslassens als etwas Negatives erscheint. Bedingungslose Freundlichkeit hingegen lässt uns das Schöne in jeder Jahreszeit erkennen. Olivias künstlerisches Projekt basierte auf mentalen Schnappschüssen – auf Einsichten, die sie in Momenten gewann, in denen sie sich für den gegenwärtigen Augenblick öffnete und weich wurde, ganz gleich zu welcher Jahreszeit. Dieses kurze Aufleuchten von Grün zeigte ihr eine Alternative zu den Machtkämpfen auf, in denen sie und Tom verstrickt gewesen waren.

Die Themen der vier Jahreszeiten-Collagen, die Olivia für ihr neues Fotoalbum schuf, lauteten:

Winter: Alleinsein
Frühling: Neuanfänge
Sommer: Bindung und Intimität
Herbst: Loslassen

Darin stellte Olivia folgende Rote-Ampel-Muster dar:

Winter: sich zurückgewiesen und verlassen fühlen

Frühling: etwas haben wollen, Herz ohne Kopf
Sommer: unhaltbare Versprechungen machen
Herbst: wegstoßen, Kopf ohne Herz

Winter: Alleinsein

Olivias gewohntes Herz-ohne-Kopf-Muster entstand lange bevor sie Tom kennenlernte. Wann immer sie sich als Kind traurig oder einsam fühlte, dachte sie sich romantische Geschichten aus: In ihrer Fantasie kam jedes Mal ein Prinz daher, der ihr die bedingungslose Liebe schenkte, nach der sie sich sehnte. Ihre Eltern waren gesellige Menschen und abends nur selten zu Hause. Olivias kindlicher Wunsch nach romantischer Liebe bot ihr eine Zuflucht vor der Einsamkeit und Angst, die sie empfand, sobald sie gegangen waren. Wenn Tom also sagte: »Ich kann ohne dich nicht leben«, ging ihm Olivias verlassenes inneres Kind auf den Leim. Er sprach ihm aus der Seele: Allein zu überleben, erschien auch ihm unmöglich.

Wann immer im jahreszeitlichen Wechsel von Olivias Rote-Ampel-Mustern der Winter einsetzte und sie eben doch allein war, fiel sie in ein dunkles Loch und quälte sich mit der Angst, nicht liebenswert zu sein. Genau dies passierte wenige Tage nach unserer ersten Begegnung, und es veranlasste sie, das Frauenhaus zu verlassen und zu Tom zurückzukehren. »Was mir die Stimmen in meinem Kopf sagen, ist grausamer als das, was er mir sagt«, meinte sie später.

Obwohl es in ihr eine rationalere Seite gab, die wusste, wie ichbezogen Tom war, war es ihr unerträglich, von ihm getrennt zu sein. Wann immer sie versuchte, sich von ihm zu lösen, setzte eine vorhersehbare Dynamik ein. Um ihren gesunden Menschenverstand außer Kraft zu setzen, trank sie Wein, hörte romantische Musik und stilisierte Tom in ihren Fantasien zur Liebe ihres Lebens hoch. Dann rief sie ihn an und bettelte, dass er sie wieder bei sich aufnehmen möge. Und schon drehte sich der Teufelskreis weiter.

In einer Beratungssitzung zeichnete Olivia das bedürftige Kind in ihr, das immer noch darauf wartete, dass die Eltern endlich heimkommen mögen. Genau hier saß ihre erstarrte Verlustangst. Sie beschrieb es so: »Allein zu sein, ist für mich, als würde ich irgendwo mutterseelenallein in einer kalten, gruseligen, leeren Hütte sitzen. Es ist ein Ort, an dem ich vor Hunger sterben könnte.«

Dann erkannte sie, dass sie nicht ewig auf die Rückkehr ihrer Eltern warten musste. Sie hatte es in der Hand, es sich in dieser leeren Hütte schön warm einzuheizen und einen üppigen Vorrat an Lebensmitteln anzulegen. Alles, was sie anfangs brauchte, war meine Ermutigung, mit ihrer Angst vor dem Alleinsein Kontakt aufzunehmen, statt sie wegzudrücken. Lernen wir, mit unseren Ängsten in Berührung zu kommen, um sie dann loszulassen, kommen wir mehr und mehr im gegenwärtigen Augenblick an. Dieses Prinzip des Hineinspürens und Loslassens bildet einen wesentlichen Aspekt der achtsamen Kommunikation, mit dem wir uns an anderer Stelle noch eingehend befassen werden. Selbst in Menschen, die in ihrer Kindheit durch Vernachlässigung traumatisiert wurden, gibt es einen gesunden Kern, der völlig unversehrt ist. Unser natürliches Kommunikationssystem, das uns mit der Welt verbindet, ist in ständiger Bereitschaft und jederzeit einsatzbereit.

Während Olivia an den Collagen für ihr Fotoalbum arbeitete, stellte sie sich ihre innere »einsame Hütte« als spirituellen Rückzugsort vor. Im Kamin knisterte ein warmes Feuer, und die Küche war reichlich mit Vorräten bestückt. Sie machte sich klar, dass sich ihr in Phasen des Alleinseins die Gelegenheit bot, sich selbst besser kennenzulernen. Mit der Zeit erkannte sie, wie unverzichtbar der Rückzug in ihrem Leben war, und sie fing an, sich auf die eine Stunde am Morgen zu freuen, die sie sich nahm, um ihre Achtsamkeitsmeditation zu praktizieren, eine Tasse Kaffee zu trinken und in ihr Tagebuch zu schreiben.

Nehmen wir uns den Raum, uns täglich zurückzuziehen und in uns hineinzulauschen, erwacht die bedingungslose Freundlichkeit für alle Aspekte unserer Persönlichkeit – selbst für diejenigen, die wir sonst abzulehnen pflegen. Als Olivia dem Schmerz ihrer erstarrten Kindheitserinnerungen Raum gab, gelang es ihr, diesen mit mitfühlender Einsicht statt Ablehnung zu begegnen. Das war ihr Aha-Moment: »Ich fühlte mich immer von Tom verlassen und erkannte nicht, dass ich selbst mich verließ.« Und sie entdeckte, dass der Ausstiegspunkt aus ihrem Rote-Ampel-Muster zum Greifen nahe war: Sie musste sich nur eingestehen, dass es in ihrer Macht lag, sich selbst die Elternliebe zu geben, nach der sie sich sehnte.

In der Sitzmeditation üben wir, unseren Gedankenfluss zu entschleunigen und ihn zur Ruhe kommen zu lassen. Olivia erkannte, dass ihre Ängste keine reale Basis hatten. Sie waren bloß Filme in ihrem Kopfkino. Der Titel des Drehbuchs lautete »Ohne dich kann ich nicht leben«, und der Plot löste in ihr ein Gefühl von Panik aus, das sie im Krisenmodus gefangen hielt. In der Meditation sah sie, dass dieser Film nicht mehr war als eine Aneinanderreihung von Gedanken, die durch ihre emotionalen Reaktionen zu etwas Riesigem aufgebläht wurden. Das war eine wichtige Erkenntnis, denn Olivias Verlustangst war der Schlüsselfaktor, der sie veranlasste, sich Hals über Kopf in Beziehungen zu stürzen.

In ihren täglichen Rückzugszeiten lernte Olivia zudem, ihre bedingungslose Freundlichkeit auf andere auszudehnen. Sie verstand, dass das Alleinsein notwendig ist, um wieder frischen Wind in unsere Beziehungen zu bringen. Wie Feuer Sauerstoff braucht, so bedarf Nähe des Raumes, um die Leidenschaft und Wertschätzung für den anderen zu schüren. Betrachtete Olivia ihre Rote-Ampel-Muster unter diesem Aspekt, wurde ihr klar, dass sie und Tom sich ebendiesen Raum mit ihren laufenden Auseinandersetzungen geschaffen hatten – jedoch auf höchst unelegante Weise: Es war das Streiten, das sie zwangsläufig immer wieder auf Abstand gebracht hatte. Von diesem Zeitpunkt an freute sie sich auf das Alleinsein. Sie betrachtete es als Qualitätszeit, die sie mit sich selbst verbrachte, in dem Wissen, dass ihr »winterlicher Rückzug« eine gesündere Möglichkeit war, um sich herum Raum zu schaffen.

Wir können einen anderen Menschen nicht klar sehen, wenn wir zu dicht an ihm dran oder zu weit von ihm weg sind.

Darum kommt es entscheidend darauf an, in unseren Beziehungen die Grenzen im richtigen Abstand zu ziehen – weder zu nah noch zu fern. Wie viel Raum wir brauchen, ist von Mensch zu Mensch verschieden. Der eine verträgt mehr, der andere weniger Nähe. Aber wir müssen die zwischen uns liegende Distanz respektieren, um uns so begegnen zu können, wie wir wirklich sind.

In manchen Fällen bestimmen die Lebensumstände den Abstand, sodass die Partner gezwungen sind, sich auf die winterliche Einsamkeit einzustellen. In Alaska beispielsweise habe ich mit vielen Paaren gearbeitet, von denen einer in der Fischerei oder einem Fährbetrieb tätig war und entsprechend lange Zeiten auf See verbrachte. In diesen Beziehungen folgten auf eine Zeit der intensiven Zweisamkeit lange Monate der Trennung. Carrie, eine meiner Klientinnen, beschrieb diese erzwungene Einsamkeit so:

> Kurz bevor Andy wieder aufs Schiff muss, fange ich jedes Mal an, all die kleinen Dinge zurückzunehmen, die ich ihm sonst immer vorwerfe. Ich bin so traurig und voller Bedauern. Andererseits werde ich im Alltag kompetenter, sobald er weg ist. Ich kümmere mich wieder selbst um all das, was ich ihm überlassen habe, während er zu Hause war. Am Anfang unserer Ehe empfand ich diese langen Phasen der Abwesenheit als ziemlich heftig, aber inzwischen entsteht dadurch genau der richtige Abstand, den wir beide brauchen, um unsere Individualität entfalten zu können.

Es erfordert Mut, sich mit der eigenen Angst vor Einsamkeit, dem Verlassenwerden oder der Langeweile auseinanderzusetzen und sich wirklich auf das Alleinsein einzulassen. Ziehen wir uns zurück, und sei es nur eine halbe Stunde täglich zur stillen Meditation oder Kontemplation, könnte es sein, dass wir eines Tages aufschauen und aus dem Fenster blicken, als wäre es zum ersten Mal.

Carrie beschreibt diese Erfahrung so:

> In den Phasen, in denen ich mit den Kindern allein war, war es nicht einfach, Qualitätszeit für mich selbst zu finden. Aber als Andy dann weg war, beschloss ich, sehr früh aufzustehen, um halb sechs Uhr morgens, um die Stille zu genießen, bevor die Kinder aufwachten. Ich fing an, ein Tagebuch zu führen, ohne recht zu wissen, was ich hineinschreiben sollte. Ich nahm den Stift in die Hand, aber es kamen einfach keine Worte. Als ich an diesem ersten Morgen so dasaß, huschte plötzlich eine Maus an mir vorbei. In heller Aufregung sprang ich auf. Dann musste ich über mich lachen. Und ich fing an, über meine Angst vor Mäusen zu schreiben. Damit war der innere Dialog eröffnet. Ich konnte die Worte nicht schnell genug zu Papier bringen, um mit meinen Gedanken Schritt zu halten. Nach einer Weile hörte ich auf und meditierte eine Zeit lang. Ich spürte, wie es in mir friedlich wurde. Der Raum war vom Licht der aufgehenden Sonne erfüllt, und die kleine Maus raschelte irgendwo hinter der Wand. Ich hatte ein Gefühl der Freundlichkeit allem gegenüber, es war alles irgendwie gut.

Mit zunehmender Übung in der Sitzmeditation beginnen die drängende, rastlose Langeweile und das Rasen der achtlosen Gedanken allmählich zu weichen. Wir genießen mehr und mehr, in der Meditation Zufriedenheit und innere Ruhe finden zu können. Statt dem Impuls zu folgen, nach allem zu greifen, entwickeln wir die Disziplin, alles einfach da sein zu lassen.

Die Prinzipien der achtsamen Kommunikation wirken auf allen Ebenen unserer zwischenmenschlichen Beziehungen. Selbst im alltäglichen Gespräch können wir in unseren Gewohnheiten von Rot auf Grün umschalten, indem wir die Abfolge der »vier Jahreszeiten« beobachten: Wenn wir innehalten, um genau hinzuhören, entspricht dies dem winterlichen Alleinsein. Wir lassen natürliche Momente der Stille einkehren, wenn unsere Worte an eine Grenze stoßen. Wir kehren aus der Gemeinsamkeit ins Alleinsein zurück und hören offen zu, ohne etwas sagen zu müssen. Schaffen wir diese Art von Raum, wird ein gewöhnliches Gespräch zur Achtsamkeitsübung.

Die Praxis des kontemplativen Dialogs

Die Winter-Collage, die Olivia für ihr Wir-zuerst-Fotoalbum anfertigte, enthielt das Bild einer mitfühlenden Freundin. Damit wollte sie sich vor Augen führen, dass sie sich beim Schaffen einer warmen Atmosphäre in ihrer imaginären Rückzugshütte Hilfe holen konnte. Manchmal müssen wir uns die bedingungslose Freundlichkeit eines anderen ausborgen, um Zugang zu unserer eigenen zu finden.

Ich führte Olivia in das Konzept des kontemplativen Dialogs ein. Er funktioniert so, als würde uns eine Vertrauensperson helfen, uns zu artikulieren und emotionalen Ausgleich zu finden, indem sie durch neugieriges Hinterfragen unsere wolkigen Herz-ohne-Kopf-Gewohnheiten durchdringt. Eine Freundin aus dem grünen Bereich, wie ich sie in Ann gefunden habe, kann uns einen Realitätscheck anbieten, wenn wir uns enttäuscht oder verletzt fühlen. Normalerweise schämen wir uns, wenn verletzliche Gefühle und Selbstzweifel in uns aufsteigen. Aber es ist wichtig, solche Muster ans Licht zu bringen, um die unrealistischen Überzeugungen aufzudecken, die sie in uns verankern.

In dieser Offenheit mit einem anderen Menschen zu reden, erfordert Mut. Es verlangt von uns, öffentlichen Einblick in die höchst private Welt unserer inneren Eingebungen und Unsicherheiten zu gewähren. Die Bereitschaft, dies zu tun, verdient darum unsere ganze Achtung. Ohne die Kraft der Achtsamkeit fehlt es uns an gedanklicher Konzentration, um nachvollziehen zu können, wovor wir uns fürchten. Haben wir erst einmal zwischen Rot, Grün und Gelb zu unterscheiden gelernt, können wir uns der primären Energie zuwenden, statt ihr den Rücken zu kehren.

Wenn Olivia allein war, wurde ihr Tagebuch zu ihrem Freund – gewissermaßen zu einem mitfühlenden Zuhörer der etwas anderen Art. Je mehr Übung sie darin hatte, in ihre verletzlichen Gefühle hineinzuspüren und sie dann loszulassen, desto bewusster wurde ihr, dass mit Ängsten in Kontakt zu gehen nicht gleichbedeutend damit war, sie als real zu akzeptieren. Das Meditieren brachte sie in die Wirklichkeit zurück und ermöglichte es ihr, mit ihrem Schmerz in Berührung zu kommen und ihn dann in die Offenheit des gegenwärtigen Augenblicks zu entlassen.

Mitfühlende Einsicht: Angst mit Güte umhüllen

Ob im inneren Dialog oder im Gespräch mit einem anderen – das Hineinlauschen in unsere Ängste ermöglicht es uns in jedem Fall, tieferes Verständnis zu entwickeln. Es ist die praktische Umsetzung des Leitsatzes *Achtung bei Gelb*. Mithilfe ihres Tagebuchs fing Olivia an, die Zeiten, in denen sie sich einsam fühlte, zu analysieren. Mit einem gelben Markerstift kennzeichnete sie alle Zeilen, in denen solche Gefühle zum Ausdruck kamen. Sie achtete darauf, wie sie auf unterschiedliche Weise ihre heimliche Angst »Ich bin nicht liebenswert« zu verbergen versuchte. So machte sie sich mit den selbstbetrügerischen Überzeugungen vertraut, die diese Angst in ihr verankerten.

Um ihre Gelbe-Ampel-Muster zu erforschen, stellte sich Olivia folgende fünf Fragen:

1. Was ist wirklich geschehen? Gib die Fakten wieder.
2. Welchem Drehbuch folgte meine Geschichte?
3. Welche Botschaften sendet mir mein Körper?
4. Wie würde das Erlebnis aus der Sicht einer einfühlsamen Vertrauensperson erscheinen?
5. Was befürchte ich insgeheim? Welcher tiefere Selbstzweifel steckt dahinter, welche tiefere irrationale Überzeugung?

Auslöser für das Leuchten von Olivias gelber Ampel war das Gefühl der Einsamkeit. Eigentlich handelt es sich dabei um eine Grüne-Ampel-Emotion – das zutiefst menschliche Bedürfnis nach Geselligkeit. In diesem Fall aber vermischte sich diese mit ihrer Grundangst, nicht liebenswert zu sein, und wurde dadurch toxisch. Sie verwandelte sich in eine gierige Sucht, die Olivia zu der Überzeugung brachte, keinen Abend allein zu Hause verbringen zu können, ohne sich im Kopf eine Belohnungsfantasie zurechtzuspinnen. Nur dann nämlich hatte sie etwas, worauf sie sich freuen konnte.

In der Arbeit an ihren Rote-Ampel-Reaktionen musste Olivia ihre inneren Erzählungen im frühestmöglichen Stadium abpassen, also etwa den Moment, in dem ihr auf dem Heimweg von der Arbeit der Gedanke kam, dass sie sich ohne ein romantisches Abendessen mit Tom unerträglich einsam fühlen würde. Merkte sie es, konnte sie das Gedankenkonstrukt durchbrechen und Wahrheit von Fiktion trennen: »Ja, es stimmt, ich lebe alleine. Ja, es stimmt, dass kein Wein im Haus ist. Ja, es stimmt, dass ich mich einsam fühlen könnte. Ja, es stimmt, dass es mir schwerfällt, unangekündigt bei Freunden anzurufen.« *Falls* Olivia in diesem Stadium auf ihre innere Erzählung aufmerksam wird, gibt es eine Menge, womit sich arbeiten lässt. Ein Jahr zuvor, als ihr noch nicht bewusst war, dass Gedanken schlicht das Gleiche bedeuten wie »Denken«, wäre sie an einem solchen Abend mit der Fernbedienung in der einen und dem Weinglas in der anderen Hand auf dem Sofa gelandet, ohne den Hauch einer Ahnung davon, dass sie auf direktem Weg in die Misere steuerte.

Im Alltag können wir solche tieferen Gelbe-Ampel-Ängste entdecken, wenn wir uns plötzlich gestrandet fühlen: Wir erwarten ein freundliches Lächeln oder ein paar aufmunternde Worte von einem Menschen, den wir gernhaben, doch dann ignoriert man uns plötzlich. Die Welt, die wir uns zurechtgelegt haben, beginnt zu wackeln. Die Angst weicht der Verletztheit, dem Beleidigtsein, der Sorge. Wir fühlen uns ausgeliefert und unsicher – womöglich sind wir auch außerstande, unsere Gefühle zu benennen. Fragen tauchen auf. »Habe ich etwas getan, was sie/ihn vor den Kopf gestoßen hat?« »Ist ihm/ihr die Freundschaft zu mir lästig geworden?« Wir spüren den starken Impuls, unsere Gefühle wegzudrücken. Aber solange wir uns unsicher fühlen – solange die Ampel gelb leuchtet –, haben wir noch nicht zugemacht. Wir merken, dass wir reagieren, haben aber keine Ahnung, ob es sich um ein reales oder fiktives Problem handelt. Wir befinden uns in dem *Zwischenbereich*, in dem die Freundschaft erkalten oder sich öffnen kann. Rüttelt uns der Schock der Bodenlosigkeit, die sich da auftut, aus unserer Selbstbezogenheit, können wir dem anderen gegenüber Mitgefühl empfinden – *ich hoffe, es geht ihr/*

ihm gut –, statt uns in Beschimpfungen und paranoiden Vorstellungen zu ergehen, in denen es bloß *um uns selbst* geht.

Achtsamkeit lässt uns in solchen alltäglichen Krisen belastbarer werden. Vielleicht wird uns bewusst, wie unrealistisch es ist, uns davon abhängig zu machen, ob andere uns richtig sehen oder verstehen. Wenn man in Betracht zieht, wie unkonzentriert wir selbst meistens sind, müssen wir da nicht sogar damit rechnen, missverstanden zu werden?

Solange Olivia außerhalb ihrer selbst nach Lösungen suchte, blieb sie im Umgang mit ihren Grundängsten auf dem Irrweg. Verlustangst ist eine Manifestationsform der tieferen Gelbe-Ampel-Angst »Ich bin nicht liebenswert«. Wir haben uns von unseren inneren Quellen der Liebe abgeschnitten. Bei Rot lenken wir uns von dieser Angst ab, indem wir uns aufs Wunschdenken verlegen – dem genauen Gegenteil dessen, was es heißt, uns mit der Wahrheit zu konfrontieren. Wir folgen dabei dem gleichen Instinkt wie ein kleines Kind, das am Daumen lutscht und vom Nuckeln an der Mutterbrust träumt, um sich zu trösten. In unserer Erwachsenenversion richten wir unseren Fokus auf romantische Errettung oder sexuelle Fantasien, oder wir flüchten uns ins Fernsehen, ins Essen, in den Alkohol oder andere Drogen, um uns in Gesellschaft zu wähnen.

Unsere verborgenen Ängste bilden die Basis für die Überzeugungen und inneren Erzählungen, aus denen wir unser Rote-Ampel-Verhalten ableiten. Lautet unsere Grundangst zum Beispiel: »Ich bin schuldig«, könnten wir daraus ein Drehbuch mit dem Titel »Ich muss perfekt sein« schreiben.

Durch regelmäßiges Meditieren nehmen wir solchen Geschichten ihre Dynamik, indem wir sie – Gedanke um Gedanke – unterbrechen. Das Gleiche lässt sich im achtsamen Gespräch erreichen. Um eine Grundüberzeugung zu verändern, genügt es, sie uns anzuschauen, bewusst zu machen und aus unserer natürlichen Neugier heraus einem Realitätscheck zu unterziehen. Haben wir sie erst einmal durchschaut, kann sie uns noch so sehr in ihre Geschichte einzuspinnen versuchen, wir nehmen sie nicht mehr wirklich ernst. Es ist, als würden wir herausfinden, dass es sich beim Eigentümer des lokalen Radiosenders um einen Rassisten handelt. Allein das Wissen um diese Tatsache schmälert unser Vertrauen in sein Programm.

Begegnen wir unseren empfindsamen Gelbe-Ampel-Gefühlen mit bedingungsloser Freundschaft, können wir sie nicht mehr als rein privates Territorium betrachten. Die erweiterte Perspektive weckt in uns das Bedürfnis zu erfahren, woher wir dieses Gefühl von Scham, Peinlichkeit, Reue, Verletztheit, Beleidigtsein oder Irritation beziehen. Auf einmal interessieren wir uns für die scharfen Kanten, an denen wir uns im zwischenmenschlichen Umgang reiben. Die Neugier lässt uns kehrtmachen, um die Kette der Missverständnisse, die eine ohnehin unbequeme Situation immer noch unbequemer machen, ganz genau zu hinterfragen. Wie kommt es, dass solche oberflächlichen Reaktionen die zarteren emotionalen Empfindungen unterdrücken, die wir nicht spüren wollen, etwa die tiefere Angst, nicht liebenswert, unzulänglich oder schuldig zu sein?

Olivia erkannte, dass sie nicht in einem tiefen Loch der Verzweiflung versinken musste, wenn sie ihre Hoffnung auf Belohnung losließ, ihre Hoffnung auf Rettung, ihre Hoffnung darauf, schon morgen der Liebe ihres Lebens zu begegnen. »Solche Hoffnungen haben mit der Vergangenheit zu tun, nicht mit der Zukunft«, sagte ich ihr. »Und außerdem haben wir doch nur eines: den gegenwärtigen Augenblick.« Einfach loszulassen heißt, zu den Dingen zurückzukehren, so wie sie jetzt in diesem Moment sind. Statt ihren Schmerz zu unterdrücken oder auszuleben, lernte Olivia, ihre Ängste durch einfühlendes Gegenwärtigsein sicher und behutsam in Händen zu halten.

Wenn wir uns für unsere eigenen Verzweiflungssignale öffnen und die Dinge neugierig zu hinterfragen beginnen, durchschneiden wir die wirren Gedankenfäden in unserem Kopf, und es kommt zu einem Aha-Erlebnis: Uns ist, als würden wir etwas begreifen, das wir bislang nie verstanden haben. Geschieht dies, hat das Licht der bedingungslosen Freundlichkeit, das sehr viel fundamentaler ist als unsere Hoffnungen oder Ängste, die Chance zum Durchbruch.

Aufgaben im Winter:

- Mit dem Gelbe-Ampel-Gefühl der Bodenlosigkeit arbeiten.
- Uns der Angst vor Isoliertheit, Verlassenheit und Langeweile nähern und direkt mit unserem Gefühl von Einsamkeit in Kontakt gehen.
- Das Alleinsein üben, und sei es nur in Form einer halbstündigen stillen Meditation, um das Gefühl der Verbundenheit

mit dem Umfeld zurückzugewinnen, das wir aus Achtlosigkeit ausgeblendet haben.

- Unseren verborgenen Ängsten mit behutsamer Neugier begegnen.

Frühling: Gleichheit und Unterschiedlichkeit wertschätzen

Die zweite Seite in Olivias Fotoalbum ist dem Frühling gewidmet. Das ist die Jahreszeit, in der uns etwas Schönes ins Auge fällt, das ein Gefühl von Freude in uns weckt, wie der Anblick eines gelben Krokus' nach dem langen Winter. Wenn uns eine freudige Überraschung zuteilwird, möchten wir danach greifen und sie festhalten.

Wie wir gesehen haben, ist das Auflösen unserer dualistischen Barrieren nicht gleichbedeutend damit, die natürlichen Grenzen der Wirklichkeit zu ignorieren. Im Gegenteil sehen wir sie umso klarer, wenn wir offen sind. Das ist die Lektion, die es im Frühling jeder Beziehung zu lernen gilt. Meine Großmutter sagte immer: »Sei zu jedem freundlich, aber nur mit wenigen vertraut.« Bedingungslose Freundlichkeit heißt nicht, dass wir jedem Menschen auf diesem Planeten Zutritt zu unserem Schlafzimmer gewähren sollen. Der Schlüssel, um uns aus dem Herz-ohne-Kopf-Muster zu befreien, liegt darin, das rechte Maß zwischen unvoreingenommener Akzeptanz und neugierigem Hinterfragen zu finden: Wir müssen uns die Menschen anschauen, sie einschätzen und sehen, an welcher Stelle unseres Lebens wir Platz für sie haben.

Als Olivia sich in Tom verliebte, verschloss sie ihre Augen vor den Gefahrensignalen. Dass der Mann sie nicht respektierte, blieb ihren Freunden von Anfang an nicht verborgen. »Pass auf, der wird dir Ärger machen«, hatte ihre Mitbewohnerin Ashley sie gewarnt. »Er sagt, er kommt um sechs und taucht dann um acht auf. Wenn du ihn anrufst, wird er wütend und macht dir ein schlechtes Gewissen. Dann steht er mit einem Blumenstrauß vor der Tür und seift dich mit romantischem Gedusel ein, bis du ihm wieder zu Füßen liegst. Ich vertraue ihm nicht.« Ashleys Kommentar bewirkte nicht viel. Wie jedes andere Rote-Ampel-Muster lässt sich auch das »Herz ohne Kopf« nicht von Feedback beirren. Es treibt uns dazu, an Stoppschildern vorbeizulaufen, als wären sie Luft.

Olivia fiel auf, dass sie im Bann dieses Musters wie ein bedürftiges Kind nach allem griff, was auch nur entfernte Ähnlichkeit mit ihrer Rettungsfantasie hatte. Um wieder in Verbindung mit der bedingungslosen Freundlichkeit der Grünphase zu kommen, klebte sie das Foto einer Ladenzeile in ihre Collage und schrieb dazu »Schaufensterbummel«. Sie wollte das Gefühl des Gefallens beziehungsweise der Wertschätzung für etwas von dem Impuls trennen, es haben zu wollen.

Der Frühling entspricht der Phase des Werbens in einer Beziehung und wird mit dem Sich-Verlieben assoziiert. Das Gefühl der Leidenschaft lässt einen anderen Menschen in unserem Leben intensiv in den Vordergrund treten. Wir erleben diese Zeit als zauberhaft. Einerseits führt sie uns aus uns selbst heraus, andererseits ist sie ein starkes Rauschmittel, mit dem nur wenige von uns wirklich umzugehen verstehen. Wenn wir einem Menschen mit fantastischen Eigenschaften begegnen, möchten wir ihn besitzen. Achtsamkeit ermöglicht es uns, die machtvolle Energie von Liebe und Leidenschaft zu genießen, ohne den anderen zum Objekt der Begierde zu machen und ihn damit in die Erstarrung zu zwingen.

Schaltet die Ampel auf Rot, kann die Werbungsphase auf null zusammenschrumpfen. Dann stürzen wir uns auf den anderen wie ein hungriger Bär auf seine Beute. An Bedingungen geknüpfte Liebe ist in der Regel von kurzer Dauer, weil wir von dem Objekt unserer Liebe beziehungsweise Zuneigung erwarten, dass es unsere Bedürfnisse stillt. Um an dieser Fantasie festzuhalten, geben wir am Ende mehr von uns her, als wir uns leisten können.

Olivia und ich verbrachten sehr viel Zeit damit, darüber zu reden, wie dieses Phänomen bei ihr zum Ausdruck kam. Sie schrieb auf, was passierte, wenn sie das Wort *Liebe* mit *Bedürftigkeit* verwechselte. Sie merkte, wie sie ihre Macht an Tom abgab, indem sie in eine Art »toxische Nettigkeit« verfiel, um Konflikten und Kritik um jeden Preis aus dem Weg zu gehen. Sehen wir über die scharfen Kanten unseres Erlebens hinweg, macht uns das anfällig für die Verführungskünste von Werbeleuten, Politikern und Pseudogeliebten aller Art. Wann immer Olivia diese Nettigkeit an den Tag legte, setzte sie blindes Vertrauen in Tom und ignorierte die Warnung, die von seiner roten Ampel ausging.

> Wenn ich Tom brauchte, filterte ich alle Informationen aus, die nicht zu der romantischen Fantasie passten, dass er mein Traumprinz sei. Wenn ich dann wütend auf ihn wurde, änderte sich das schlagartig, und er wurde zur Hassfigur. Er war dann nur noch schlecht, und es fiel mir gar nichts mehr ein, was ich an ihm mochte.

In ihrer Praxis der achtsamen Kommunikation beschloss Olivia, ihre Gewohnheit der toxischen Nettigkeit schlicht und einfach durch gute Manieren zu ersetzen. Ein weiteres Foto auf der Grüne-Ampel-Seite, die sie dem Frühling gewidmet hatte, zeigte ein Kind, das Gästen beim Nachmittagstee einen Teller mit Plätzchen reicht. Darunter schrieb sie: »Anderen Menschen die Dinge geben, die ich selbst gerne hätte.« Fortan bedachte sie andere wahllos mit kleinen freundlichen Gesten und Aufmerksamkeiten. Damit drückte sie Selbstrespekt und Wertschätzung aus und vertiefte so ihr Verständnis des »Wir-zuerst«-Prinzips.

Mit den Anstandsregeln des guten Benehmens lassen sich Beziehungen selbst nach jahrelangem Zusammenleben wieder auffrischen. Es ist doch etwas ganz anderes, wenn beide von der Arbeit nach Hause kommen und man sich erst einmal den Raum und die Zeit nimmt, einander zuzuhören und nachzufragen: »Was hast du heute Gutes und weniger Gutes erlebt?« Sind wir offen für neue Informationen, ist es, als würden wir unseren Partner durch ein Weitwinkelobjektiv betrachten und ihn so noch einmal von einer ganz anderen Perspektive aus betrachten. In einer langfristigen Beziehung lösen sich unsere Grenzen im Laufe der Zeit immer mehr auf, und wir vergessen oft diesen frischen »Anfängergeist« im Umgang aus der Zeit des Werbens. Gehen wir nun auf einmal mit ausgesucht guten Manieren miteinander um – wie bei unserem ersten Rendezvous – und achten auf die kleinen liebevollen Gesten, die uns zeigen, dass wir einander nicht einfach als gegeben hinnehmen, kann dieses Gefühl neu erweckt werden. Tatsächlich können wir jedes Zusammentreffen als einen Neubeginn sehen und damit einen Wechsel der Jahreszeit.

Behandeln wir einander mit Anstand und Höflichkeit, bewahren wir damit eine gesunde individuelle Grenze, was wie ein Gegenmittel gegen das Herz-ohne-Kopf-Muster wirkt. Im Frühling kommt es darauf an, die Balance zwischen Alleinsein und Gemeinsamkeit zu finden, um nicht unsere Grenzen, persönlichen Werte und Macht zu verlieren. Ob sich zwei oder zweihundert Menschen begegnen – diese Suche nach Ausgewogenheit zwischen »allein« (Bewusstheit der individuellen Unterschiede) und »gemeinsam« (Bewusstheit der größeren Vision, die wir teilen) ist wie ein Gänseschwarm, der sich langsam zum V formiert. Im Frühling einer Beziehung bereiten wir uns auf den Moment vor, ab dem wir uns in ein und dieselbe Richtung bewegen. Er macht uns bewusst, dass wir zusammen unterwegs sein können, obwohl jeder von uns seinen Weg allein gehen muss.

Im beruflichen oder gesellschaftlichen Kontext gilt es im Frühling darauf zu achten, wie es sich auf unsere persönlichen Werte auswirkt, wenn wir den Arbeitsplatz oder das kulturelle Umfeld wechseln. Dies beginnt schon mit der Bewerbung und dem Vorstellungsgespräch und umfasst die gesamte Einarbeitungsphase. Wie in jeder Phase des Werbens zeigen wir uns auch hier in der Regel von unserer besten Seite und versuchen nervös, uns einen Eindruck davon zu verschaffen, wie sich unser Verhältnis zu unseren neuen Kollegen beziehungsweise innerhalb der Gemeinschaft in den kommenden Monaten oder Jahren entfalten wird. Es empfiehlt sich, in dieser Zeit auf die kleinen Details zu achten, die später bedeutsam werden könnten. Es ist wichtig, sich nicht vorzeitig vertraglich festzulegen, ohne eine klare Vorstellung davon zu haben, was man gemeinsam erreichen will. Im Prinzip gelten hier die gleichen Regeln wie im Umgang mit einem Liebespartner.

Das zentrale Anliegen des Frühlings ist, unsere tieferen Werte und Absichten nicht zur Disposition zu stellen und gegen Sicherheit einzutauschen. Im Überschwang des Neuen muten Gespräche in der Werbephase oft ebenso verschwommen an wie ein weinseliger Flirt frisch Verliebter. Wir müssen also mit forschendem Verstand die praktischen Gegebenheiten erkunden. Wenn wir unsere persönlichen Absichten in aller Deutlichkeit offenlegen und die Regeln des Miteinanders klar aushandeln, ersparen wir uns später unnötige Konflikte.

Noch ein weiteres Bild fand in Olivias Frühlings-Collage einen Platz: das Foto einer Stewardess. Damit wollte sie sich daran erinnern, im Sinne der achtsamen Kommunikation das, was ihr wichtig war, klar zu artikulieren, etwa in der Art der Ansage, die eine Flugbegleiterin vor dem Start macht: »Wir fliegen jetzt nach San Francisco. Sollte dies nicht Ihr Ziel sein, sitzen Sie im falschen Flugzeug.« Eines der ewigen Streitthemen zwischen Tom und Olivia war ihr Kinderwunsch gewesen. Sie wollte unbedingt schwanger werden, er war strikt dagegen. Im Nachhinein erkannte sie, dass sie sich nicht mit ihm in einen Machtkampf darüber hätte verstricken sollen. Ihr war, als hätte sie im falschen Flugzeug gesessen und genau gewusst, dass sie irgendwo hinfliegen würde, wo sie gar nicht hinwollte. Sie konnte Tom keine Vorwürfe machen, weil er seine Meinung nicht ändern wollte. Sie hatte sich ihn gekrallt, ohne ihm zuzuhören, und war im falschen Flieger gelandet.

In ihr Tagebuch schrieb Olivia zum Thema Frühling:

> Ich habe versucht, das Glück wie einen Schmetterling einzufangen, um es zu besitzen.

> *Wer eine Freude festzuhalten sucht,*
> *zerstört das beflügelte Leben.*
> *Wer aber die Freude küsst in ihrem Flug,*
> *lebt im Sonnenaufgang der Ewigkeit.*

Was meint William Blake, wenn er vom »Sonnenaufgang der Ewigkeit« spricht? Für mich bedeutet es, meinem neuen Freund, dem allzeit gegenwärtigen Augenblick des Jetzt immer wieder neu zu begegnen und ihn wieder loszulassen.

Aufgaben im Frühling:

- Die Lektionen in uns wach halten, die wir in der Einsamkeit gelernt haben.
- Das Alleinsein in unsere Beziehungen integrieren.

- Mit der Freude des Frühlings in Berührung kommen, sich der Phase des Werbens hingeben, die Begeisterung und das Beglückende eines Neuanfangs spüren.
- Im Hinblick auf die eigenen Absichten absolute Klarheit walten lassen.
- Schaufensterbummeln – das heißt: anschauen und genießen, aber nichts kaufen, was wir uns nicht leisten können.

Sommer: Das Nest bauen

Der Frühling ist von kurzer Dauer, denn schon bald naht der Sommer mit seinen Gewitterstürmen. Es ist ein ganz bestimmter Augenblick, in dem die Jahreszeiten wechseln – der Zeitpunkt, in dem wir uns bekennen, in dem wir unsere Grenzen ganz offiziell öffnen, um einen anderen einzulassen. Mit diesem Bekenntnis verlagert sich unser Fokus von »allein« auf »gemeinsam«. Es erfolgt in dem Augenblick, in dem wir ja sagen. Wir beschließen, den Job anzunehmen oder ein Tier aus dem Tierheim bei uns aufzunehmen. Wir entscheiden uns, bei unserem Geliebten einzuziehen oder zu heiraten. Wir beschließen, Tante Joan in Missouri zu besuchen, oder fassen den Entschluss, uns zum Mittagessen mit unserer Freundin Polly zu treffen.

In der Praxis der achtsamen Kommunikation kommt es im Sommer darauf an, diese Entscheidung klar zu treffen und uns die Tragweite unserer Entscheidung bewusst zu machen. Wir geben ein Versprechen und beabsichtigen, alles zu tun, um es auch einzuhalten. Damit stellen wir unsere Verlässlichkeit unter Beweis und sorgen dafür, dass die Vertrautheit des Sommers zur Blüte kommen kann.

Steht die Ampel auf Rot, ist der Sommer in einer Beziehung eine Zeit der Verstrickung. Fehlen in der Liebe die Grenzen, die das Alleinsein ermöglichen, wird sie manipulativ. Wir üben achtlos Kontrolle aus, indem wir den anderen zu besitzen versuchen. Als mein Sohn im Säuglingsalter war, gab mir ein Zen-Meister folgenden Rat:

> Frauen sind besser in der Lage, das Prinzip der Offenheit zu verstehen, weil sie gebären können. Aber sie büßen diesen Vorteil ein, wenn sie ihr eigenes Kind als etwas Spezielleres behandeln als andere Kinder. Geschieht dies, werden ihre Kinder zu Besitztümern – zu einer Fortsetzung ihrer selbst.

Ich brauchte nicht lange, um zu verstehen, was er damit meinte. Nicht nur mein Kind, sondern alle Menschen, die ich liebe, verfangen sich in meinem Netz. Gehören sie erst einmal mir, will ich sie mir nach meinen Erwartungen zurechtbiegen.

Weiter vorne in diesem Buch haben wir gesehen, wie Paul versuchte, seine Tochter Mia zu kontrollieren, indem er Besitzstreben mit Liebe verwechselte. Er lernte, dass die Liebe zu seiner Tochter die intensive Angst in ihm wachrief, sie verlieren zu können. Sich zu verlieben – in einen Mann oder eine Frau, ein Kind, ein Haustier –, ist eine so freudige Überraschung, dass sie uns auf beglückende Weise den Boden unter den Füßen wegzieht. Wir laufen wie auf Wolken und sind außer uns. Der Mittelpunkt unseres Universums verlagert und erweitert sich, um Platz für einen anderen zu schaffen. Doch dann kommt auf einmal die Angst. Wir merken, dass sich das Kommen und Gehen in unserem Leben unserem Einfluss entzieht. Und darum schaffen wir die Illusion von Kontrolle, indem wir unsere Kinder oder unseren Geliebten zu unserem erweiterten Territorium erklären. Und ohne es zu merken, verschließt sich die Offenheit, und Angst beginnt zu regieren.

Gibt es in unserer Gemeinsamkeit keinen Raum für Alleinsein, geben wir unsere persönliche Macht ab. Nehmen wir zum Beispiel Bev und Patrick. Die beiden waren seit neun Jahren verheiratet, als ihre Ehe zu kriseln begann. Patrick beschwerte sich, dass Bev ihn ständig zu kritisieren schien und er ihr nichts recht machen könne. Sie verbrachten immer mehr Zeit getrennt und hatten seit Monaten keinen Sex mehr gehabt.

Bev beschrieb das Problem aus ihrer Sicht so:

> Patrick scheint nicht zu verstehen, wie unterschiedlich unsere Werte sind. Mir zum Beispiel ist Recycling sehr wichtig. Ich kann es kaum aushalten, Brote in Klarsichtfolie zu verpacken oder Einkäufe in Plastiktüten nach Hause zu tragen. Ich schalte immer das Licht aus. Und ich mag keine Tiere essen. Patrick ist das genaue Gegenteil. Und es scheint schlimmer mit ihm zu werden, nicht besser. Ihn interessiert das alles nicht. Ich habe das Gefühl, dass ich keine Kontrolle mehr über das habe, was mir im Leben wichtig ist.

Bev fühlte sich ohnmächtig, weil sie verstrickt war. In Wirklichkeit nämlich hatte sie aus freiem Entschluss ihre Werte aufgegeben und sich von Patrick dominieren lassen. In der Beratung übten die beiden, einander auf einer tieferen Ebene zuzuhören. In dem Maße, wie Bev Patrick Raum gab, sich zu artikulieren, lernte sie, die Unterschiede in ihrer Persönlichkeit zu schätzen. Später sagte sie: »Mir ist jetzt klar, dass ich meine Macht nicht abzugeben brauche. Gleichzeitig aber weiß ich Patrick zu schätzen – oder nein, nicht nur schätzen, ich liebe ihn –, ohne von ihm zu erwarten, dass er so ist wie ich.« Und schmunzelnd fügte sie hinzu: »Was für eine Umweltaktivistin wäre ich, wenn ich noch nicht einmal die Artenvielfalt in meinen eigenen vier Wänden zulassen könnte?« Der entscheidende Wendepunkt für Bev war, als sie sich an Patrick wandte und ihm mit Tränen in den Augen sagte: »Es tut mir so leid, dass ich dich verurteilt und kritisiert habe. Ich merke erst jetzt, wie sehr ich für dich die Atmosphäre in unserer Ehe vergiftet habe. Bitte verzeih mir, und lass uns noch einmal von vorne beginnen.«

Der Sommer erinnert uns daran, dass echte Nähe mehr mit der harten Arbeit des Nachgebens als mit romantischem Glück zu tun hat. Wenn ich Hochzeitsrituale abhalte, erinnere ich die Paare, die da vor mir stehen, manchmal daran, dass Eheversprechen bedeutungslos sind, solange die Verliebtheit währt. Sie sind vielmehr für die künftigen Situationen gedacht, in denen wir den anderen nicht mehr aushalten können. Wir müssen uns an unser Gelübde in dem Moment erinnern, in dem wir im Begriff sind, die Brücken zwischen uns mit Worten oder Taten einzureißen. Eine Definition von *Achtsamkeit* ist »sich erinnern«: In unserem Inneren fängt die Alarmglocke zu schrillen an, sobald wir eine bestimmte Linie überschreiten wollen. Mit unserem Jawort machen wir die Alarmanlage scharf. Aber wenn es uns an Achtsamkeit mangelt, ignorieren wir das Signal und weichen damit die Grenze auf.

Das Ehegelübde ist ein gutes Beispiel für eine Absichtserklärung, weil es im Bewusstsein vieler Paare im Laufe der Zeit verblasst. Wenn Paare zu mir in die Beratung kommen, frage ich sie oft nach dem Wortlaut ihres Trauspruchs. Viele erinnern sich nicht mehr daran. Olivia sagte: »Merkwürdig. Daran habe ich die ganze Zeit nicht ein Mal gedacht. Damals waren die Worte wunderschön – wie mein Brautstrauß. Aber sie waren einfach nur Teil der Zeremonie. Etwas bewirkt haben sie nicht.« Paare, die in einer starken, belastbaren Beziehung leben, betrachten ihr Gelöbnis als lebendiges Dokument. Es hat sich über die Jahre bewährt, wurde nach Bedarf immer wieder angepasst und ist mit der Zeit nur stärker geworden. Verglichen mit dem längst verwelkten Brautstrauß ist ihr Schwur wie ein Wald, der schon viele Winter überstanden hat.

Olivia baute in ihre Sommer-Collage das Foto eines Dampfkochers ein – ein massiver Topf mit schwerem Deckel, der sehr viel Druck aushalten kann. Darunter schrieb sie: »Durch das Einhalten von Versprechen entsteht ein solides Gefäß, um aus dem ›Ich‹ ein ›Wir‹ zu kochen.«

Mit den Gelübden und Versprechen, die den Sommeranfang einläuten, werden die Grenzen für echte Nähe gezogen. Um die Falle der Nettigkeit zu umgehen, müssen wir in der Lage sein, uns mit dem anderen auseinanderzusetzen. Unsere Emotionen müssen in einem starken Gefäß kochen, auf das auch wirklich Verlass ist. Wenn ich meine eigene Ehe betrachte, haben mein Mann und ich viele Konflikte ausgefochten, ohne jemals in einen unfairen Streit zu geraten, in dem wir uns Schimpfwörter an den Kopf geworfen oder Dinge gesagt hätten, von denen wir wussten, dass sie den anderen wirklich verletzen oder ihm Angst machen. Ich habe zudem in spirituellen Gemeinschaften gelebt und in ethisch orientierten Institutionen gearbeitet, in denen strikte Prinzipien und Kommunikationsregeln gelten. Verpflichten wir uns zur Einhaltung solcher Regularien und stecken wir damit die Grenzen von vornherein ab, können wir ein vertrauensvolles Umfeld schaffen, indem wir unser Wort auch halten. Innerhalb dieses »Gefäßes des Vertrauens« können wir unsere Unterschiedlichkeiten und Konflikte leben, ohne die Wir-zuerst-Perspektive aus den Augen zu verlieren.

Das Wort *Bindung* hat für manche Menschen einen negativen Beigeschmack. Ein Mann bemerkte einmal in einer Paarberatungssitzung mit mürrischer Miene: »Ich hasse das Wort *Bindung.* Für mich klingt es irgendwie nach Gefängnis.« Die Herausforderung des Sommers liegt darin, sowohl flexibel als auch zuverlässig zu sein. Wie kann es uns gelingen, in einem sich ständig wandelnden Klima der Gegenseitigkeit konsequent unsere Zusagen einzuhalten? Jede Beziehung – und sei es eine dreiminütige Liebesaffäre mit einer Blume – hat einen Anfang, eine Mitte und ein Ende.

In der Bindungsphase einer Beziehung heizen die Verpflichtungen in Familie und Beruf die Situation auf, und wir erfahren, was »Selbstlosigkeit« wirklich bedeutet. Um von Ich-zuerst auf Wir-zuerst umzuschalten, brauchen wir ein wenig Druck. Das Bedürfnis, Wort zu halten, lässt Eltern mitten in der Nacht aufstehen, um sich um ein krankes Kind zu kümmern; es bringt einen älteren Mann dazu, seine demente Frau geduldig und liebevoll zu füttern, obwohl sie ihn nicht einmal mehr kennt.

Das Wohl einer Familie oder Gemeinschaft hängt nicht nur von der Verlässlichkeit ihrer Mitglieder ab, sondern auch davon, dass es für den Fall, dass Zusagen einmal gebrochen werden, ein Verfahren gibt, wie dies zur Sprache gebracht wird, wie sich der Betreffende zu entschuldigen hat und wie er Vergebung erlangen kann. Hier ist es wichtig, zwischen dem verlässlichen Grüne-Ampel-Ansatz und dem unversöhnlichen Rote-Ampel-Ansatz zu unterscheiden. Vergegenwärtigen wir uns zur Verdeutlichung noch einmal die beiden Führungsstile, die wir in Kapitel 3 betrachtet haben: Der eine Anführer sitzt wie ein Deckel auf einem Einweckglas, während der andere eher wie ein Gärtner wirkt.

Auf die Rote-Ampel-Seite ihrer Sommer-Collage klebte Olivia das Foto eines zerbrochenen Glases. Genau das passierte in ihrer Ehe, als Tom und sie Kontrollmechanismen an die Stelle ihres Gelöbnisses setzten. Tom hatte eine klare Vorstellung davon, was Scheitern bedeutete: Was kaputt ist, ist kaputt und lässt sich nicht mehr reparieren. Kontrolle spielte bei ihm eine große Rolle: Er erging sich in Schuldzuweisungen und Rachefeldzügen gegen Menschen, die ihm wehtaten, und er unterdrückte Olivia und brachte sie zum Schweigen, weil sie

Gefühle äußerte, mit denen er nichts zu tun haben wollte. Genau diese Muster lassen den Sommer ins Toxische umschlagen. In einer Grüne-Ampel-Beziehung halten wir uns aus Liebe und gegenseitiger Wertschätzung an die Vereinbarungen, die wir getroffen haben. Leben wir in einem von Vertrauen geprägten Umfeld, können wir Momente des Scheiterns als Gelegenheiten zum Lernen betrachten.

Eine weitere Aufgabe des Sommers besteht darin, unsere »Beziehungskiste« zu verteidigen, wenn wir an unsere Grenzen stoßen. Mit jeder Zusage, die wir machen, gehen wir das Risiko ein, sie nicht halten zu können. Olivia hat sich lange mit dieser Frage beschäftigt, da es doch in ihrer Beziehung mit Tom so viele gebrochene Versprechen gab.

Für ihre Sommer-Collage wählte sie das oben erwähnte Bild: Für sie war ein Ehegelübde eher mit einem Wald als mit einem verblühten Blumenstrauß vergleichbar. Ihre Bäume hatten zwar die eine oder andere Narbe in der Rinde, aber sie lebten. Sie konnten aus der Erde Kraft beziehen und ihre Krone himmelwärts richten. Sie kommentierte ihr Bild als »Balance zwischen Pragmatismus und dem gleichzeitigen Bewahren der eigenen höheren Werte«. Über das Foto schrieb sie »Vergebung«. Wir hatten über den Prozess des »Lernens durch Fehler« gesprochen und diesen mit dem Rote-Ampel-Muster des Über- oder Unterreagierens in Beziehung gesetzt, in das sie jedes Mal verfallen war, wenn Tom eine Vereinbarung gebrochen hatte. Sie nahm sich vor, es künftig in ihrem Grüne-Ampel-Album zu vermerken, wenn sie selbst eine Zusage nicht einhielt. Dazu gehörte, sich dies einzugestehen, sich dafür zu entschuldigen und den anderen um Verzeihung zu bitten. Um eine gesunde Beziehung zu ermöglichen, fügte sie hinzu, müsse dieser Prozess authentisch sein und das Verzeihen müsse in ihr selbst beginnen.

Aufgaben im Sommer:

- Das »Ich« loslassen und zum »Wir« finden, ohne besitzergreifend zu werden.
- Ein Gelübde oder Versprechen abgeben beziehungsweise Vereinbarungen treffen, um vernünftige, gesunde Grenzen zu ziehen, die Nähe zulassen.
- Flexibel und versöhnlich sein.

Herbst: Loslassen und mit Enttäuschungen umgehen

Olivia war sich bewusst, dass in ihrem Rote-Ampel-Zyklus der Herbst anbrach, sobald sie herzlos wurde. Das war der Moment, in dem ihre Liebe für Tom erlosch und sie anfing, ihn zu hassen und ihm wehtun zu wollen. Sie wehrte sich dagegen, die Lektionen des Loslassens zu lernen. Hier ein Auszug aus ihrem Tagebuch:

> Letzte Woche erzählte mir meine Freundin Cathy, dass ihr Mann Ron sie verlassen hat. Es erscheint mir so selbstverständlich, darauf zu reagieren, indem ich Partei für Cathy er-

> greife und sie zur Guten und ihn zum Bösen stemple. Es ist mir fast unmöglich, offen zu bleiben – etwa so, als würde ich mir ein Footballspiel anschauen, ohne mich für eine Mannschaft zu entscheiden. Ich hatte den Eindruck, dass ich ihr einzig und allein dadurch beistehen konnte, indem ich die unausgesprochene Regel von »dein Feind ist auch mein Feind« befolgte. Seitdem ist mir aufgefallen, dass in unserem Freundeskreis alle anderen auch mit ins Boot kommen wollen. Jeder hat eine Meinung dazu, wer oder was schuld ist, wenn eine Sache schiefgeht.

Olivia hatte begonnen, ihre romantische Vorstellung, dass Liebe immer und ewig währt, neugierig zu hinterfragen. Sie erkannte, dass es sich dabei um eine toxische Gewissheit handelte, mit der sie sich vor der Tatsache verschloss, dass Beziehungen immer vergänglich sind. Dadurch, dass Olivias Freunde Ron als den Bösen hinstellten, führten ihre Gespräche sie fort vom unsicheren Gelände der gelb leuchtenden Ampel, wo uns die traurige Wahrheit des Herbstes daran erinnert, dass alles irgendwann zu Ende geht.

In der Kontemplation betrachtete Olivia, wie sie selbst nach diesem Muster mit Tom verfahren war und diesen komplexen, kreativen, oft auch verzweifelten Menschen zum Objekt ihrer Leidenschaft und ihres Hasses gemacht hatte. Sie hatten in dieser Beziehung beide ihre Grenzen verloren und die ersehnte Nähe nicht finden können, weil sie sie mit dem Wunsch, den anderen besitzen zu wollen, verwechselten. Um zu verstehen, welche »Ernte« ihr die gemeinsame Zeit eingebracht hatte, schaute sie sich noch einmal die Samen an, die sie im Frühling ihrer Ehe gesät hatte: Sie hatte sich in der kindlichen Hoffnung an Tom geklammert, dass er ihr die bedingungslose Freundlichkeit geben könnte, die sie sich selbst versagte.

Sind zwei Menschen miteinander verstrickt, bleibt ihnen nicht genug Raum, um sich als Erwachsene zu begegnen und auf eigenen Füßen zu stehen. Stattdessen waren Olivia und Tom in einem Netz unrealistischer Erwartungen gefangen. Diese falsche Nähe schlug in Vergeltung um, als Olivia Tom dafür bestrafen wollte, dass er sie enttäuscht hatte.

Als Olivia ihrem Gefühl der Enttäuschung mit bedingungsloser Freundlichkeit begegnete, kam ihr eine Idee für ihre Herbst-Collage: Sie wählte eine schmelzende Eistüte. Beim Betrachten dieses Bildes stellte sie sich vor, wie ihre erwachsene Seite in die Elternrolle schlüpfte und ihr inneres Kind tröstete, das zusehen musste, wie das Eis zerfloss. »Ich weiß, du hättest gern, dass es ewig hielte, aber Eis schmilzt nun einmal.«

Zu ihrer Überraschung stellte sie fest, dass sie damit nicht nur dem Anteil in ihr Trost spendete, der verletzt worden war, sondern zum ersten Mal auch Tom mit einbeziehen konnte.

Wir brauchen es nicht persönlich zu nehmen, wenn etwas zu Ende geht. Es mag sein, dass wir manches festhalten möchten; dass wir Dinge und Erlebnisse, die uns ans Herz gewachsen sind, bewahren wollen. Aber es geht nicht. Zu gern hätten wir festen Boden unter unseren Füßen und möchten ganz genau wissen, wer wir sind, aber wir können es nicht. Es liegt an uns, hinzuschauen und uns klarzumachen, dass die reale Welt tatsächlich immer im Fluss ist.

In Gesprächen wird es Herbst, wenn wir uns aus dem »Wir« zurückziehen und das Pronomen »ich« verwenden. »Ich fühle mich bedroht, wenn ich höre, wie du davon redest, dass du ausziehen willst.« Wir brauchen gar nicht physisch auf Abstand zu unserem Gegenüber zu gehen, um ins Alleinsein zurückzufinden, aber wir müssen Raum für unsere Enttäuschung schaffen.

Sobald wir aufhören, in unsere empfindsamen Gefühle hineinzuspüren und sie loszulassen, wie es für echte Nähe kennzeichnend ist, und stattdessen besitzergreifend werden, hält uns unsere Freundin, die Enttäuschung, einen schrillenden Wecker ans Ohr, den unser mächtiger Lehrer, der Tod, gestellt hat. Mein Sohn war vierzehn, als ich ein zweites Kind bekam. Es starb bei der Geburt. In den Wehen zu liegen, ein Baby zur Welt zu bringen und dann erleben zu müssen, wie es stirbt, war etwas, das mich aus meinem normalen Bewusstsein herauskatapultierte. Körper, Geist und Herz schienen sich in einem riesigen, grenzenlosen Raum der Wachheit aufzulösen, in dem es keine Komplikationen gab. Es fiel meinem Mann und mir sehr schwer, uns mit der Tatsache abzufinden, dass das Leben unserer Tochter in meinem Körper seinen Anfang und sein Ende gefunden hatte. Das war ihre Wahrheit – genau das machte sie aus. Wenn wir sie liebten, mussten wir das akzeptieren. Alles andere – das Kinderzimmer, das wir für sie eingerichtet hatten, die Babykleidung, die wir besorgt hatten, die Zukunft, die wir uns ausgemalt hatten – all das existierte nur in unserer Fantasie. Irgendwann dämmerte mir die Erkenntnis, dass es sich bei dieser Erfahrung von Liebe ohne

Festhalten um eine fundamentale Lehre handelt, die mir ein Zen-Meister Jahre zuvor mit auf den Weg gegeben hatte. Im Hier und Jetzt geht echte Liebe vollkommen in der Schönheit eines anderen auf und lässt gleichzeitig los.

Wenn wir jemanden verlieren, den wir lieben, tritt die Grausamkeit des gegenwärtigen Moments in den Vordergrund. Wir merken, dass Trauer ein natürlicher Begleiter der Liebe ist. Es ist, als würden unsere Besitzfantasien schmerzhaft mit einem scharfen Messer durchtrennt und unsere Augen für die Vergänglichkeit geöffnet. Am Anfang des Trauerprozesses gibt es eine Phase, in der uns die Vergänglichkeit des Lebens überdeutlich bewusst wird. Wir fragen uns, wie andere Leute so normal weiterleben können. Sehen sie denn nicht, dass der Tod in allen Winkeln lauert und uns jederzeit die Menschen, die wir lieben, ohne Vorwarnung entreißen kann? Wie ein Phantom bewegen wir uns durch die Menschenmassen auf den Straßen und sehen Dinge, die andere nicht sehen. Eine abgebröckelte Ecke am Sockel eines Bürogebäudes. Eine winzige Blume, die durch einen Spalt im Pflaster ans Licht drängt. Eine Schar Gänse am Himmel, die gen Süden fliegt. Wir fühlen uns wie in einem Traum oder vielmehr so, als würden die anderen träumen und nur wir seien wach. Am liebsten würden wir schreien: »Der Tod ist real, er passiert *wirklich*! Er kommt garantiert! Warum tun wir so, als gäbe es ihn nicht?«

Wenn wir trauern, fühlen wir uns nackt. Es ist unmöglich, sich hinter einer Maske zu verbergen, wenn man jederzeit und überall in Tränen auszubrechen droht. In den Wochen und Monaten nach dem Tod meiner kleinen Tochter war es für mich schon ein Fortschritt, die Kraft aufzubringen, einen Einkaufswagen vor mir herzuschieben und mich auf ein Bund Spargel zu konzentrieren, während andere Mütter mit ihrem Baby im Arm den Gang entlangschlenderten. Bei einer solchen Gelegenheit hatte ich eine Erkenntnis:

> Wenn man bedenkt, wie viele Gründe zum Trauern es gibt und auf welch vielfältige Weise man einen geliebten Menschen verlieren kann, jetzt, in diesem Moment, dann wette ich, dass mindestens einer von fünf Leuten, die sich gerade in diesem Laden aufhalten, ebenso traurig ist wie ich. Und die anderen sind entweder gerade dabei, über solche Gefühle hinwegzukommen, oder stehen kurz davor, sie selbst zu erleben.

Ein Zen-Meister würde diese unvoreingenommene, mitfühlende Momentaufnahme des menschlichen Dilemmas wohl als kleinen Einblick in die bedingungslose Freundlichkeit bezeichnen.

Bedingungslose Freundlichkeit stellt sich zunächst in Form von kurz auftauchenden Einsichten ein, die unsere Erwartungen durchbrechen und unsere Augen für ein größeres Ganzes öffnen, in dem das fundamental Gute und die mitfühlende Natur des Menschen zum Ausdruck kommen. Genau dies erlebte ich beim Tod meines Kindes. Aber es kann auch auf weniger schmerzhafte Weise geschehen, etwa, wenn wir als Achtsamkeitsübung drei Minuten lang eine Blüte betrachten und merken, dass wir uns über die Vorstellung von »Blüte« hinausbewegen und diese mit allen Sinnen wahrnehmen können, wie ein kleines Kind es tut. In solchen kurzen Momenten erleben wir, dass bedingungslose Freundlichkeit nichts ist, was wir ab und zu einmal aufbringen. Sie ist vielmehr eine Qualität des Offenseins, der natürlichen Wahrnehmung. Sie liegt wie der Duft von Blumen in der Luft.

Bedingungslose Freundlichkeit in unseren Beziehungen ist, als würden wir gleichzeitig eine Geburt und einen Tod erleben: Was stirbt, ist das Fantasiegespinst, andere Menschen könnten eine Verlängerung von uns selbst sein. Und geboren wird die Fähigkeit, andere so sein zu lassen, wie sie sind.

Auf der Basis von bedingungsloser Freundlichkeit können wir uns realistisch mit der Tatsache konfrontieren, dass in einer vergänglichen Welt alle Beziehungen kommen und gehen. Selbst innerhalb ein und derselben Beziehung dreht sich das Rad permanent weiter: Wir lösen uns ständig auf, um uns immer wieder neu zu formieren. Bei diesen Übergängen dient uns das Wissen, wie wir das Gemeinsame loslassen und ins Alleinsein zurückfinden können, als Sicherheitsnetz. Genau dies ist das Thema des Herbstes. Es geht in dieser Phase um Abschlüsse aller Art, ganz gleich, ob wir nun einem Haus den Rücken kehren, einem beruflichen Engagement oder einer Beziehung. Wie in der Natur ist dies die Jahreszeit des Loslassens.

Der Rat des Zen-Meisters wies auf die Lektionen hin, die es beim Wechsel der Jahreszeit im Hinblick auf die Liebe zu lernen gilt. Während unsere Kinder heranwachsen, erleben wir alle möglichen Arten von Geburt und Tod: Das Baby löst sich im Kleinkind auf und das Kind im Jugendlichen. Schauen wir uns das Gesicht des eigenen erwachsenen Sohnes oder der Tochter an, ist darin kaum noch eine Spur von dem Säugling zu entdecken, den wir vor so vielen Jahren im Arm hielten. Es gab eine Zeit, in der wir den Gedanken kaum ertragen konnten, auch nur einen Tag von diesem kleinen Menschen getrennt zu sein, geschweige denn eine Woche oder ein Jahr. Und jetzt ist es möglich, dass er – inzwischen groß geworden – ganz woanders lebt.

Carrie, der wir am Anfang dieses Kapitels schon einmal begegnet sind, beschreibt ihre Praxis des Loslassens so:

> Ich erinnere mich an die ersten Jahre meiner Ehe. Wenn Andy und ich uns stritten, warf ich ihm immer vor, dass er die Romantik in unserer Beziehung zerstören würde. »Jetzt haben wir einen so schönen Abend, und du setzt alles daran, ihn mit deiner üblen Laune kaputt zu machen!« Was mir damals noch nicht klar war: Ihm sein launisches Verhalten vorzuwerfen war in etwa so, als würde ich mich beim Wetter beschweren, dass es sich änderte. Ich hatte damals eine kindliche Vorstellung von Romantik, denn ich wünschte mir, dass immer nur die Sonne scheint.

Dan und Colleen sind ein gutes Beispiel dafür, wie der Herbst in den kurzen Momenten einsetzen kann, während wir in unserer Beziehung von der Ich-zuerst- zur Wir-zuerst-Perspektive reifen:

> Eine Woche, nachdem ich Dan kennengelernt hatte, war ich Hals über Kopf in ihn verliebt, und kaum war ein Monat ver-

> gangen, lebten wir schon zusammen. Rückblickend betrachtet, war unser erstes Jahr sehr hart, weil er Stimmungsschwankungen hatte, die ich nicht verstehen konnte. Erst nach ein paar Jahren zeichnete sich das Problem klarer ab: Er kritisierte mich wegen meiner unordentlichen Haushaltsführung. Das kam bei mir nicht gut an.

Während Colleen dies vorlas, schaute ich mir Dan an. Er lächelte milde und hielt den Blick zum Boden gesenkt. Ich bat sie fortzufahren. »Können Sie mir näher beschreiben, was diese Kritik für Sie bedeutet?«

> Eines vorweggeschickt: Ich betrachte mich nicht als Hausfrau. Ich bin ein kreativer, künstlerischer Mensch und zugegeben, ich brauche viel Platz. Ich höre da die Stimme meiner Mutter heraus, wie sie meckert. Sie hat mich mit ihrem zwanghaften Ordnungssinn in den Wahnsinn getrieben. Sie hat in mir nie den Menschen gesehen, der ich wirklich bin – als Künstlerin, die ihre Werke nach ihrem eigenen Zeitplan fertigstellt und nicht nach dem ihren. Wenn ich ihre Schimpftiraden auf diese Weise noch einmal durchlebe, ist das für mich eine sehr schmerzhafte Erinnerung an damals.

Ich merkte, wie aufmerksam Dan zuhörte. Er nickte verständnisvoll. Als er das Wort hatte, konnte Colleen ihm genauso begegnen. Ihre Bereitschaft, achtsam zu kommunizieren, war deutlich zu sehen.

> Colleen scheint nicht zu verstehen, dass mein Wunsch nach Ordnung in der Wohnung nichts damit zu tun hat, dass sie etwa einen Fehler gemacht hätte oder irgendwie schlecht wäre. Ich habe einfach dieses tiefe Bedürfnis nach Ruhe, wenn ich nach einem chaotischen Tag in der Firma nach Hause komme.

Mir fiel auf, dass Colleen ihre Haltung änderte und sich interessiert vorbeugte. Dan fuhr fort:

> Ich bin in einem gewalttätigen, unberechenbaren Umfeld groß geworden und weiß, dass mein Bedürfnis nach Ordnung irrational ist. Aber Chaos löst in mir auf einer Ebene Ängste aus, mit der ich mich in meiner momentanen Lebensphase nicht auseinandersetzen kann. Eine ordentliche Wohnung hat etwas, das mich ungemein beruhigt. Es hat nichts mit ihr zu tun. Es geht um mich.

Ich sah, wie Colleens Gesichtszüge weich wurden. Sie verwandelte sich vom trotzigen Kind zu einer liebevollen Partnerin, die es sich leisten konnte, großzügig zu sein.

> Das jetzt zu wissen, ändert sehr viel für mich. Es fühlt sich für mich so an, als wäre der Machtkampf vorbei und Dan würde mich eher um ein Geschenk bitten. Es gibt nichts, was ich lieber täte, als ihm bei der Bewältigung seiner Ängste zu helfen. Ich weiß, dass ich seine Vergangenheit nicht wiedergutmachen kann, aber ich würde mich freuen, seine Zukunft glücklicher zu gestalten.

Als Colleen in eine erwachsenere Haltung wechselte, konnte Dan das auch tun:

> Ich weiß, wie kreativ du bist und wie viel Platz du brauchst. Ehrlich gesagt, kann ich damit leben. Wenn wir uns nur auf ein paar grundsätzliche Punkte einigen könnten, zum Beispiel, dass die Arbeitsflächen in der Küche aufgeräumt sind, kann ich damit umgehen.

Selbst mitten im Gespräch kann plötzlich der Herbst einsetzen. Wenn jemand etwas sagt, das unseren Erwartungen nicht entspricht, kommen wir mit der Traurigkeit des Enttäuschtwerdens in Berührung. Ist dies der Fall, lassen wir sie los, ohne uns in eine negative Reaktion hineinziehen zu lassen. Ein andermal finden wir uns unversehens in den Worten eines anderen wieder. Auch diese freudige Überraschung lassen wir ziehen und versuchen nicht, sie festzuhalten. Im Allgemeinen geht es bei der Praxis des Loslassens darum, unsere Erwartungen an unsere Mitmenschen aufzugeben und uns von dem Wunsch zu verabschieden, dass sie so sein sollen, wie wir sie gerne hätten.

Die Praxis des Hineinspürens und Loslassens bringt uns wieder mit dem Fluss unseres natürlichen Kommunikationssystems in Verbindung, dessen Dynamik uns sowohl allein als auch zusammen sein lässt, ohne je komplett isoliert oder komplett verstrickt zu sein. Im »Hineinspüren« würdigen wir die Schönheit gewöhnlicher Empfindungen, etwa das Lächeln eines Fremden im Bus oder den zarten Hauch einer kühlen Brise an einem heißen Sommernachmittag. »Loslassen« heißt, wachsam für die Grenzen der Wirklichkeit zu sein und zu wissen, dass wir diese schönen Momente beim besten Willen nicht bewahren und für immer einfrieren können. In der Kombination wirken beide – das Hineinspüren und das Loslassen – als Gegenmittel gegen die Muster von »Herz ohne Kopf« und »Kopf ohne Herz«.

Der Herbst bietet die Gelegenheit zur Ernte und zur Großzügigkeit. In dem Maße, wie Dan und Colleen aus dem Ich-zuerst ins Wir-zuerst wechselten, fingen sie auf ganz selbstverständliche Weise an, sich gegenseitig Geschenke zu machen. Die Großzügigkeit der bedingungslosen Freundlichkeit heilt unsere Gewohnheit des Besitzenswollens und lässt an ihre Stelle das feinfühlige Hineinspüren und anschließende Loslassen treten.

Aufgaben im Herbst:

- Das »Wir« loslassen, ohne in die Herzlosigkeit zu gehen.
- Auf das Alleinsein zugehen.
- Uns mit Enttäuschungen und Vergänglichkeit auseinandersetzen.
- Uns Qualitätszeit mit uns selbst einräumen.

Mit Enttäuschungen umgehen

Denken Sie an eine Situation, in der Sie enttäuscht wurden, und schnüren Sie sie auf wie ein Päckchen: Analysieren Sie den unrealistischen Glaubenssatz, der dahintersteht, die emotionalen Erwartungen. Steckt dahinter die tiefere Angst, dass »etwas mit mir nicht stimmt«? Falls ja, nähern Sie sich dieser Angst mit Neugier und Behutsamkeit, wie ein guter Freund. Woher kommt sie? Wie real ist sie, wenn Sie sie im Licht der Achtsamkeit betrachten?

Die vier Vertrauensaspekte der achtsamen Kommunikation

Olivias vier Jahreszeiten finden ihre Entsprechung in den vier Vertrauensaspekten, die beim achtsamen Umgang mit Ängsten und Enttäuschungen ins Spiel kommen. Es handelt sich dabei um vier Eigenschaften von Wir-zuerst-Gesprächen, mit denen wir im Alltag bedingungslose Freundlichkeit zum Ausdruck bringen.

1. *Der Vertrauensaspekt des Winters:* Achtsame Präsenz. Nachdem wir gelernt haben, gut für uns selbst zu sorgen, treten wir mit einem gesunden Selbstempfinden in eine Wir-zuerst-Beziehung. Mit diesem Vertrauensaspekt ist die innere Autonomie gemeint, die es uns erlaubt, andere Standpunkte zuzulassen, ohne unsere eigenen Werte aufzu-

geben. Im Gespräch kommt er zum Beispiel so zum Ausdruck:

- Still sein können und dem anderen nicht ins Wort fallen
- Unterschiedlichkeiten mit Neugier begegnen
- Zweideutigkeiten (jenseits von »richtig und falsch«) aushalten können

2. *Der Vertrauensaspekt des Frühlings:* Achtsames Zuhören. Da wir uns in unserer eigenen Haut wohlfühlen, sind wir bereit, so lange zuzuhören, wie es eben dauern wird. Der Vertrauensaspekt der Werbungsphase basiert auf dem Wissen, wie wir mit so ausgesucht guten Manieren Erkundigungen einholen und unsere Wertschätzung uns selbst und anderen gegenüber zum Ausdruck bringen können, wie wir es beim ersten Rendezvous oder einem Vorstellungsgespräch tun würden. Im Gespräch äußert er sich unter anderem so:

   - Dem anderen mit Neugier zuhören
   - Schönheit mit Anstand genießen
   - Wertschätzung ausdrücken
   - Unsere eigenen Absichten definieren
   - Gelegenheiten zum Erweisen von Liebenswürdigkeiten finden

3. *Der Vertrauensaspekt des Sommers:* Achtsames Reden. Im Vertrauensaspekt des Sommers kommt unsere Absicht zum

Ausdruck, das Wohl anderer über unsere kurzfristigen Interessen zu stellen. Jedes Mal, wenn wir uns an eine Vereinbarung halten, stellen wir damit unsere Verlässlichkeit unter Beweis. Im Gespräch werden damit folgende Fähigkeiten assoziiert:

- Klar verhandeln, um zu realistischen Vereinbarungen zu gelangen
- Achtsam sein, um nicht unbedachte Zusagen zu machen
- Sobald wir etwas angefangen haben, es auch zu Ende bringen
- Wenn wir eine Vereinbarung oder ein Versprechen brechen müssen, diese Tatsache nicht unter den Teppich kehren oder rechtfertigen, sondern uns entschuldigen und anschauen, was schiefgegangen ist

Vertrautheit ist die Phase der Nähe, in der sich zwei »Ichs« zu einem »Wir« vereinen wie ein Liebespaar im Bett. Aber selbst in der Intimität der sexuellen Begegnung entsteht nur ein vorübergehendes Gefühl der Vereinigung, bevor das innere Alleinsein der Beteiligten wieder zum Vorschein kommt.

4. *Der Vertrauensaspekt des Herbstes:* Achtsames Reagieren. Dieser Aspekt des spielerischen Eingehens auf das Geschehen kann sich entwickeln, wenn wir im Augenblick der Veränderung loslassen. Es geht hier um das Wiederauftauchen des »Ich« aus der Innigkeit des »Wir«. Im Gespräch kommt er zum Beispiel so zum Ausdruck:

- Das Pronomen »ich« verwenden
- Unterschiedlichkeiten zum Ausdruck bringen und Konflikte austragen

Die Flitterwochen enden und echte Selbstlosigkeit fängt an, wenn zwei Liebende ihre persönlichen Vorlieben ausdrücken und es zu Konflikten kommt. Es kann um ganz banale Dinge gehen, etwa, dass der eine Pizza essen gehen möchte, der andere aber Lust auf japanisches Essen hat. In der Wir-zuerst-Perspektive ist es, als stünde uns ein Verhandlungsführer zur Seite, der die Interessen der Beziehung vertritt, während wir an der Konfliktlösung arbeiten. Das große Ganze im Blick zu behalten, stellt eine Alternative zu aggressiven »Ich-zuerst«-Impulsen dar.

Zusammenfassung: Mit Enttäuschungen umgehen

Im vorangegangenen Kapitel haben wir gesehen, wie wir mit dem Muster »Kopf ohne Herz« unsere empathischen Reaktionen zu unterdrücken und uns so Schmerzen zu ersparen suchen. In diesem Kapitel stand das Muster »Herz ohne Kopf« im Vordergrund, bei dem wir versuchen, uns durch Unterminierung unseres klaren Verstands unsere positiven Gefühle zu bewahren. Ist unser empfindsames Herz nicht in Berührung mit den scharfen Kanten der Realität, verwischen sich unsere Grenzen.

An Bedingungen geknüpfte Freundschaften sind instabil, weil sie wie das Wetter einem ständigen Wechsel unterliegen. Nähe wird erdrückend, wenn klare Grenzen fehlen. Wir verwechseln Liebe mit Besitzenwollen. Olivias Beispiel hat uns gezeigt, wie das passiert. Bei roter Ampel wirkt neugieriges Hinterfragen als Gegenmittel gegen das »Herz ohne Kopf«. Es ist wie ein guter Freund, der uns in aller Wahrhaftigkeit über die größeren Zusammenhänge aufklärt. Es schärft unseren Blick für die Details, die wir normalerweise zu übertünchen pflegen. Es rückt alles so in den Fokus, wie es ist und nicht wie wir es gerne hätten. Es bricht mit unserer Vorstellung, die Menschen, die wir lieben, gehörten uns und seien eine Erweiterung unserer eigenen Person. Es bringt uns in die Wirklichkeit zurück.

Neugieriges Hinterfragen ist immer dann angezeigt, wenn die Dinge nicht so laufen wie geplant. Der Leitsatz »Achtung bei Gelb« erinnert uns daran, dass die in dieser Zwischenphase auftretenden Gefühle von Enttäuschung und Verletztheit wichtige Informationen über unsere Herz-ohne-Kopf-Strategien enthalten und uns so die Möglichkeit geben, diese zu verändern. Enttäuschung ist das gelbe Licht, das uns mahnt, die Seifenblase unseres Wunschdenkens zum Platzen zu bringen und auf den Boden der Tatsachen zurückzukehren. Es tritt auf, wenn wir unseren ersten Streit haben und damit unsere »Glückssträhne« der Verliebtheit ein jähes Ende findet. Frisch Verliebte wachen eines Morgens auf und die berauschende Romanze ist verflogen. Dann fragen sie sich: »Wer ist eigentlich dieser Mensch, der da neben mir im Bett liegt?« Wann immer wir uns enttäuscht fühlen, haben wir die Gelegenheit, unsere Fantasiewelt loszulassen und die Menschen so zu akzeptieren, wie sie sind – uns selbst inbegriffen.

Neugieriges Hinterfragen ist keine Kritik. Es schafft die Möglichkeit, aus Fehlern und Enttäuschungen zu lernen. Es sagt uns die Wahrheit, sodass wir unser Glaubenssystem aktualisieren können. Es bringt Empfindsamkeit und Offenheit in Balance, sodass wir unseren verborgenen Ängsten mit mitfühlender Einsicht begegnen können. Vor allem aber entlarvt es unsere Herz-ohne-Kopf-Strategien. Es deckt das grundlegende Missverständnis auf, dass irgendetwas mit uns nicht stimme oder wir so, wie wir sind, unzulänglich und nicht liebenswert seien. Schauen wir uns diese Angst genauer an, merken wir, dass sie in Wirklichkeit jeder Grundlage entbehrt. Wir sind es bloß gewohnt, die Quellen von Freude im gegenwärtigen Augenblick zu ignorieren, wie ein hungriges Kind, das sich selbst nicht zu nähren weiß.

In diesem Kapitel haben wir gesehen, dass wir uns mit den Mustern von »Herz ohne Kopf« auf zweierlei Weise in unserer bedingungslosen Freundlichkeit blockieren: durch Besitzgier und Begehren.

Üben wir uns in achtsamer Kommunikation, wird uns die Empfindsamkeit unseres Herzens überdeutlich bewusst. Liebe öffnet uns, während Angst uns verschließt. Dies sind die Bedingungen, die unsere Freundlichkeit so instabil werden lassen. Die Kommunikationsampel schaltet von Grün auf Rot um, bevor wir merken, was los ist. Nach einer Nacht voller Zärtlichkeiten wacht unser Partner mit schlechter Laune auf.

Wir öffnen den heiß ersehnten Brief von der Uni und lesen die Worte: »... können Ihnen leider im Augenblick keinen Studienplatz anbieten.« Wann immer das Leben unseren Hoffnungen und Träumen nicht entspricht, fängt es an, mühsam zu werden.

Wir kommen in die bedingungslose Freundlichkeit, indem wir unmittelbar mit der Angst in Berührung gehen, die die Kommunikation zum Erliegen bringt. Ein guter Ansatzpunkt hierfür ist das Gefühl der Enttäuschung. Mithilfe der Achtsamkeit können wir jede noch so kleine Ernüchterung als Übungsfeld für die großen Enttäuschungen nutzen, die schon an der nächsten Ecke auf uns warten.

Enttäuschung ist ein Warnsignal für toxische Gewissheit. Sie erinnert uns daran, dass unser Denken nicht mit der Realität im Einklang ist. Arbeiten wir mit dem Gefühl, gibt uns das die Freiheit zu entscheiden: Wollen wir an unseren Entscheidungen und Vorlieben festhalten oder lassen wir los? Wählen wir letzteren Weg, eröffnen sich jeden Tag Hunderte von Gelegenheiten, um aufzuwachen.

Das Umgehen mit Enttäuschungen ist die Hintertür zur bedingungslosen Freundlichkeit. Anders als an den warmen, sonnigen Tagen der Verliebtheit haben wir hier die Chance, uns mit der Angst oder Irritation auseinanderzusetzen, die uns in dunkleren Zeiten innerlich zumachen lässt. Wir merken, dass unsere neue Geliebte ihre Kleidung überall auf dem Boden verstreut oder unsere heranwachsende Tochter keine Lust mehr hat, mit uns wandern zu gehen.

Wir praktizieren bedingungslose Freundlichkeit, indem

wir den in Gelbphasen auftauchenden Missverständnissen behutsam auf den Grund gehen. Wieder kommt das neugierige Hinterfragen ins Spiel. Unser forschendes Interesse und die natürliche Klarheit unseres Verstandes sind gefragt. Wir schauen genau hin und analysieren, was passiert, wenn sich eine Reaktion aufzubauen beginnt. Auf diese Weise können wir unsere blinden Flecken erkennen. Stellen wir uns vor, wir gingen zur Bank und sie hätte gerade eben geschlossen. Diese kleine Enttäuschung – auch »Irritation« genannt – kann zu dem Zünder werden, der uns auf dem Heimweg gegenüber unserem Partner zum Explodieren bringt. Ob dies geschieht oder nicht, kann von vielen Faktoren abhängen – ob wir an diesem Nachmittag einen Espresso bekommen haben oder nicht, wie einfach es war, einen Parkplatz zu finden, welche Wetterlage in jüngster Zeit in unserer Beziehung herrschte. Doch ungeachtet solcher Nebenfaktoren kann dieser eine Moment entscheidend dafür sein, ob eine ansonsten friedliche Partnerschaft fortbesteht oder auseinandergeht.

Bedingungslose Freundschaft gegenüber unseren eigenen Gelbe-Ampel-Gefühlen heißt, dass wir neugierig sind, wo unsere Scham oder Verlegenheit, unser Bedauern, unsere Verletztheit, unser Beleidigtsein oder unsere Irritation herrühren – also all die scharfen Kanten der zwischenmenschlichen Beziehungen. Durch neugieriges Hinterfragen vollziehen wir eine Wende und schauen uns unmittelbar die Kette der Missverständnisse an, die unangenehme Situationen noch schlimmer machen. Inwiefern unterdrücken wir mit solchen oberflächlichen Reaktionen verletzlichere Emotionen, die wir nicht spüren wollen, etwa die tiefer liegende Angst, nicht liebenswert, wertlos oder schuldig zu sein?

Fühlen wir uns von Liebe und Freude abgeschnitten, lässt uns dies außerhalb von uns selbst nach solchen Gefühlen suchen, was uns jedoch nie weiterbringt. Manchmal merken wir mitten im Gespräch, wie dies passiert. Es ist die mikroskopische Ebene, auf der sich in einer Beziehung innerhalb von Sekunden ein jahreszeitlicher Wechsel von der Hoffnung zur Enttäuschung vollzieht. Kommt etwas in uns zum Stocken oder fühlen wir uns durch das plötzliche Hochfahren der Rote-Ampel-Barriere eines anderen abgeschnitten, fallen wir aus dem Sommer des Miteinanders in den Winter der Einsamkeit. Der Schock, plötzlich da draußen in der Kälte vor einer verschlossenen Kommunikationstür zu stehen, schürt unsere Angst, nicht liebenswert zu sein. Es ist, als würden wir plötzlich in unsere frühe Kindheit zurückversetzt, als uns das Gefühl, von einem geliebten Menschen missverstanden zu werden, unerträgliche Schmerzen bereitete.

Achtsamkeit holt unsere Beziehungsthemen in die Einfachheit des gegenwärtigen Augenblicks. Öffnen wir unseren Geist und lassen unser Herz weich werden, können wir Enttäuschungen und die anderen Höhen und Tiefen des Lebens als Stufen auf dem Weg in die Realität nutzen, statt uns aus ihr zurückzuziehen. Der Schlüssel zu achtsamen Beziehungen liegt in der Erkenntnis, dass wir immer sowohl allein als auch zusammen sind. Bedingungslose Freundlichkeit zeigt uns diese paradoxe Wahrheit klar und deutlich. Wir besitzen die angeborene Fähigkeit, Schönheit zu erkennen und Liebe zu empfinden, auch wenn wir wissen, dass wir nichts festhalten können. Dies zu erkennen, gibt uns den Mut, andere Menschen wirklich so zu lieben, wie sie sind und nicht, wie wir sie gern hätten.

6

Der Schlüssel zum achtsamen Reagieren

Spielerische Leichtigkeit

Auf der dritten Stufe der selbstlosen Hilfe, dem wahren Mitgefühl, tun wir Dinge nicht, weil sie uns Vergnügen bereiten, sondern weil sie getan werden müssen. Unsere Reaktion ist selbstlos und unzentralisiert. Sie ist weder für die anderen noch für mich. Es handelt sich um eine umweltbezogene Großzügigkeit.

— CHÖGYAM TRUNGPA

Die Absicht, achtsam zu kommunizieren, lässt sich in all den emotionsgeladenen Situationen umsetzen, zu denen es im Umgang zweier Menschen kommen kann – ob sie von Liebe oder Angst geprägt sind, von Vertrauen oder Verunsicherung. Damit wird diese Praxis zu einem lebenslangen Weg. Aus jedem Gespräch, das wir von nun an führen, können wir lernen, denn es spiegelt uns, was es heißt, offen, verschlossen oder in dem Bereich dazwischen zu sein. Mal gewinnen wir einen ermutigenden Vorgeschmack auf den Zustand der Offenheit, mal weckt das schmerzliche Gefühl einer hochfahrenden Barriere unser Mitgefühl, und ein andermal schöpfen wir Vertrauen, weil es uns gelingt, mit peinlichen, verletzlichen Gefühlen in Kontakt zu gehen, die wir normalerweise lieber verbergen.

In den bisherigen Kapiteln haben wir gesehen, dass Freundlichkeit zu uns selbst die Voraussetzung für eine offenere Kommunikation mit anderen ist. Wir haben erfahren, wie wir durch die Anwendung der Leitsätze für Grün, Rot und Gelb Kommunikationsbarrieren auflösen können. In diesem letzten Kapitel kommen wir nun zu den Fragen, die uns überhaupt erst auf die Idee bringen, uns mit diesem Thema zu befassen: Wie komme ich dahin, und wann werde ich so weit sein, den Menschen, die ich liebe, wirklich helfen zu können? Wie gehe ich geschickt mit einem Menschen um, der mich als Feind betrachtet? Was kann ich tun, um in der Familie, am Arbeitsplatz und in meinem sozialen Umfeld Veränderungen herbeizuführen?

Ich selbst wende diese Lehren seit über fünfunddreißig Jahren im privaten wie im beruflichen Alltag an und weiß aus eigener Erfahrung, dass diese Fragen im Laufe der Zeit an Dringlichkeit gewinnen, weil uns zunehmend bewusst wird, wie stark wir eingeschränkt sind, wenn wir aus einem Zustand der Achtlosigkeit heraus agieren. Wir fühlen uns wie die Eltern eines kranken Kindes: Wir wünschen uns, helfen zu können, aber es fehlen uns dazu die erforderlichen Fähigkeiten.

Gleichzeitig versetzen uns Fortschritte in unserer Achtsamkeitspraxis mehr und mehr in die Lage, echte Unterstützung zu geben.

Uns in achtsamer Kommunikation zu schulen, führt uns schrittweise durch drei Phasen, wie sie in dem bereits am Anfang des Buches erwähnten Zitat meines Lehrers beschrieben sind. Kommen wir noch einmal darauf zurück:

> Es braucht eine lange Zeit, um unsere Zäune niederzureißen. Der erste Schritt besteht darin, uns selbst zu lieben, mit uns Freundschaft zu schließen, uns selbst nicht mehr zu quälen. Der zweite Schritt besteht darin, mit Menschen zu kommunizieren, eine Beziehung herzustellen und ihnen allmählich zu helfen. Es braucht eine lange Zeit und einen langwierigen Prozess geduldiger Selbstdisziplin. Wenn wir es lernen, uns nicht selbst zur Last zu machen und dann gegenüber anderen Menschen zu öffnen, so sind wir für die dritte Stufe bereit — selbstlose Hilfe.[1]

Den ersten Abschnitt unseres Weges könnten wir als »roten Bereich« bezeichnen. Noch sind unsere Barrieren die meiste Zeit oben. Wir sind noch nicht in der Lage, anderen zu helfen, weil wir sie bei all dem Getöse in unserem Kopf nicht hören können. Auch wenn uns dies oft nicht bewusst ist, sind wir in

---

1 Chögyam Trungpa, *Der Mythos Freiheit und der Weg der Meditation: Eine Einführung in den tibetischen Buddhismus*, S. 118

dieser Phase selbst die kranken Kinder – diejenigen, die Hilfe brauchen. Wie ein Patient in der Notaufnahme bedürfen wir der liebevollen Pflege. Die Herausforderung dieser Rotphase besteht darin, uns nicht länger zu quälen und uns mit den Anteilen unserer Persönlichkeit anzufreunden, die wir ablehnen. Manche Menschen verbringen ihr gesamtes Leben im roten Bereich – einer von Wahnvorstellungen, Sucht oder Verachtung geprägten Geisteshaltung. Für andere ist der Aufenthalt hier eher wie eine Grippe: lähmend, aber vorübergehend. Das Problem ist jedoch, um im Bild zu bleiben, dass unsere Rote-Ampel-Reaktionen in hohem Maße ansteckend sind. Leider merken wir es meist nicht, wenn uns Kopf- oder Herzlosigkeit übermannen. Statt in der Notaufnahme behandelt zu werden, kann uns unsere Verachtung für andere deshalb in einflussreiche Positionen führen, von wo aus sich die toxischen Erreger unserer roten Bereiche in unsere Familie und unser berufliches sowie gesellschaftliches Umfeld verbreiten.

Begeben wir uns mit unseren Rote-Ampel-Reaktionen auf den Weg der Achtsamkeit, spüren wir auf einmal den Unterschied zwischen der fiebrigen Intensität solcher Geisteshaltungen und der kühlen, erfrischenden Brise unserer gesunden kommunikativen Offenheit. Während der Meditation erkennen wir für den Bruchteil einer Sekunde, wie anders sich die geistige Zwangsjacke der selbstquälerischen Gedanken im Vergleich zu dem erlösenden Moment anfühlt, in dem wir einfach nur zuschauen, wie sich unser Atem im Raum auflöst. Und genau in diesem Augenblick fangen wir an, Freundschaft mit uns selbst zu schließen.

Der zweite Abschnitt unserer Reise ließe sich als »gelber Bereich« beschreiben. Das ist der lange Prozess, die Disziplin und Geduld zu entwickeln, all den Höhen und Tiefen in unserem Gesprächsalltag mit Achtsamkeit zu begegnen. Ziel dieser Phase ist es, uns mit der Kluft vertraut zu machen, die die Offenheit von der Verschlossenheit trennt, und den Bann zu brechen, den kopflose Fantasien und herzlose Ängste auf unsere Gedanken haben. Wir tun dies, indem wir in unsere Enttäuschungen hineinlauschen, sie willkommen heißen und ihnen behutsam begegnen, um Einsicht in die unrealistischen Erwartungen zu gewinnen, die wir an andere stellen.

Auf diesem Wegabschnitt sind wir wie das Pflegepersonal in der Notaufnahme: Wir begegnen uns selbst und anderen mit einem Mindestmaß an Freundlichkeit und Hilfsbereitschaft. Für die meisten von uns geht es in dieser Phase unserer Praxis darum, im Alltag immer wieder zu beobachten, wie wir uns öffnen, wie wir uns verschließen und was im Bereich dazwischen geschieht. Wie das Pflegepersonal in der Notaufnahme haben wir gelernt, unsere persönlichen Belange hintanzustellen und genau hinzuhören, wenn jemand unsere Aufmerksamkeit beansprucht. Dabei spüren wir, wann wir unsere Grenze erreicht haben und wir nahe daran sind, uns wieder zu verschließen. Allmählich werden wir geduldiger und weniger kritisch uns selbst gegenüber, und in diese Freundschaft beziehen wir auch andere mit ein.

Im letzten Abschnitt der Reise zur achtsamen Kommunikation sind wir die meiste Zeit offen. Dies ist der »grüne Bereich«, in dem wir in der Lage sind, selbstlos zum Wohle anderer zu agieren. Hier sind wir wie der Arzt in der Notaufnahme, der diagnostizieren und behandeln kann. Wir stehen im völligen Einklang mit der natürlichen Synchronisation des wachen Körpers, empfindsamen Herzens und offenen Geistes, und dies verleiht uns die Weisheit, auf Menschen und Situationen kompetent und individuell einzugehen. Wie durch die ärztliche Ausbildung kann auch die jahrelange Schulung der Achtsamkeit dazu führen, dass wir es im Fall der Fälle in der Hand haben, ein Menschenleben zu retten. Kommunizieren wir offen im gegenwärtigen Augenblick, sind wir fähig, ebenso spontan zu reagieren wie der Hund Churchill, der mit dem Schwanz zu wedeln begann, als er den hungrigen Bären auf sich zukommen sah.

Zwar mögen nur wenige unter uns ein solches Maß an beinahe durchgängiger Offenheit erreichen, doch es ist hilfreich, die Momente zu erkennen, in denen wir in diesem Zustand sind. Wir erleben ihn in den Grüne-Ampel-Situationen in unserem Leben, in denen es uns gelingt, kompetent zu reagieren. Da offene Kommunikation im Wir-zuerst geschieht, sind die aus dieser Offenheit hervorgehenden Aktionen immer zum Wohle aller. Um dies zu verstehen, kehren wir noch einmal zu der Bedeutung der grünen Ampel zurück und schauen uns die drei Möglichkeiten an, wie unser natürliches Kommunikationssystem von wachem Körper, empfindsamem Herzen und offenem Geist auf die jeweilige Situation reagiert.

Im grünen Bereich bringt uns die Wachheit unseres Körpers in einen energetischen Austausch mit unserem physischen Umfeld. Es ist, als würde er mit der Realität in einen Paartanz gehen – mit den Farben, Gerüchen, Geräuschen,

Geschmackseindrücken und Tastempfindungen unseres tagtäglichen Erlebens. Im Herzen sind wir gleichermaßen empfindsam und können die emotionalen Energien unserer Beziehungen erfassen und intuitiv so auf die Bedürfnisse anderer eingehen, als wären es unsere eigenen. Diese Reaktionen werden von unserem neugierigen, offenen Geist synchronisiert, der deswegen über ein grenzenloses Auffassungsvermögen verfügt, weil er sich stets in einem Zustand des Nicht-Wissens befindet und nicht von vorgefassten Strategien abgelenkt ist. Sind alle drei Komponenten im Spiel, befindet sich unser natürliches Kommunikationssystem im lebendigen Austausch mit den Energien des gegenwärtigen Augenblicks. Das ist der uns angeborene gesunde Zustand – ein selbstgenügsames System, das über persönliche Territorien hinausreicht.

Durch einfaches Hinschauen versetzt uns Achtsamkeit in die Lage, auf diese mitfühlende, intelligente Art und Weise zu reagieren. Da dies mit einer kindlich spielerischen Leichtigkeit geschieht, spreche ich hier vom »Reiten auf der Welle des Zufalls«.

Reiten auf der Welle des Zufalls

Die Jazz-Musikerin Ariel beschreibt das Erlebnis dieser Form des Wellenreitens so:

> Am Anfang sind wir vier Musiker. Jeder spielt ein anderes Instrument, und jedes hat seinen eigenen Klang. Dann fangen wir

> an zu spielen, und auf einmal passiert etwas Neues. Wenn wir dann auf dieser Energie reiten, ist es, als gingen wir auf eine andere geistige Ebene – jeder von uns ist Teil davon, und doch ist da etwas, das größer ist als wir alle. Wir sind nicht mehr getrennt, aber doch total wach für das, was die anderen machen, für den Sound. Es ist ein gemeinsamer Schaffensprozess, Moment für Moment, ohne zu wissen, wohin wir uns bewegen, aber trotzdem haben wir die ganze Zeit Vertrauen.

Auf dieser Welle zu reiten heißt, auf der Wir-zuerst-Energie der natürlichen Kommunikation zu schwimmen. Wie das Wort *Zufall* bereits sagt, *fallen* hier zwei Ereignisse »einander *zu*«; was im gegenwärtigen Augenblick passiert, wird also aus mehreren Quellen gleichzeitig gespeist. In diesen kurzen Phasen, in denen wir achtsam und offen für das Geschehen im Hier und Jetzt sind, ohne uns von Gedanken über die Vergangenheit oder Zukunft ablenken zu lassen, sind wir in der Lage, am weiteren Fortgang einer Situation aktiv mitzuwirken. Kommt ein Feind auf uns zu, kann es dann sein, dass wir »schwanzwedelnd« auf ihn zugehen, weil wir naturgemäß unvoreingenommen sind und kein persönliches Territorium zu verteidigen haben. Der automatische Impuls, unsere Barrieren hochzufahren, ist verschwunden. Statt einem eigenen Drehbuch zu folgen, sind wir empfänglich für die Zufälle des Augenblicks, die uns sagen, was als Nächstes zu tun ist. Mein Lehrer beschrieb dies als die Fähigkeit, die in einer Situation enthaltenen Wahlmöglichkeiten zu erkennen: »Wenn ein Mensch erkennt, dass eine ganze Kettenreaktion von Ereignissen ihn in die gegenwärtige Situation geführt hat, sind damit bereits viele Probleme gelöst. Es bedeutet, dass er bereits in dem, was er gerade tut, engagiert ist, sodass für ihn nur noch das Voranschreiten infrage kommt, statt permanent zu zögern, um sich die Entscheidung offenzuhalten.«[2] Für Ariel und ihre Freunde liegt diese Wahlmöglichkeit in der nächsten Note, die sie spielen werden, und darin, gemeinsam und nicht jeder für sich allein ihre Energie zu entdecken.

Wir können dieser Welle des Zufalls vertrauen, wenn wir offen im gegenwärtigen Augenblick kommunizieren. Wann immer unser Wahrnehmungsvermögen, unsere Empathie und natürliche geistige Klarheit einsatzbereit sind, ist alles in uns bereit, um anderen zu Hilfe zu kommen. Versuchen wir jedoch aus einer Haltung der Achtlosigkeit heraus zu helfen, geht unser Bemühen oftmals an der Sache vorbei. Wir bewegen uns hier auf heiklem Terrain. Eine allgemeine Richtschnur, an der wir uns orientieren können, liefert das bekannte Gelassenheitsgebet: Es erinnert uns daran, dass mitfühlendes Handeln immer von Weisheit geleitet sein muss.

> Gott, gib mir die Gelassenheit, Dinge hinzunehmen, die ich nicht ändern kann, den Mut, Dinge zu ändern, die ich ändern kann, und die Weisheit, das eine vom anderen zu unterscheiden.

---

2 Chögyam Trungpa, *Glimpses of Abhidharma: From a Seminar on Buddhist Psychology*, S. 95, eigene Übersetzung

»Die Gelassenheit, Dinge hinzunehmen, die ich nicht ändern kann«, resultiert daraus, dass wir Menschen und Situationen aus einer Haltung der Achtsamkeit heraus so sein lassen, wie sie sind. Nach dem Leitsatz »Bei Rot stehen bleiben« zügeln wir unseren Impuls zu reagieren in dem Augenblick, in dem wir uns nicht wirklich wohl bei der Sache fühlen.

»Den Mut, die Dinge zu ändern, die ich ändern kann«, schöpfen wir, wenn wir im Angesicht der Bodenlosigkeit der gelb leuchtenden Ampel auf unsere Angst zugehen, statt ihr auszuweichen. Wie wir gesehen haben, liegt die Kraft, unsere ganze Selbstwahrnehmung von Grund auf zu transformieren, in diesen kleinen Zwischenphasen der Verunsicherung.

Und der dritte Punkt ist der Schlüssel zu unserem momentanen Thema. Wir entwickeln »die Weisheit, das eine vom anderen zu unterscheiden«, indem wir achtsam beobachten, wie wir uns öffnen und verschließen, um uns allmählich mit der Selbstlosigkeit des grünen Bereichs vertraut zu machen. Um im oben gewählten Bild der Notaufnahme zu bleiben: Mittlerweile haben wir zwischen gesund und krank zu unterscheiden gelernt und sind jetzt in der Lage, die richtigen Gegenmittel einzusetzen.

Verwurzelt ist diese Weisheit in uns von Anfang an. Neugeborene sind intelligent genug, um Gift auszuspucken und Nahrung aufzunehmen. Es ist die Weisheit des wachen Körpers, die sie das eine vom anderen unterscheiden lässt. Auf gleiche Weise verfügt unser offener Geist über einen Wahrheitsdetektor, der intuitiv zwischen Fakt und Fiktion zu unterscheiden vermag. Wie ein Liebender hat unser empfindsames

Herz ein Gespür für das Echte – es kommuniziert mit weicher, nackter Haut und nicht durch eine eiserne Rüstung.

Obwohl wir dieses Grüne-Ampel-Wissen mit auf die Welt bringen, geht uns unsere natürliche Synchronisation verloren, sobald wir von unseren unbewussten Ängsten gesteuert werden. Ich-zuerst-Reaktionen konzentrieren sich in erster Linie auf den eigenen emotionalen Hunger und Selbstschutz und scheren sich nicht sonderlich darum, welche Auswirkungen dieses Streben nach Bedürfniserfüllung auf das soziale Umfeld hat. In diesem Sinne lenkt achtsame Kommunikation unsere Aufmerksamkeit wieder zurück auf das soziale Ökosystem, zu dem wir gehören. Sind wir in Verbindung mit diesem übergeordneten Zusammenspiel von Körper, Herz und Geist, wird damit unsere natürliche Weisheit aktiviert.

Durch die Schulung in Achtsamkeit gewinnen wir die Weisheit, auf der Welle unserer Lebensenergie zu reiten, indem wir unseren wachen Körper, unser empfindsames Herz und unseren offenen Geist in Balance halten. Der Schlüssel hierfür ist spielerische Leichtigkeit – eine flexible Kreativität, die nicht in der Zwangsjacke von konventionellem Denken oder vorgefassten Meinungen steckt.

Die Kraft des wachen Körpers

Die Wellen, die wir als Erstes und am leichtesten reiten können, erreichen uns aus unserem physischen Umfeld: bloße Wahrnehmungen, die wir beobachten, ohne sie zu interpretieren. Der wache Körper bringt uns auf eine Wellenlänge mit den Zufällen in unserer Umgebung, dem Zusammenspiel der Elemente und den Formen und Gesten, die zu uns sprechen. Der britische Künstler Andy Goldsworthy liefert uns hierfür ein Beispiel. Seine dynamischen Werke entstehen in Zusammenarbeit mit der Natur. Mit großer Behutsamkeit formt er Skulpturen aus Eis und zarte Gebilde aus Gras. Wenn das Eis schmilzt oder der Wind das Gras verweht, hat die Natur ihren Beitrag geleistet. Seine künstlerische Auseinandersetzung mit der Natur ist ein Austausch in beiden Richtungen.

Genau das macht eine transformatorische Kommunikation aus. Sie nimmt uns auf ihre Schwingen und trägt uns ins Unbekannte. Anders als die Rote-Ampel-Kommunikation, die von vorgefassten Erwartungen und Plänen blockiert ist, kann der Raum des Nicht-Wissens, was zu tun oder zu sagen ist, höchst spezifische Handlungen oder Ausdrucksformen hervorbringen.

Wie bei meiner Freundin Martina können kluge Reaktionen einen anderen Menschen aufbauen, ohne dass es eines einzigen Wortes bedarf. Um zu lernen, auf der Welle des Zufalls zu reiten, müssen wir unser eigenes Kommunikationsverhalten erforschen, indem wir mit den Elementen in unserer Umgebung spielen. Diese stille Art des Gesprächs kann in ganz schlichten Aussagen zum Ausdruck kommen, etwa, wenn mein Mann im Esszimmer einen sauberen, einladend leeren Rahmen schafft und ich darauf reagiere, indem ich auf den leeren Tisch eine Vase mit einem Zweig Herbstlaub stelle.

Ein Beispiel für die Kraft des wachen Körpers finden wir in einer Szene des japanischen Filmklassikers *Die sieben Samurai*. An dieser Stelle der Geschichte sehen wir einen Fremden, den es in ein Dorf verschlägt, in dem die Gesetzlosigkeit herrscht. Er ist allein unterwegs. Doch er ist kein x-beliebiger Mann, sondern Samurai. Wir sehen, wie er in aller Ruhe mit seinen Stäbchen eine Schüssel Reis isst, scheinbar ohne etwas von der Gefahr zu ahnen, die an der Hintertür lauert. Dort nämlich rottet sich eine Horde von Gangstern zusammen wie ein Wolfsrudel um ein verirrtes Schaf. Die Angreifer schleichen sich an die offene Tür. Sie sind zum Losschlagen bereit. Es herrscht nachmittägliche Stille, nur aus der Küche ist das Surren von Fliegen zu hören. Ohne auch nur die Augen zu bewegen, gleitet die Aufmerksamkeit des Samurai wie ein Suchscheinwerfer durch den Raum. Dann greift er sich plötzlich mit einer einzigartig fließenden Bewegung mit den Stäbchen eine Fliege aus der Luft. Einen Moment lang hält er sie ganz vorsichtig fest, so, als wolle er sie betrachten, bevor er sie unbeschadet weiterfliegen lässt. Den Gangstern an der Tür bleibt bei diesem Anblick der Mund offen stehen, und sie ergreifen schreiend die Flucht. Da kreuzen sich die Blicke des Samurais und des Wirts, und die beiden brechen in schallendes Gelächter aus.

Diese einfache Szene erinnert mich daran, wie mir mein Lehrer einmal einen Stift reichte und mit der Hand dabei einen so eleganten Bogen beschrieb, dass der Anblick mich innehalten ließ. Als ich ihn daraufhin näher beobachtete, merkte ich, dass er all seine Bewegungen mit ebendieser Anmut ausführte.

Mit-Schöpfung: Welche Elemente im Spiel sind

Um mehr über die Wellen des Zufalls in unserem physischen Umfeld zu erfahren, ist es hilfreich, uns allein in der Natur aufzuhalten. In der Stille können wir alle Sinne öffnen und wirklich in unsere Umgebung hineinlauschen. Das Spiel der Elemente kann uns unbändige Freude bereiten: Wie das Wasser über die Felsen rieselt, wie das Sonnenlicht in den Wellen tanzt, wie sich die hohen Wolkenschichten bei Sonnenaufgang rosa verfärben. Die Weisheit unserer Spontanität ähnelt diesem Spiel der Elemente in der Natur. Wie Luft, Wasser, Sonne und Erde sind auch unsere Beziehungen zu anderen Menschen nichts Festgefügtes, Vorhersehbares. Es handelt sich um ein fließendes Sichaneinanderreihen von Begebenheiten, die sich in steter Interaktion befinden und im gegenwärtigen Augenblick auftreten. Kommunizieren wir offen, verbinden sich die Elemente unserer individuellen Persönlichkeit mit denen unseres Gegenübers, sodass ein neues, einzigartiges Molekül entsteht, so wie sich Sauerstoff und Wasserstoff zu Wasser vereinen.

Achtsame Empfänglichkeit ist im offenen Raum des Nicht-Wissens wie ein Regenbogen, der sich über den Himmel spannt. Wir lernen, mit dem Zufall zu spielen.

Die Kraft des empfindsamen Herzens

Die zweite Möglichkeit, auf der Welle des Zufalls zu reiten, ist, im Vertrauen auf das empfindsame Herz zu handeln. Wie wir bereits an anderer Stelle gesehen haben, sind Grüne-Ampel-Emotionen im Gegensatz zu Rote-Ampel-Emotionen wach und intelligent. Achten wir auf die emotionalen Melodien, die in einem Gespräch mitschwingen, lernen wir zwischen Offenheit und Verschlossenheit zu unterscheiden und entwickeln ein Gespür für die unausgesprochenen Ängste, die sich oftmals dazwischen verbergen. Der emotionale Inhalt verrät uns, was wir tun müssen, um unseren eigenen Bedürfnissen und denen der anderen gerecht zu werden. Befindet sich unser Gegenüber im roten Bereich, können wir uns an die Analogie des Patienten in der Notaufnahme erinnern und uns klarmachen, dass sich unsere eigenen Bedürfnisse im Augenblick nicht vermitteln lassen. Gelingt es uns, offen zuzuhören, werden wir im direkten Kontakt mit unseren eigenen Hoffnungen und Ängsten die Hoffnungen und Ängste des anderen verstehen können. Diese empathische Art des Wissens manifestiert sich in Form von Mitgefühl, Freude, Liebe und Traurigkeit – und manchmal auch als Zorn. Weil diese Emotionen nicht aus unseren eigenen inneren Geschichten heraus entstehen, haben sie nichts mit der Wahrung unseres persönlichen Territoriums zu tun. Vielmehr handelt es sich um Wir-zuerst-Reaktionen auf die Bedürfnisse unserer Beziehung oder auf Ereignisse in unserem äußeren Umfeld. Die sich daraus ergebenden Handlungen sind also angemessen. Hier einige Beispiele:

Mit einem Beistandsangebot auf Angst reagieren

Im April 2011 wurde die britische Touristin Helen Beard während eines Florida-Urlaubs mit der Tapferkeitsmedaille der lokalen Sheriff-Station ausgezeichnet. Man verlieh sie ihr, weil sie von ihrem Platz am Pool aufgesprungen war, um einem einjährigen Mädchen zu Hilfe zu eilen, das sie im Gebäude auf der anderen Seite des Beckens an einem Balkongeländer im oberen Stockwerk hängen sah. Sie eilte herbei und stellte sich so hin, dass sie die Kleine auffangen konnte. Als man ihr die Medaille überreichte, sagte sie: »Es ist etwas merkwürdig für mich, hier zu stehen, denn ich bin bloß einem instinktiven Impuls gefolgt. Ich habe das Gefühl, jeder andere hätte genauso gehandelt.« Und mit einem Lächeln fügte sie hinzu, sie sei nur froh, dass sie an dem betreffenden Morgen ihre flachen Schuhe angezogen hatte.[3]

Sind wir offen, reagieren wir intuitiv auf die Angst eines anderen, indem wir diese mitempfinden und den sich daraus ergebenden Adrenalinstoß nutzen, um ihm beizustehen. Es gibt unzählige Beispiele für derartiges Heldentum – Fälle, in denen jemand sein Leben aufs Spiel setzt, um einem Wildfremden zu Hilfe zu eilen. Dies zeigt eindrucksvoll, dass unsere menschliche Natur auf dem Geist des Wir-zuerst basiert.

---

3 Associated Press, 22. April 2011

Auf Schmerz mit Mitgefühl reagieren

Mein Freund Sean erzählte folgendes Erlebnis:

> Ich fuhr in meinem Cadillac die Straße entlang. Es hatte frisch geschneit, und mir fiel ein älteres Paar auf, das vor mir den Bürgersteig entlanglief. Just in diesem Augenblick rutschte die Frau aus und schlug der Länge nach hin. Ihr Mann wirkte so, als sei er selbst ziemlich wackelig auf den Beinen. Darum hielt ich an, um zu sehen, ob ich helfen könnte. Der Mann versuchte, seiner Frau aufzuhelfen, aber es war offensichtlich, dass er es nicht schaffen würde. Es machte mich unendlich traurig, als ich daran dachte, wie ohnmächtig er sich fühlen musste. Ich stieg also aus und ging zu den beiden hinüber. Dann stellte ich mich so hinter den Mann, dass ich ihn stützen und wir seiner Frau mit vereinten Kräften auf die Füße helfen konnten.

Seans Mitgefühl ließ ihn nicht nur nachempfinden, wie schmerzlich die Situation für die beiden war, sondern zudem intuitiv so geschickt reagieren, dass er den alten Herrn in seinem Bemühen unterstützte, statt ihn zur Seite zu drängen.

Da die emotionalen Grüne-Ampel-Botschaften den Geist des Wir-zuerst atmen, geben sie uns nicht nur Informationen zu dem jeweils aktuellen Problem, sondern auch Hinweise darauf, wie es sich lösen lässt.

Durch das Herstellen von Kontakt auf Einsamkeit reagieren

Michelle, die sich ehrenamtlich in einem Hospiz engagiert, erzählt folgende Geschichte zum Reiten auf der Welle des Zufalls:

> Ich besuchte Makiko, eine Witwe, die in Kanada keinerlei Angehörige hatte. Sie war vor Jahrzehnten aus ihrer Heimat Japan hierhergekommen und hatte vor ihrer Aufnahme im Hospiz allein gelebt. Sie konnte noch gehen, war aber sehr deprimiert. Zufällig gab es am anderen Ende des Flures eine weitere Patientin aus Japan, eine Frau namens Dori. In ihrem Zimmer war stets die ganze Verwandtschaft versammelt. Täglich wurde sie von daheim mit asiatischem Essen versorgt.
>
> Dass Makiko so einsam war, machte mich traurig, und als ich in dieses Gefühl hineinspürte, lag es für mich auf der Hand, dass man diese beiden Bewohnerinnen einander vorstellen sollte, obwohl ich so etwas im Normalfall nicht machen würde. Ich überredete Makiko also, mit mir auf dem Gang ein wenig auf und ab zu laufen, und zufällig trafen wir die Schwester von Dori. Es dauerte nicht lang, und schon hatte der Clan Makiko adoptiert. Von nun an wurde auch sie mit gewohntem Essen versorgt und hatte immer jemanden, mit dem sie sich in ihrer Muttersprache unterhalten konnte.

Wie mein Lehrer einmal gesagt hat, liegt die richtige Entscheidung vor unseren Augen und manchmal, wie in Michelles

Fall, ist sie leicht zu sehen. Ohne sich in Makikos unausgesprochene Einsamkeit einzufühlen, wäre Michelle nicht auf den Gedanken gekommen, im Hinblick darauf irgendetwas zu unternehmen.

Auf Trauer mit Trost reagieren

Weiter vorne im Buch habe ich beschrieben, wie ich mich in Betsys Depression einfühlte und dabei schmerzlich mit meiner eigenen Trauer in Berührung kam. In diesem Fall handelte es sich klar um eine Depression, und ich wusste diese Tatsache aufgrund meiner persönlichen Erfahrung einzuordnen. Doch als Psychotherapeutin habe ich oft erlebt, dass Klienten zu mir kamen und mir eine Depression beschrieben, obwohl sie in Wirklichkeit unter einem Verlust litten. Ein Beispiel hierfür war Maya, die in einem Gefühl der Hoffnungslosigkeit feststeckte, unter Appetitlosigkeit litt und häufig ohne ersichtlichen Grund in Tränen ausbrach. Auf meine Frage: »Haben Sie in den vergangenen Jahren irgendwelche schweren Verluste erlitten?«, antwortete sie zunächst: »Nein, in dieser Hinsicht ist bei mir alles in Ordnung.« Dann aber hielt sie inne. »In den letzten Jahren, meinen Sie? Nun, mein Vater ist vor fünf Jahren gestorben. Ich weiß, dass ich längst darüber hinweg sein müsste, und ich schäme mich deswegen, aber ich bin es einfach nicht.«

Depression ist eine Sekundärreaktion, die durch toxisches Denken, Selbsthass und Verzweiflung ausgelöst wird. Verlust ist keine Krankheit, da aber viele in diesem Prozess der Trauerarbeit weder Unterstützung noch Anleitung erhalten, wissen Menschen wie Maya oft nicht, wie sie um den Trost und den Beistand bitten sollen, die jeder braucht, wenn er einen Verlust erleidet.

Auf Glück mit Freude reagieren

Eines Tages war ich in einem großen Einkaufszentrum unterwegs, als ich Beifallsrufe hörte. Als ich nach deren Quelle Ausschau hielt, entdeckte ich eine kleine Gruppe von Leuten. Ich war neugierig und wollte wissen, was los war, und so ging ich zu ihnen hinüber. In der Mitte des Kreises stand ein junges Paar mit einem leeren Kinderwagen. Und zwischen Mutter und Vater war ein kleines Kind in leuchtend grünem Strampler gerade dabei, seine ersten Schritte zu tun. Alle klatschten. Wenn wir die Freude anderer teilen, zaubert uns das ein Lächeln ins Gesicht. Es ist eine natürliche Reaktion, auf Glücksgefühle mit Freude zu reagieren.

Auf Angst mit Handeln reagieren

Hier eine weitere Geschichte aus Michelles Hospizarbeit:

> Rita litt darunter, dass sie seit so langer Zeit mit ihrem Bruder zerstritten war. Seit dreißig Jahren hatten die beiden nicht

mehr miteinander geredet. Als wir darüber sprachen, kam die Idee auf, dass sie ihm mit meiner Hilfe einen Brief schreiben könnte. Kaum hatte sie dies getan, fühlte sie sich sehr erleichtert. Am nächsten Tag starb sie.

Michelles Ausbildung sah vor, den Patienten einfach zuzuhören, ohne ihre Persönlichkeit mit ins Spiel zu bringen. Aber beim offenen Zuhören empfing sie das von Ritas Ängsten ausgehende Notsignal, das sie zum Handeln veranlasste. Wie bei Depressionen steckt in dem, was vordergründig als Angst erscheint, manchmal ein Hinweis auf ein Problem, das sich durch sofortiges Handeln lösen lässt, wenn wir nur richtig zuhören können.

Die Kraft des offenen Geistes

Die dritte Funktion unseres natürlichen Kommunikationssystems ist der offene Geist. Sein Schlüsselbegriff ist *Neugier.* Um die berühmte Lehre eines Zen-Meisters zu zitieren: »Der Weg ist leicht für jene, die aufhören, Meinungen zu hegen.« Ein Grüne-Ampel-Gespräch ist eine Entdeckungsreise, bei der eine Geschichte in eine andere übergeht. Einer meiner Lehrer hat mir einmal gesagt, dass er dies im Flugzeug übt: »Wenn ich Gelegenheit habe, mit meinem Sitznachbarn ins Gespräch zu kommen, interessiert es mich besonders zu erfahren, welche Leidenschaft er im Leben hat. Ich frage so lange nach, bis ich sie finde.« Ein paar Wochen, nachdem er mir dies erzählt hatte, habe ich es selbst ausprobiert. Die Frau auf dem Platz neben mir flog zu einer Personalmanagement-Konferenz in Las Vegas. Wir redeten ein bisschen darüber, aber ich war neugierig und versuchte, mehr über sie in Erfahrung zu bringen. Was sie wirklich gerne mache, fragte ich sie. Schon bald stellte sich heraus, dass sie leidenschaftliche Tänzerin war. Während sie davon sprach, wie es sie ein Leben lang immer wieder aufs Parkett gezogen hatte, veränderte sich ihre ganze Kommunikationsweise. Ihre Gesten wurden fließender, so als würden sie in der Luft tanzen. Ihr Gesicht wurde lebendiger und rosiger. Und am Ende unseres kurzen Fluges fühlten wir uns beide wie aufgetankt.

Wenn wir mit offenem Geist auf der Welle des Zufalls reiten und die Schichten erforschen, die jeder Mensch in die Erfahrung des jeweiligen Augenblicks mit einbringt, gewinnen unsere Gespräche eine zusätzliche Dimension. Während wir uns gegenseitig von unserem Leben erzählen, weist uns dies oft den Weg selbst aus festgefahrenen Situationen heraus. So viele Konflikte und Missverständnisse sind schlichtweg darauf zurückzuführen, dass wir uns nicht die Zeit nehmen, mehr voneinander in Erfahrung zu bringen. Wie einer meiner Lehrer einmal sagte: »Jeder von uns lebt in seiner eigenen Welt. Es ist, als hätte jeder eine andere Radiofrequenz eingestellt. Ein Wunder, dass wir überhaupt miteinander kommunizieren können!« Im Geist offen zu sein heißt nicht, dass wir im Voraus wissen müssen, was der andere uns sagen will. Es handelt sich vielmehr um einen demütigen Prozess des Mehr-Erfahren-Wollens.

Wenn ich im Laufe der Jahre etwas gelernt habe, dann dies: Es bedarf eines gewissen Einsatzes, um Gelegenheiten für diese Art von Gespräch zu schaffen. Wir brauchen grüne Bereiche in unserem sozialen Umfeld, in denen wir Zeit und Raum haben, um mit offenem Geist, empfindsamem Herzen und wachem Körper zuzuhören. Wenn wir einander auf diese Weise begegnen, erleben wir das, was der Physiker David Bohm als »transformativen Dialog« bezeichnet. Dieser unterscheidet sich von dem üblichen Problemlösungsansatz, bei dem wir vom Nicht-Wissen ausgehen und nach und nach die Informationen zusammentragen, aus denen wir uns ein Gesamtbild zusammensetzen können. Diese Art des Lernens mag zwar praktisch und im Alltag ausgesprochen hilfreich sein. Beim transformativen Dialog aber ist der Prozess genau umgekehrt: Am Anfang haben wir festen Boden unter den Füßen, doch dann machen wir einen Satz und springen in den offenen Raum des Nicht-Wissens hinein. Und genau hier entfaltet sich die Magie der spontanen Weisheit.

Auf Aggression mit Mitgefühl reagieren

Oft wird die Frage gestellt, ob achtsame Kommunikation irgendwann an ihre Grenzen stößt. Sogar eine vom fundamental Guten in jedem Einzelnen ausgehende Grundhaltung bewahrt uns keineswegs davor, gefährlichen Menschen zu begegnen. Es kann durchaus vorkommen, dass wir jemandem mit offenem Geist gegenübertreten und feststellen, dass dieser uns als Feind betrachtet. Nicht alle hungrigen Bären reagieren spielerisch auf unsere Grüne-Ampel-Signale. Wie ist es möglich, in schwierigen Beziehungen die Gratwanderung zu meistern, zu akzeptieren, was wir nicht ändern können, und zu ändern, was sich ändern lässt?

Als Beispiel hierfür möge eine Begebenheit dienen, die Zachary erlebt hat. Seine Kollegin Lisa war die Schwester von Tamara, seiner Freundin in Studentenzeiten. Als Zachary sich damals von ihr trennte, drehte sie durch, warf sein komplettes Hab und Gut aus dem Fenster und begann, bei Freunden über ihn herzuziehen. Lisa hatte aus Solidarität zu ihrer Schwester Rache geschworen. Und jetzt – Jahre später – sah sie ihre Stunde gekommen: Zachary war nämlich kurz zuvor in ihrer Firma eingestellt worden, und man hatte ihn ausgerechnet der Abteilung zugewiesen, in der auch sie arbeitete.

Dass es ein Problem gab, merkte Zachary, als ihm einer seiner neuen Kollegen bei der ersten Begegnung sagte: »Ja, von Ihnen habe ich schon gehört.« In den nun folgenden Wochen hatte er immer wieder das mulmige Gefühl, dass es keinerlei Zusammenhang zwischen dem gab, was er sagte und wie bestimmte Leute im Büro darauf reagierten. Als er Lisa dann zum ersten Mal persönlich über den Weg lief, kam es zum Eklat. Sie starrte ihn wütend an. »Du wirst mir dafür bezahlen, was du Tamara angetan hast. Ich werde dir dein Leben zur Hölle machen, genauso wie du es damals bei ihr gemacht hast.«

Zachary fühlte sich ohnmächtig angesichts der Verachtung, die ihm da entgegenschlug. Er wollte mit der Situation so achtsam wie möglich umgehen. Als Erstes ging er also daran, seine eigenen Rote-Ampel-Reaktionen unter Kontrolle zu bringen. In Kapitel 4 haben wir gesehen, wie wir verhindern können, dass unsere Aggressionen in kritischen Situationen mit uns durchgehen. Der Verzicht auf das Ausagieren solcher Gefühle ist ein wichtiger erster Schritt, um geschickt mit den Aggressionen eines anderen umgehen zu können. Aus der Haltung der Achtsamkeit heraus durchkreuzen wir also zunächst unsere Neigung, herzlos zu reagieren, indem wir uns beklagen, entzweien, Schuld zuweisen oder Vergeltung suchen.

Um im Wir-zuerst zu bleiben, nahm Zachary sich vor, nicht schlecht über Lisa zu reden. Er fasste den Entschluss, sich nicht zu verteidigen, indem er Lisas Ruf schädigte, sich gegen sie in Stellung brachte oder ihr eine fest zementierte Rolle in seiner eigenen Geschichte zuwies. Indem er solchen Rote-Ampel-Verhaltensweisen Einhalt gebot, vermied er, in seinen eigenen Reaktionen herzlos zu werden.

Sein zweiter Schritt bestand darin sicherzustellen, dass er die aufkommenden Aggressionen nicht gegen sich selbst richtete, indem er sie verdrängte und damit die Intelligenz seiner Grüne-Ampel-Emotionen unterdrückte. Er tendierte dazu, ins Muster von »Herz ohne Kopf« zu gehen und so zu tun, als wäre alles in Ordnung, selbst wenn dies nicht der Fall war. Deshalb blieb er in Kontakt mit der emotionalen Energie in seinem Körper und machte sich bewusst, welche schmerzhaften Reaktionen Lisas Hass in ihm auslöste. »Es fällt mir schwer, morgens aus dem Bett zu kommen, und es graut mir, zur Arbeit zu gehen. Ich bin mir bewusst, wie verletzt und traurig ich bin, welche Angst ich habe, wie ohnmächtig und wütend ich bin, dass Lisa mich so hasst.«

Durch Achtsamkeit gewann Zachary die Gelassenheit zu akzeptieren, dass er in seiner Firma eine Feindin hatte. Die Absicht, offen aus dem Geist des Wir-zuerst heraus zu kommunizieren, verlieh ihm den Mut zu ändern, was immer er ändern konnte. Indem er Lisa mit wachem Körper, empfindsamem Herzen und offenem Geist begegnete, fand er Zugang zu der Weisheit, die weiß, wann es Zeit zum Handeln ist und wann nicht.

Die Tradition der Achtsamkeit kennt vier aufeinanderfolgende Stufen mitfühlenden Handelns, die sich automatisch ergeben, wenn wir offen bleiben. Sie entsprechen den vier Vertrauensaspekten der achtsamen Kommunikation und lassen sich in der Problem- oder Konfliktlösung anwenden.

1. *Der mitfühlende Akt des Befriedens:* Der erste Schritt im Umgang mit der Aggression eines anderen besteht darin, sich die eigene Gelassenheit zu bewahren und wie ein ruhiger See zu sein, der den Himmel und die Bäume am Ufer spiegelt. Wir bringen diese spiegelnde Klarheit zum Ausdruck, indem wir uns selbst das Problem beziehungsweise die Situation exakt beschreiben, ohne dabei zu Übertreibungen oder Verallgemeinerungen zu greifen.
2. *Der mitfühlende Akt des Vergoldens:* Im zweiten Schritt geht es darum, das Gold – also das Gute – in der jeweiligen Situation zu erkennen und unserem Kontrahenten eine großzügige Geste zu erweisen. Wir machen uns bewusst, dass

jegliche Aggression auf Gefühlen der eigenen Unzulänglichkeit basiert. Hängt unser Kontrahent im Wippmuster der Entzweiung fest, kann das Vergolden manchmal die Spielfläche ebnen und ihn einladen, sich kooperativer zu verhalten. Zacharys »Geschenk« an Lisa war, sich die Neugierde dafür zu bewahren, wer sie wirklich war, sich alternative Standpunkte anzuhören und jede positive Eigenschaft, die er im gegenwärtigen Augenblick an ihr entdeckte, zur Kenntnis zu nehmen und zu würdigen. Um in herausfordernden Situationen das Gold entdecken zu können, müssen wir oft Beleidigungen und emotionale Verletzungen hinnehmen, während wir darauf warten, dass sich uns der andere für kurze Momente öffnet.

3. *Der mitfühlende Akt des Magnetisierens:* Reagiert der andere nicht auf die zweite Stufe des Vergoldens, müssen wir noch stärkere Mittel und zusätzliche Ressourcen ins Spiel bringen. Knistert ein warmes, helles Feuer im Kamin, fühlt man sich davon wie magnetisch angezogen. Bedingungslose Freundlichkeit lässt diese Art von Atmosphäre entstehen. Obwohl Zachary neu in der Firma war, vertraute er auf den gesunden Menschenverstand seiner Kollegen und darauf, dass sie schon erkennen würden, dass er nicht der Mensch war, als den Lisa ihn hinstellte. Durch den Verzicht auf jegliche Aggressivität ihr gegenüber, strahlte er Sanftmut aus. Dies verlieh ihm eine magnetische Ausstrahlung, sodass seine Kollegen und schließlich auch Lisas Chef anfingen, sich genauer mit dem Problem zu befassen, das das gesamte Betriebsklima in Mitleidenschaft zu ziehen drohte.

4. *Der mitfühlende Akt des Durchtrennens:* Die letzte Stufe der mitfühlenden Reaktion ist angezeigt, wenn die anderen drei Strategien erfolglos blieben. Sie besteht darin, das Hindernis mit einem schnellen, klaren Schnitt zu beseitigen. Um dies ohne Aggression zu tun, bedarf es des Könnens eines Chirurgen, der mit dem Skalpell vorsichtig einen Tumor zu entfernen versteht, oder eines Samurais, der seine Feinde allein dadurch in die Flucht schlägt, dass er sich mit seinen Essstäbchen behutsam eine Fliege aus der Luft greift. Diese Form des Durchtrennens ist ein ungeplanter, absolut wacher Akt, wie ihn ein Aikido-Meister vollbringt, wenn er exakt im richtigen Augenblick zur Seite weicht, sodass sich der Schwung des Angriffs gegen den Angreifer selbst richtet. In solchen Momenten gewinnt die Welle des Zufalls oft ein Eigenleben, und es genügt, einfach nur Kurs zu halten und neu hinzukommenden Kräften die Lösung der Situation zu überlassen. Genau dies geschah bei Lisa und ihrem aggressiven Verhalten. Weil Zachary Haltung bewahrte und in der Wir-zuerst-Perspektive blieb, trat das Wesen der Kommunikationsblockade klarer zutage. Lisa gab sich die entscheidende Blöße, als sie versuchte, ein wichtiges Projekt zu sabotieren, an dem Zachary arbeitete. Am Ende handelte sie sich mit ihrem Verhalten eine Abmahnung ein, und die weitere Verlängerung ihres Arbeitsvertrags wurde an eine Probezeit geknüpft.

Diese vier Stufen zeigen uns, wie wir auf kritische Situationen reagieren können, ohne sie auf das persönliche Territorium des Ich-zuerst zu reduzieren. Wie bei den vier Jahreszeiten von Beziehungen folgen sie einer natürlichen Entwicklung. Viele Kommunikationsprobleme klären sich bereits im ersten Schritt. Kehren wir in die Offenheit des gegenwärtigen Augenblicks zurück und hören aktiv zu, erscheint uns die Situation in neuem Licht. Die Informationsquellen, auf die wir dabei zurückgreifen, sind der wache Körper, das empfindsame Herz und der offene Geist.

ZUSAMMENFASSUNG

Wacher Körper: Öffnen Sie sich, kehren Sie zur Energie Ihres physischen Körpers zurück, und hören Sie zu. Dehnen Sie Ihre Aufmerksamkeit auf das physische Umfeld aus, achten Sie auf die Farben, Formen, Geräusche, Gerüche und haptischen Strukturen im Raum. Nehmen Sie die nonverbalen Botschaften anderer Menschen mit allen Sinnen auf – ihre Ausdrucksweisen, ihre Körperhaltungen, ihre Gesten.

Empfindsames Herz: Öffnen Sie sich, lassen Sie alle Worte los, seien Sie im Körper präsent, und spüren Sie in die Energie Ihres Herzens hinein, während dieses die emotionale Wetterlage im Raum sondiert. Verfängt sich Ihr Verstand in einer Interpretation (»Ich merke, dass Joe diesem Meeting mit etwas gemischten Gefühlen entgegensieht«), spüren Sie kurz in den Gedanken hinein und lassen ihn dann los. Bleiben Sie sensibel für Ihre eigenen emotionalen Reaktionen, ohne die Verbindung zur Atmosphäre ringsum zu verlieren. So könnten Sie mental etwa zur Kenntnis nehmen: »Angst ... Traurigkeit ... Besorgnis ... Wärme ... Humor.«

Offener Geist: Spüren Sie neugierig in die Einsichten und Erkenntnisse hinein, die in Ihrem Kopf auftauchen, und lassen Sie sie dann los. Indem wir die spiegelgleichen Reflexionen unserer Wahrnehmung in Worte fassen, beschreiben wir die Situation mit größtmöglicher Genauigkeit.

Durch einfaches Spiegeln der Details einer Situation sowohl auf der inneren wie auch auf der äußeren Ebene wird uns bewusst, wie wir Informationen allein durch die Wahl unserer Worte auf ganz subtile Weise verzerren können. So erklärte Lisa ihrer Teamleiterin beispielsweise, dass das Problem mit einem persönlichen Konflikt zwischen ihr und Zachary zu tun habe. Diese erkannte jedoch durch achtsames, detailgenaues Zuhören, dass die Situation nicht mit dem von ihr gebrauchten Wort *Konflikt* übereinstimmte, der ja die Beteiligung von zwei Menschen implizierte. Das Team befand später, dass das eigentliche Problem in einer Form von Schikane bestand, mit der Lisa Zachary einseitig belästigte.

Die Welt lässt sich nie vollständig kontrollieren, doch wir können unseren Frieden mit unserer mangelnden Friedfertigkeit machen; wir können lernen, mit ihr zu leben, in sie hineinzuspüren, uns in ihr treiben zu lassen. Wenn wir nach einer perfekten Welt suchen, statt in der zu leben, die uns umgibt, verlieren wir uns in Tagträumen. Verzichten wir lieber darauf, die Tür zuzuschlagen, wenn uns der Strom der Ereignisse Wendungen beschert, die uns nicht angenehm sind. Üben wir, in der Achtsamkeit zu bleiben, können wir lernen, uns selbst und andere wirklich so zu akzeptieren, wie wir sind, und gleichzeitig geschickt mit den Herausforderungen umzugehen, die die Kommunikation blockieren.

Humor und spielerische Leichtigkeit: Der wichtigste Aspekt geschickten Handelns liegt darin, selbst dann ein Element von Humor und spielerischer Leichtigkeit mit einzubringen, wenn uns dies emotional schmerzhaft erscheint. Spielerische Leichtigkeit entsteht, wenn wir den gegenwärtigen Augenblick als Tanzpartner betrachten – als unseren Geliebten und ständigen Begleiter. Er ist auf unerklärliche Weise in einer Dimension jenseits von Vergangenheit und Zukunft zu Hause. Gespräche, die im Jetzt entstehen, sind lebendig und offen.

Wir spüren, wie Offenheit in dem Maße verloren geht, in dem wir in Geschichten über Vergangenes oder Zukünftiges ausweichen. Einmal ist mir das am Ende eines langen Schweige-Retreats ganz besonders aufgefallen. Am letzten Tag stand ich mit drei weiteren Teilnehmerinnen in der Küche. Wir putzten Gemüse, ohne auch nur ein einziges Wort zu wechseln, so sehr hatten wir uns daran gewöhnt, nicht zu sprechen. Auf einmal sagte Jane: »Hey, das Retreat ist vorbei. Wir können reden.« Wir lachten ein wenig nervös, und allmählich kehrten die Worte zurück. Zu Beginn des Gesprächs konzentrierten wir uns auf das, was unmittelbar passierte. »Schau aus dem Fenster. Siehst du den Reiher? Gerade fliegt er weg.« Später fing eine der Frauen, Kathleen, an, von früher zu erzählen. »Ich erinnere mich, wie ich vor ein paar Jahren in Kalifornien lebte … wisst ihr noch, wie das war, damals, als wir alle noch kleine Kinder hatten?« Damit veränderte sich die Stimmung.

Das war weder gut noch schlecht, aber man spürte, dass die Energie des gegenwärtigen Augenblicks sich verschloss, während wir darangingen, die vertrauten Geschichten und Bezugsgrößen zu rekonstruieren, die unsere Identität ausmachen. Während die Erinnerungen an vergangene Zeiten in mir aufstiegen, spürte ich eine Welle von Traurigkeit. Dann drehte sich unser Gespräch um die Zukunft. Wir sprachen darüber, was jede von uns nach dem Retreat vorhatte. Auch hier kam es zu einer Verschiebung, diesmal war es ein spannenderes Gefühl, Aufgeregtheit schwang darin mit und auch Besorgnis.

Auf dieses Phänomen wird in den Lehren der Achtsamkeitstraditionen hingewiesen: Wenn wir von der Vergangenheit oder Zukunft reden, können wir leicht Emotionen der Wehmut oder Vorfreude erzeugen, die nicht auf der Realität basieren. Verfestigen sich solche Gedanken, erstarrt Traurigkeit zur Depression, und Zukunftsängste halten uns in einem Gefühl von Besorgnis gefangen. Wie Tagträume unterscheiden sich unsere Erinnerungen und Fantasien nicht von den Gedanken, die während der Meditation auftauchen. Auch sie lenken unsere Aufmerksamkeit von der Gegenwart ab. Um achtsames Reagieren zu üben, müssen wir diese Luftblasen der Vergangenheit und Gegenwart behutsam zum Platzen bringen, in die Wachheit des gegenwärtigen Augenblicks hineinlauschen und nach Hinweisen darauf Ausschau halten, was als Nächstes zu tun ist.

Zum Schluss

Die Prinzipien der achtsamen Kommunikation, die in diesem Buch vorgestellt werden, haben sich aus der kontemplativen Psychologie heraus entwickelt, die den Geist durch Meditation zu erforschen sucht. Als ich in den frühen 1980er Jahren buddhistische und westliche Psychologie studierte, fragte ich mich oft, warum man uns nicht konkretere Instrumente und Techniken an die Hand gibt, die wir in unserer Arbeit einsetzen können. Mein Professor, Ed Podvoll, sagte dazu, dass es keineswegs an leicht zu erlernenden psychotherapeutischen Methoden und Rezepten für eine gelungene Kommunikation fehle. Die hier angebotene Perspektive hingegen sei sehr viel schwieriger zu finden. Diese Prinzipien der offenen Kommunikation, wie Meditierende sie seit Jahrtausenden im unmittelbaren Erleben erfahren, sind rar und von unschätzbarem Wert. Darum habe ich mich entschlossen, in diesem Buch nicht auf Techniken zur Schulung der Kommunikationsfähigkeit einzugehen, also zum Beispiel auf die Stärkung des Durchsetzungsvermögens, gewaltlose Kommunikation oder Konfliktlösungsstrategien; schließlich ist hierzu bereits eine umfangreiche Literatur auf dem Markt.

Als Psychotherapeutin, Managerin und Leiterin des Drei-Jahres-Retreat-Zentrums von Gampo Abbey habe ich diese Prinzipien in meiner Arbeit mit Paaren und Familien, am Arbeitsplatz und in spirituellen Gemeinschaften auf die Dynamik von Beziehungen angewandt. Das Thema Kommunikation habe ich deshalb in den Mittelpunkt dieses Buchs gestellt, weil sich die Muster von Güte und Angst sowohl im zwischenmenschlichen Miteinander als auch in der Gesellschaft insgesamt in unseren Gesprächen offenbaren. Durch Meditation gewinnen wir eine neue Perspektive, die uns zeigt, wie die Selbstgespräche, die wir im Inneren führen, das Maß an Freundlichkeit bestimmen, das wir anderen entgegenbringen.

Ich bin überzeugt, dass die hier vorgestellten Schlüssel zur achtsamen Kommunikation das Potenzial haben, den Frieden und die Harmonie in unserer Gesellschaft wiederherzustellen. Ich verwende hier das Wort *wiederherstellen*, weil ebendiese Harmonie auf einer elementaren Ebene unser aller Ausgangspunkt ist. Wäre unsere menschliche Natur nicht grundsätzlich im Wir-zuerst verankert, würden wir Konflikte nicht als so schmerzlich empfinden. Spürt ein gesunder Körper Schmerz, ist das ein Signal, das Aufmerksamkeit fordert. Genau so können wir den Schmerz in Rote-Ampel-Phasen betrachten. Die Krisen des einundzwanzigsten Jahrhunderts basieren auf Gier, Aggression und achtloser Ausbeutung unserer eigenen Ressourcen. Das mit diesen irregeleiteten Mustern einhergehende Leid bringt uns dazu, uns auf allen Ebenen von der falschen Vorstellung des Ich-zuerst zu lösen und unser Gefühl der gegenseitigen Abhängigkeit zu vertiefen.

Ein weiterer Grund, dieses Buch zu schreiben, war für mich, persönlich zu erleben, dass es selbst bei den alleridealsten Voraussetzungen – etwa in einer dem Mitgefühl und der Selbstlosigkeit verpflichteten Seminargruppe – sehr schwer ist, diese Prinzipien in unseren Gesprächen zu verankern. Trennen wir diese Lehren von den elementaren Themen unseres tagtäglichen Lebens, bleiben sie hohle Ideen. In unserer gemeinsamen Arbeit kamen Olivia und ich zu dem Schluss, dass sich die Höhen und Tiefen menschlicher Lebensgeschichten nicht zwischen die Deckel eines hübschen Fotoalbums pressen lassen. Unser Leben ist ein Gewebe aus Liebe und Verlusten, aus Zweifeln und Klarheit. Das Privileg, mit so vielen Menschen intensiv zusammenarbeiten zu dürfen, hat mich gelehrt, dass jedes menschliche Leben ein Kunstwerk ist, das Anerkennung verdient.

Zum Abschluss möchte ich hier noch einmal einen kurzen Überblick über die fünf Schlüssel zur achtsamen Kommunikation geben, wie sie in diesem Buch beschrieben sind:

1. *Die Schlüssel zur achtsamen Präsenz* sind der wache Körper, das empfindsame Herz und der offene Geist. Sie sind die drei Elemente unseres natürlichen Kommunikationssystems. Durch Achtsamkeitsmeditation kommen wir mit ihnen in Kontakt, denn sie versetzt uns in die Lage innezuhalten, wann immer wir auf irgendeine Weise durch Erwartungen, innere Erzählungen und emotionale Reaktionen abgelenkt sind. Solche Ablenkungen erschaffen eine Illusion von Ich-zuerst und wecken in uns das Bedürfnis, uns selbst voranzubringen oder zu verteidigen, was uns hindert, achtsam im Hier und Jetzt präsent zu sein. Wie in dem von Olivia beschriebenen Winter bietet uns das Meditieren die Möglichkeit, mit uns selbst Freundschaft zu schließen, denn es gibt uns den Raum, einfach so zu sein, wie wir sind. In diesem ablenkungsfreien inneren Raum dürfen Gedanken kommen

und gehen; emotionale Reaktionen verwandeln sich auf ganz natürliche Weise in empfindsame Herzlichkeit, und unsere sinnlichen Wahrnehmungen wecken in uns ein Gefühl der Verbundenheit mit allem, was uns umgibt. Auf diese Weise verschwindet die Barriere der Achtlosigkeit, und wir lernen, im gegenwärtigen Augenblick zu ruhen, der von der grünen Ampel symbolisiert wird.

2. *Der Schlüssel zum achtsamen Zuhören* liegt in der Ermutigung – der Fähigkeit, Masken zu durchschauen und die goldenen Eigenschaften in seinen Mitmenschen zu entdecken. Leute wie der Mathematiklehrer Jack Norton sind wohlmeinender Mentor, Therapeut, Leiter oder Elternteil in einer Person. Sie sind wie ein Gärtner, der das Gold in jedem Einzelnen zum Vorschein und zur Blüte bringt. Damit auch wir so werden, üben wir, anderen einfühlsam und mit bedingungsloser Wertschätzung zuzuhören und uns an den Gaben zu erfreuen, mit denen sie die Welt bereichern. Behindert wird die Ermutigung durch toxische Gewissheit – das falsche Vertrauen der Selbstgerechtigkeit –, die andere entmutigt und ihnen ein Gefühl von Unterlegenheit gibt. Wir überwinden dieses Hindernis, indem wir das Licht der Ermutigung nach innen lenken und unser eigenes Gefühl der Wertlosigkeit vertreiben. Dann können wir positiven Einfluss auf andere nehmen, indem wir das Spielfeld ebnen und uns selbst in ihnen wiederfinden.
3. *Der Schlüssel zum achtsamen Reden* liegt darin, so sprechen zu lernen, dass wir auch gehört werden können. Hier üben wir den Verzicht darauf, anderen mit Worten zu schaden,

indem wir innehalten, wenn die Ampel auf Rot steht. Damit uns dies gelingt, müssen wir uns mit den Hindernissen vertraut machen, also all unseren Rote-Ampel-Signalen, etwa den vier Stufen der Herzlosigkeit. Statt uns auf äußere Feinde zu konzentrieren, wenden wir uns nach innen und schauen uns unsere Selbsttäuschungen und aggressionsauslösenden Rechtfertigungen an. Durch Anwendung des Leitsatzes »Achtung bei Gelb!« unterscheiden wir zwischen Aggression und dem primären Schmerz – der tiefer liegenden Angst und den Selbstzweifeln, denen wir mit Güte und Einsicht begegnen, statt sie von uns zu weisen. Kennen wir die Wurzeln der Aggression, gewinnen wir die Kraft, die Negativität aus unseren Gesprächen zu verbannen, indem wir auf Über- oder Untertreibungen verzichten und auf unser Gegenüber achten.

4. *Der Schlüssel zu achtsamen Beziehungen*, die bedingungslose Freundlichkeit, führt uns auf einen Pfad der Nähe, der mit den Jahreszeiten des Lebens vom Alleinsein zum Zusammensein und wieder ins Alleinsein führt. Die Achtsamkeitspraxis, die es hier zu üben gilt, ist das Hineinspüren und Loslassen, bei dem wir den notwendigen Raum schaffen, damit sowohl Freude als auch Traurigkeit in der Abfolge des momentanen Erlebens ihren Platz finden können. Die echte Würdigung der Schönheit anderer Menschen, ohne sie an »mich« zu binden, erlaubt uns den Ausstieg aus der Dynamik von »Kopf ohne Herz« und »Herz ohne Kopf« – jenem Beziehungskokon, der achtsame Beziehungen verhindert. In einem Kokon der Achtlosigkeit versuchen wir,

uns vor Verlusten zu schützen, indem wir uns an Beziehungen klammern, als wären sie unvergänglich. Diese falsche Auffassung führt uns in Freundschaften, die an Bedingungen geknüpft sind und in denen wir zwischen zu viel Nähe und zu viel Distanz pendeln. Ersteres löst Kopf-ohne-Herz-Reaktionen, Letzteres Herz-ohne-Kopf-Muster aus. Stellen wir die Balance zwischen offenem Geist und empfindsamem Herzen her, schaffen wir damit die Voraussetzung für jene Form von bedingungsloser Freundlichkeit, die uns in allen Gesprächen – selbst kontrovers geführten – auf dem Pfad der achtsamen Kommunikation bleiben lässt.

5. *Der Schlüssel zum achtsamen Reagieren* ist die spielerische Leichtigkeit, die entsteht, wenn wir offen und unbelastet von vorgefassten Vorstellungen und Strategien sind. Dies ist der Weg des Künstlers, der in seinen Werken die Schönheit des menschlichen Daseins auszudrücken sucht – eine heroische Schönheit, die selbst unter tragischen Umständen zur Entfaltung kommt. Um diese Form von spielerischer Leichtigkeit zu entwickeln, müssen wir auf der Welle des Zufalls reiten lernen – eine Praxis, bei der wir einzig mit dem Wunsch in eine Situation hineingehen, anderen zu helfen und nach Hinweisen darauf zu achten, was zu tun oder zu unterlassen ist. Das achtsame Reagieren im Augenblick wird verhindert, wenn uns Strategien ablenken, die auf vorgefassten Vorstellungen aus der Vergangenheit oder Zielen für die Zukunft basieren. Lassen wir solche Kontrollversuche los und öffnen wir uns für die Botschaften des wachen Körpers, empfindsamen Herzens und offenen Geistes,

kommunizieren wir mit all den Elementen unseres Umfelds und lernen, mit der Energie des gegenwärtigen Augenblicks zu tanzen.

Diese fünf Schlüssel sind überall entlang des Wegs der achtsamen Kommunikation zu finden. Ich hoffe, dass die vorgestellten Kontemplations- und Tagebuchübungen Ihnen dabei helfen, Ihre eigene Version dieses Weges zu finden. In der schwerpunktmäßigen Konzentration auf das Thema Kommunikation – dem Prozess des In-Beziehung-Tretens – können wir ins Herz von Freud und Leid vorstoßen, zur Quelle sowohl unserer emotionalen Verletzungen als auch unserer emotionalen Heilung.

Die hier vorgestellte Sicht auf unsere zwischenmenschlichen Beziehungen ist optimistisch. Die Fähigkeit, offen zu kommunizieren, mag uns wie das letzte Ziel einer langen Reise erscheinen. Gleichzeitig aber ist dieses Ziel unsere Heimat, der Ort, von dem wir aufgebrochen sind. Was wir als grüne Ampel oder Offenheit bezeichnen, ist eine Qualität unserer wahren Natur, die wir einfach daran erkennen, dass sie uns entspannen und in Beziehung zu den gewöhnlichen Erfahrungen des Alltags treten lässt. Die Länge der Reise hängt davon ab, wie lange es dauert, bis wir genug Vertrauen gefasst haben, um unsere Vorwände und Täuschungen aufzugeben – insbesondere dann, wenn wir uns von schwierigen Beziehungen herausgefordert sehen. Die fünf Fähigkeiten erlangen wir in der Auseinandersetzung mit diesen Herausforderungen. In der Achtsamkeitspraxis bewegen wir uns immer vorwärts, weil wir aus Fehlschlägen ebenso lernen wie aus Erfolgen.

Als Menschen hängen wir von der Sprache ab. Darum müssen wir neue Formen finden, um über die Perspektivwechsel zu sprechen, die sich in dem Maße einstellen, in dem wir in unseren Beziehungen reifen und die Jagd nach Erfüllung unserer eigenen Bedürfnisse durch die Absicht ersetzen, den Bedürfnissen anderer gerecht zu werden. Es ist der Zweck dieses Buchs, Ihnen auf der Reise vom Ich-zuerst zum Wir-zuerst zur Seite zu stehen. Die hier dargelegten Prinzipien und Denkansätze sollen die subtilen Verschiebungen in unserer Psyche aufzeigen und verdeutlichen, die in unseren zwischenmenschlichen Beziehungen den Unterschied zwischen Freude und Leid ausmachen. Präsent und in Kontakt mit den sich mal öffnenden, mal verschließenden Gesprächsbarrieren zu sein, ist eine Übung, die uns an die Wurzeln dessen vordringen lässt, wer wir zu sein glauben. Die drei Ampel-Leitsätze mahnen uns, auf Kurs zu bleiben. Folgen wir diesem Weg, lernen wir, Angst in Liebe zu transformieren und diese Liebe zum Nutzen anderer in unser Leben zu integrieren.

Anhang: Stufen

Die folgenden sieben Stufen stellen den in diesem Buch geschilderten Prozess noch einmal zusammenfassend dar. Sie geben uns den sicheren Stand, den wir brauchen, um uns aus der Identifikation mit unseren achtlosen Kommunikationsmustern lösen zu können.

1. Achten Sie einfach darauf, wie sich Ihre sämtlichen Gespräche – sowohl die äußeren als auch die inneren – auf Sie auswirken. Diesbezügliche Einsichten lassen sich vor allem durch Achtsamkeit in der Meditation selbst und den Phasen danach gewinnen. So kann es beispielsweise vorkommen, dass wir beim Meditieren merken, wie wir in Gedanken schier durchdrehen und uns alle möglichen Szenarien, Figuren und Dialoge vorstellen, die alle möglichen emotionalen Reaktionen in uns auslösen. Wir spüren, wie sich unser Körper bei der Erinnerung an eine Konfrontation vor Stress verspannt. Ein Großteil dieser inneren Aktivität schlägt sich später womöglich in unseren Gesprächen mit anderen nieder. In dem Maße, in dem wir geduldig immer und immer wieder zum gegenwärtigen Augenblick zurückkehren, merken wir, wie Achtsamkeit unsere festgefügten Muster zu durchbrechen beginnt.

2. Begegnen Sie Ihren Meinungen und inneren Erzählungen mit Neugierde, statt sich zu ihrem Anwalt zu machen. Auf diese Weise weicht der Klebstoff auf, der die Maske vor unserem »Ich« fixiert. Echte Neugierde hat nichts mit den rhetorischen Fragen zu tun, die den roten Bereich zementieren, etwa wenn wir uns fragen: *Wie konnte er mir das antun?* Stellen wir hingegen einfach die primäre Frage: »Wie konnte er das tun?«, bleiben wir offen, weil wir uns eingestehen, dass wir die Antwort nicht wissen. Wir lassen zu, dass es da eine Lücke gibt. Schließlich könnte uns diese Frage zu einer neuen Einsicht führen. Erweitern wir sie hingegen zu »mir … antun«, schließen wir damit die Lücke und begeben uns in eine Abwehrhaltung.
3. Erweitern Sie Ihr Sichtfeld, und achten Sie auf größere Muster in Ihrer Kommunikation. Manche von uns neigen beispielsweise dazu, zu über- oder untertreiben, wenn sie die Details eines Ereignisses schildern. Schauen wir uns diese größeren Muster an, erweitert sich die Bandbreite unserer Wahrnehmung. Dieser Schritt führt zu einer weiteren Loslösung von der Identifikation mit unseren inneren Erzählungen und stärkt unsere Fähigkeit, unsere Meinung zu ändern.
4. Versuchen Sie, die Lücken in den Gedanken- und Meinungsketten zu entdecken, die Ihre Vorstellung von »Ich« bilden. Unser Denken mutet manchmal wie ein vorbeirasender Güterzug an. Mag unser Standpunkt zunächst noch so solide erscheinen – bei näherem Hinschauen sehen wir womöglich, wie viele Lücken er aufweist, die wir üblicher-

weise ignorieren. Wann immer wir die »grüne Ampel« aufleuchten sehen, ist es, als würden wir uns selbst im Spiegel sehen. Dann geht es uns wie Fran, die einmal im Kreis neuer Freunde eine lustige, aber selbstentwertende Geschichte aus ihrer Vergangenheit zum Besten gab. Die Schulung in achtsamer Kommunikation hatte sie zur Erkenntnis gebracht, dass die Frauen in ihrer Familie dazu neigen, sich auf humorvolle Weise selbst zu entwerten. Sie hatte diese witzige Begebenheit schon oft erzählt, diesmal aber tat sich eine Lücke auf: Fran spürte, wie auf einmal eine tiefe Traurigkeit in ihr aufstieg. Diese Traurigkeit war wie die grüne Ampel: Es war ihre empfindsame Reaktion auf die Respektlosigkeit, mit der sie sich selbst begegnete. In diesem Moment offenbarte sich ihr der Gegensatz zwischen ihrem neu gewonnenen Gefühl von Würde und der Gewohnheit, sich selbst zur Zielscheibe aggressiven Humors zu machen. Diese Lücken – oder positiven Unterbrechungen – können uns wieder zu Sinnen, in unser Herz oder in die geistige Offenheit bringen, indem sie uns daran erinnern, wer wir wirklich sind. Treten wir wieder in Kontakt mit der Realität im Hier und Jetzt, hilft uns das, uns von unseren inneren Drehbüchern zu lösen.

5. Machen Sie sich klar, dass Sie Alternativen haben. Auf dieser Stufe fällt es uns womöglich wie Schuppen von den Augen, dass wir offen genug sind, um so etwas wie Entscheidungsfreiheit zu empfinden. *Moment mal*, hören wir uns sagen, *will ich das wirklich?* So beschrieb mir eine meiner Klientinnen zum Beispiel einen Streit, den sie eines Abends

mit ihrem Partner hatte. Sie wohnten in Alaska, und es war mitten im finsteren Winter, zu einer Jahreszeit also, in der die Sonne mitten am Tag auf- und gleich wieder untergeht:

> Ich stürmte zur Tür hinaus, aber der knietiefe Schnee ließ meinen dramatischen Abgang zur Farce werden. Ich schaffte es bis zur Hälfte des Hofs, völlig im Bann meiner wütenden Vergeltungsfantasien darüber, dass ich ihm schon zeigen würde, wie sehr er im Unrecht und ich im Recht sei. Dann blieb ich mit dem Stiefel stecken, schlug der Länge nach hin und landete mit dem Gesicht im nassen Schnee. Ich zog den Fuß aus dem Stiefel, rollte zur Seite, wischte mir den kalten Matsch aus dem Gesicht und blinzelte in den Sternenhimmel hinauf. Ich fühlte mich wie ein Kind, das dem Universum die erhobene Faust entgegenstreckt, voller Zorn, Frustration und Traurigkeit. In diesem Moment verblassten die Gründe für meine Wut. Auf einmal kamen sie mir vor wie eine ferne Erinnerung. Was mache ich hier eigentlich, fragte ich mich. Es war, als würde ich aus einem Traum aufwachen und dabei vom kindlichen Gemüt in die Erwachsenenperspektive wechseln. Die Logik von richtig und falsch löste sich auf. Ein Gefühl von Trauer und Reue stieg in mir auf, und ich wollte so rasch wie möglich ins Haus zurück, um mich zu versöhnen. Ich sprang auf, ließ meinen Stiefel im Schneehaufen stecken und stapfte eilig in meinen eigenen Fußspuren zur Küchentür zurück, in der Hoffnung, ihn dort noch anzutreffen.

Weiter vorne im Buch haben wir diesen Wendepunkt als »magischen Moment« beschrieben. Die grüne Ampel leuchtet in dem Augenblick auf, in dem wir uns fragen: *Will ich recht haben, oder möchte ich glücklich sein?* Plötzlich eröffnet sich uns eine neue Perspektive, und wir merken, dass wir wählen können, welchen Weg wir gehen möchten.

6. Hinterfragen Sie Ihre Verteidigungslogik, bis Sie ein gewisses Maß an positivem Zweifel erlangen. Durch das Arbeiten mit positiven Unterbrechungen fangen wir an, unsere eigene verworrene Logik in Zweifel zu ziehen. Um diesen Prozess zu unterstützen, wenden wir kontemplative Techniken an, etwa in Form von Dialog- und Tagebuchübungen, wie sie in diesem Buch immer wieder angeboten werden.

Um unseren positiven Zweifel zu schüren, können wir darauf achten, wie unsere Verschlossenheit von »toxischer Gewissheit« abhängt. Lukas zum Beispiel bestand darauf, »im Recht« zu sein, und entschied sich dafür, seine Version der Dinge zu verteidigen, statt den Verlustschmerz an sich heranzulassen. Er identifizierte sich mit seinem imaginären Skript und trat mit einer Vehemenz dafür ein, als ginge es um ihn selbst. Bei roter Ampel tun wir das alle, jeweils in der für uns charakteristischen Weise. Vielleicht geht es uns wie Sarah, und wir beobachten, wie sich unser Herz aus Angst verschließt, weil wir in Momenten der Verletztheit oder des Zorns die Befürchtung, im Unrecht zu sein, mit dem primären Gelbe-Ampel-Gefühl verwechseln, dass generell etwas nicht mit uns stimme. Versuchen wir, dieses Gefühl zu unterdrücken, verpassen wir die Chance uns zu fragen, wer dieses »Ich« überhaupt ist, das ich da verteidigen will. Und sei es nur für einen Augenblick – sobald wir unser Herz öffnen, ist dieses Spiel vorbei. Statt die Risse in unserer Maske zuzukleistern und weiter der Logik unserer Verteidigungsstrategien zu folgen, können wir diesen mit Neugier begegnen. Genau dies passierte bei Paul, als er zu hinterfragen begann, ob es wirklich so gut war, Mia zu bestrafen. Sheila fragte Paul, ob er recht haben oder glücklich sein wolle. Das war für ihn der Weckruf, der ihm zeigte, dass er die falsche Richtung eingeschlagen hatte. Und er führte ihn zu tieferen Fragen: Bin »ich« wirklich wichtiger als »wir«? Wenn meine Worte meinem Partner oder meinem Kind emotionale Verletzungen zufügen, was habe ich davon? Was genau habe ich in meinem roten Bereich vor wem zu verstecken versucht? Wir können im metaphorischen Sinn über die Lücke springen, weil wir ab und zu das grüne Licht aufleuchten sehen wie einen Sonnenstrahl am Ende des Tunnels und es dabei zu plötzlichen Verschiebungen kommen kann.

7. Pflegen Sie Ihre Fähigkeit zur mitfühlenden Einsicht sich selbst und anderen gegenüber. Es gehört zur Kontemplation, innezuhalten und Rückschau zu halten, damit neu gewonnene Erkenntnisse auf uns einwirken können. Werden wir wach für den gegenwärtigen Augenblick, spüren wir, dass es unseren Gedanken und Meinungen an Substanz fehlt. Gleichzeitig wird unser Mitgefühl geweckt, denn wir sehen, wie leicht sich unser untrainierter Geist von den sich in den Vordergrund drängenden Ängsten ins Bockshorn jagen lässt. Haben wir uns im roten Bereich verlaufen, lassen all unsere Strategien, der Festung des »Ich« zu entkommen, diese umso realer erscheinen.

Anhang: Anleitung zur Selbstreflexion

Die folgenden Kontemplationsübungen können auf verschiedene Weise durchgeführt werden: allein, im stillen Selbstgespräch, mit dem Tagebuch oder im Austausch mit einer Vertrauensperson.

Anfangsmeditation

Entspannen Sie sich zunächst in die natürliche Wachheit Ihres Körpers hinein, in die Empfindsamkeit Ihres Herzens und die natürliche Offenheit Ihres Geistes. Nehmen Sie sich ein wenig Zeit, um erst einmal zur Ruhe zu kommen.

Kontemplativer Dialog

Nun wählen Sie eine der folgenden Kontemplationsübungen, um die Gelbe-Ampel-Erfahrung des Selbstzweifels in den grünen Bereich der bedingungslosen Freundlichkeit zu holen.

1. Die Angst, unwillkommen oder abgeschnitten zu sein

Rote Ampel. Vergegenwärtigen Sie sich ein Beispiel für ein Ich-zuerst-Gespräch, das dem Zuhörenden das Gefühl gibt, unwillkommen, unbedeutend und zum Objekt degradiert worden zu sein.

Gelbe Ampel. Spüren Sie in die Traurigkeit des Abgeschnittenseins und die natürliche Sehnsucht nach einem respektvollen Umgang mit der eigenen Person hinein.

Grüne Ampel. Vergessen Sie nicht, dass es keinen Grund gibt, sich vor dieser Traurigkeit zu fürchten, denn sie kommt aus dem empfindsamen Herzen. Öffnen Sie sich behutsam, um den im Hintergrund vorhandenen Selbstzweifel zu erforschen, Sie könnten nicht dazugehören, Sie seien wertlos oder in dieser Welt nicht willkommen. Beobachten Sie, ob Sie den genauen Moment ausmachen können, in dem diese Angst in Ihnen aufsteigt, und prüfen Sie, ob ein Körnchen Wahrheit darin steckt.

Entspannen Sie sich und treten Sie in Kontakt mit der Wachheit, Empfindsamkeit und Offenheit des Gefühls dazuzugehören.

Schließen Sie die Übung ab, indem Sie sich lebhaft ein Wir-zuerst-Gespräch ausmalen, in dem Sprechender und Zuhörender einander mit Respekt begegnen und den Kommunikationskanal offenhalten.

2. Die Angst, wertlos zu sein

Rote Ampel. Vergegenwärtigen Sie sich ein Beispiel für ein Gespräch nach dem Wippmuster, bei dem sich der Zuhörende wertlos, zurückgewiesen oder minderwertig fühlt.

Gelbe Ampel. Spüren Sie in die Traurigkeit dieser Ablehnung und die natürliche Sehnsucht nach Wertschätzung hinein.

Grüne Ampel. Öffnen Sie sich für diese Traurigkeit, die aus dem empfindsamen Herzen kommt, und ermutigen Sie sich behutsam, den im Hintergrund vorhandenen Selbstzweifel zu erforschen, dass Sie wertlos, unzulänglich oder unwürdig sein könnten. Beobachten Sie, ob Sie den genauen Moment ausmachen können, in dem diese Angst in Ihnen aufsteigt, und prüfen Sie, ob ein Körnchen Wahrheit darin steckt.

Entspannen Sie sich und treten Sie in Kontakt mit der Wachheit, Empfindsamkeit und Offenheit des Vertrauens in Ihren ureigenen persönlichen Wert.

Schließen Sie die Übung ab, indem Sie sich lebhaft ein Gespräch ausmalen, in dem Sprechender und Zuhörender sich auf ebener Spielfläche bewegen und einander mit Wertschätzung begegnen.

3. Die Angst, schuldig zu sein

Rote Ampel. Vergegenwärtigen Sie sich ein Beispiel für ein von Vorwürfen geprägtes Gespräch, das dem Zuhörenden das Gefühl gibt, schuldig zu sein.

Gelbe Ampel. Spüren Sie in die Traurigkeit des Beschuldigtwerdens hinein und auch in Ihre natürliche Sehnsucht danach, Vergebung zu erfahren und so akzeptiert zu werden, wie Sie sind.

Grüne Ampel. Öffnen Sie sich für diese Traurigkeit, die aus dem empfindsamen Herzen kommt. Erforschen Sie behutsam den im Hintergrund vorhandenen Selbstzweifel, schuldig, im Grunde böse und unvollkommen zu sein. Beobachten Sie, ob Sie den genauen Moment ausmachen können, in dem diese Angst in Ihnen aufsteigt und prüfen Sie, ob ein Körnchen Wahrheit darin steckt.

Entspannen Sie sich und treten Sie in Kontakt mit der Wachheit, Empfindsamkeit und Offenheit des Vertrauens in Ihre fundamentale Arg- und Schuldlosigkeit.

Schließen Sie die Übung ab, indem Sie sich lebhaft ein schwieriges Gespräch ausmalen, in dem der Sprechende die Wahrheit sagen, den Konflikt austragen oder ein schmerzliches Erlebnis mitteilen kann, gleichzeitig aber der Empfindsamkeit des Zuhörenden mit offenem Herzen begegnet.

4. Die Angst, nicht liebenswert zu sein

Rote Ampel. Vergegenwärtigen Sie sich ein Beispiel für ein emotional stark belastendes Gespräch, das dem Zuhörenden das Gefühl gibt, nicht recht zu wissen, was das Wort *Liebe* eigentlich bedeutet, das ihm den Eindruck vermittelt, nicht geschätzt und wirklich ernst genommen zu werden.

Gelbe Ampel. Spüren Sie in die Traurigkeit dieser an Bedingungen geknüpften Liebe hinein und wie verunsichernd es ist, im einen Moment Objekt der Liebe und im nächsten Hassfigur zu sein. Treten Sie mit der natürlichen Sehnsucht in Kontakt, bedingungslose Liebe und Freude zu erfahren.

Grüne Ampel. Lassen Sie diese Traurigkeit, die aus dem empfindsamen Herzen kommt, einfach da sein, und erforschen Sie behutsam den im Hintergrund vorhandenen Selbstzweifel, nicht liebenswert zu sein – die Befürchtung, die Freude der bedingungslosen Akzeptanz könnte für Sie immer außer Reichweite bleiben. Beobachten Sie, ob Sie den genauen Moment ausmachen können, in dem diese Angst in Ihnen aufsteigt und prüfen Sie, ob ein Körnchen Wahrheit darin steckt.

Entspannen Sie sich, und treten Sie in Kontakt mit der Wachheit Ihrer fünf Sinne, über die sich Ihnen die Schönheit der Welt erschließt, mit der Empfindsamkeit Ihres Herzens, die Sie Freude und Traurigkeit fühlen lässt, und mit der Offenheit Ihres Geistes, die es Ihnen ermöglicht, wie ein Kind zu staunen. Ruhen Sie in dieser bedingungslosen Freundlichkeit.

Schließen Sie die Übung ab, indem Sie sich lebhaft ein Gespräch oder künstlerisches Tun vorstellen, bei dem Sie Liebe ohne jegliches Festhalten oder Besitzstreben zum Ausdruck bringen können.

5. Die Angst, machtlos zu sein

Rote Ampel. Vergegenwärtigen Sie sich ein Beispiel für ein kontrollierendes Gespräch, das dem Zuhörenden das Gefühl von Ohnmacht gibt und in ihm den Eindruck erweckt, sich nicht auf die eigenen Ressourcen verlassen zu können.

Gelbe Ampel. Spüren Sie in die Traurigkeit hinein, sich nicht auf sich selbst verlassen zu können und von einem anderen kontrolliert zu werden.

Grüne Ampel. Lassen Sie diese Traurigkeit, die aus dem empfindsamen Herzen kommt, einfach da sein und öffnen Sie behutsam Ihren Geist, um den im Hintergrund vorhandenen Selbstzweifel zu erforschen, sich nicht auf sich selbst oder die Welt verlassen zu können. Beobachten Sie, ob Sie den genauen Moment ausmachen können, in dem diese Angst in Ihnen aufsteigt, und prüfen Sie, ob ein Körnchen Wahrheit darin steckt.

Entspannen Sie sich, und treten Sie in Kontakt mit der Wachheit, Empfindsamkeit und Offenheit des elementaren Grundvertrauens. Fühlen Sie sich als Verbündeter der im gegenwärtigen Augenblick auf Sie einwirkenden Informationen, und vertrauen Sie auf ein natürliches Gefühl von Macht, das nicht von Strategien abhängt.

Schließen Sie die Übung ab, indem Sie sich lebhaft ein Gespräch ausmalen, in dem Probleme dadurch gelöst werden, dass beide Partner sich gegenseitig ermutigen, Zuversicht und Vertrauen in die fundamentale geistige Klarheit des Menschen zu empfinden.

Zur Erinnerung

Bekräftigen Sie am Ende Ihrer Selbstreflexion noch einmal Ihre Absicht, sich in achtsamer Kommunikation zu üben. Wenn es Ihnen hilft, rufen Sie sich noch einmal die drei Leitsätze in Erinnerung, die im Alltag leicht präsent zu halten sind:

- *Bei Grün gehen.* Lernen Sie, der Offenheit zu vertrauen. Bleiben Sie mit wachem Körper, empfindsamem Herzen und offenem Geist in der natürlichen Kommunikation. Bewahren Sie sich die Haltung des Wir-zuerst, bleiben Sie in Kontakt, und halten Sie den Kommunikationskanal offen.
- *Bei Rot stehen bleiben.* Führen Sie keine Gespräche, die ins Toxische umschlagen. Sobald die Ich-zuerst-Barriere hochfährt, ist keine echte Kommunikation mehr möglich. Lernen Sie, dieses Signal zu erkennen, lassen Sie los und schaffen Sie Raum, statt vorwärtszudrängen.
- *Achtung bei Gelb!* Wenn es nicht nach Plan läuft, können die in solchen Situationen auftauchenden verletzlichen Gefühle toxische Reaktionen auslösen. Nutzen Sie diese Bo-

denlosigkeit, und schützen Sie diese verletzlichen Gefühle, indem Sie entweder allein oder gemeinsam mit einer Vertrauensperson einen einladenden Raum – eine grüne Zone – schaffen. Gehen Sie dann mit mitfühlender Einsicht daran, Ihre inneren Ängste und Selbstzweifel als das zu demaskieren, was sie sind: zu Eis erstarrte Denkmuster, die im Licht unserer Wahrnehmung dahinschmelzen. Auf diese Weise verbinden Sie sich wieder mit der Wahrheit des fundamental Guten im Menschen.

Bleiben Sie sich selbst und anderen gegenüber freundlich, geduldig und ermutigend, wenn Sie sich an die lebenslange Übung machen, Gespräche in einen Weg der wachen Achtsamkeit zu verwandeln. Es gibt hier kein Versagen, solange wir den Schmerz des inneren Verschließens als Signal werten, Mitgefühl mit uns selbst zu haben. Wie mein Lehrer sagte: »Jetzt, wo du das verstanden hast, kannst du dich nicht mehr verlaufen. Viel Glück.«

Literaturverzeichnis

Abuelaish, Izzeldin: *Du sollst nicht hassen: Meine Töchter starben, meine Hoffnung lebt weiter*, Köln 2011

Associated Press, 22. April 2011

King, Martin Luther: »Jenseits von Vietnam«, Rede am 4. April 1967 in der Riverside Church in New York

Mipham, Sakyong: *Den Alltag erleuchten: Die vier buddhistischen Königswege*, München 2007

Nichol, Lee (Hrsg.): *The Essential David Bohm*, London 2002

Nouwen, Henri: »Sunbeams« in *The Sun*, Februar 2007

Scheffel, Bill: Kurzfilm *Becoming A Teacher*

Trungpa, Chögyam: *Der Mythos Freiheit und der Weg der Meditation: Eine Einführung in den tibetischen Buddhismus*, Reinbek bei Hamburg 2006

Trungpa, Chögyam: *Glimpses of Abhidharma: From a Seminar on Buddhist Psychology*, Boston 2001. (In einer früheren Fassung auf Deutsch erschienen unter dem Titel: *Jenseits von Hoffnung und Furcht: Gespräche über Abhidharma*, Wien 1978)

Glossar

Achtsamkeit: Die natürliche Fähigkeit des Geistes, bewusst unser gegenwärtiges Tun wahrzunehmen. Missachten wir sie, indem wir achtlos bleiben, wird sie geschwächt. Schulen wir sie, zum Beispiel durch Achtsamkeitsmeditation, wird sie gestärkt.

allein zusammen: Bedingungslose Freundlichkeit wird gefördert, wenn wir unsere Beziehungen aus dem Geist des inneren Alleinseins bzw. der Achtsamkeit heraus gestalten. Der Begriff steht für jene Form von Freundlichkeit uns selbst gegenüber, die unsere Neigung ausgleicht, uns unsere Bedürfnisse durch andere erfüllen zu wollen. Sie versetzt uns in die Lage, andere zu sehen, wie sie wirklich sind.

Bardo: Begriff aus der buddhistischen Psychologie, der die Zwischenphase der Verwirrtheit beziehungsweise die Kluft zwischen einem Bezugsrahmen und einem anderen beschreibt. Siehe auch **gelbe Ampel**.

bedingungslose Freundlichkeit: Eine Wir-zuerst-Haltung in Beziehungen, bei der wir uns und andere so akzeptieren, wie wir/sie sind. Durch »Bedingungslosigkeit« bewahren wir uns die fließende Qualität unseres alltäglichen Erlebens; »Freundlichkeit« ist die Fähigkeit, uns von der Schönheit unseres Erlebens berühren und erfreuen zu lassen.

Beziehungskokon: Eine vorgegaukelte Stabilität in Beziehungen, die von beiden Partnern durch die stillschweigende Übereinkunft erreicht wird, in der Achtlosigkeit zu verharren. Siehe auch **Dynamik von Jäger und Gejagtem.**

Dynamik von Jäger und Gejagtem: Ein Beziehungskokon-Muster, bei dem der eine Partner nach dem Skript »Herz ohne Kopf« ohne Rücksicht auf Grenzen Nähe erzwingen will, während sich der andere nach dem Skript »Kopf ohne Herz« durch Aggression zu entziehen versucht.

empfindsames Herz: Die unverfälschte emotionale Energie der offenen Kommunikation, die sich durch bedingungslose Freundlichkeit auszeichnet und sich auf natürliche Weise im Geist des Wir-zuerst bewegt.

falsches Selbst: Eine falsche Identität oder Maske, hinter der wir uns verschanzen, weil wir tief im Inneren fürchten, so, wie wir sind, irgendwie nicht in Ordnung zu sein.

gelbe Ampel: Symbol für die Zwischenphase zwischen offener und verschlossener Kommunikation.

Gelbe-Ampel-Emotionen: Auf Angst basierende Gefühle wie Enttäuschung, Peinlichkeit, Scham, Gereiztheit, Verletztheit und ein allgemeines Grundgefühl von Besorgtheit. Sie beruhen auf Selbstzweifeln und der irrigen Grundüberzeugung, nicht liebenswert, schuldig, wert- oder machtlos zu sein. Setzen wir uns nicht mit diesen Gefühlen auseinander, bringen sie uns dazu, uns hinter einer Barriere zu verschanzen. Begegnen wir ihnen hingegen mit Klarheit und Mitgefühl, gewinnen wir Vertrauen in das fundamental Gute im Menschen.

grüne Ampel: Symbolisiert Offenheit: Dank der drei Gaben des wachen Körpers, empfindsamen Herzens und offenen Geistes sind wir in Kommunikation mit dem, was gerade vor sich geht.

Grüne-Ampel-Emotionen: Die im Geist des Wir-zuerst in unserem natürlichen Kommunikationssystem angelegte emotionale Intelligenz; gleichbedeutend mit dem »offenen Herzen«. Da diese Emotionen ihren Ursprung in der Offenheit haben, bedingen sie sich gegenseitig und richten in Beziehungen keinen Schaden an.

grüner Bereich: Ein emotional sicherer Rahmen, in dem wir sensible Gelbe-Ampel-Gefühle mit mitfühlender Einsicht willkommen heißen können. Wir finden ihn zum Beispiel in der Achtsamkeitsmeditation, beim Führen eines Tagebuchs oder in Grüne-Ampel-Gesprächen. Selbstlos für andere da zu sein, ist die dritte und letzte Stufe auf dem Weg zur achtsamen Kommunikation.

Herz ohne Kopf: Ein Rote-Ampel-Kommunikationsmuster, das die natürlichen Grenzen des gesunden Menschenverstands durch emotionale oder sentimentale Erzählungen außer Kraft setzt, mit denen wir rechtfertigen, dass wir unsere Macht an andere abtreten, um nicht verlassen zu werden.

hineinspüren und loslassen: Handeln im Einklang mit unserem natürlichen Kommunikationssystem: Der wache Körper lässt unser Erleben so stehen wie es ist, das empfindsame Herz erspürt die Qualität unseres Erlebens, sodass wir fühlen, was wir fühlen, und der offene Geist lässt los.

ich-zuerst: Ein Rote-Ampel-Kommunikationsstil, der auf dem Glauben basiert, unser persönliches Überleben hinge davon ab, mit anderen in Konkurrenz zu treten. Siehe auch **Kopf ohne Herz, Herz ohne Kopf.**

kontemplativer Dialog: Ein Gespräch, das uns für neue Informationen und Ideen öffnet. Der kontemplative Dialog wird durch die Übereinkunft gefördert, sich an bestimmte Regeln zur achtsamen Kommunikation zu halten.

Kopf ohne Herz: Ein Rote-Ampel-Kommunikationsmuster, bei dem wir unter Umgehung des empfindsamen Herzens das Verletzen anderer mit logischen Argumenten zu rechtfertigen versuchen. Siehe auch **vier Stufen der Herzlosigkeit.**

magische Momente: Augenblicke, in denen wir ohne ersichtlichen Grund plötzlich vom verschlossenen in den offenen Geist wechseln. Siehe auch **positive Unterbrechungen.**

natürliches Kommunikationssystem: Die uns angeborenen Gaben des wachen Körpers, empfindsamen Herzens und offenen Geistes, die uns den gegenwärtigen Augenblick bewusst wahrnehmen lassen. Siehe auch **grüne Ampel**.

offener Geist: Die uns angeborene Fähigkeit, unsere eigenen Missverständnisse zu durchschauen, ehrlich, neugierig und einsichtig zu sein und unsere vorgefassten Vorstellungen und Meinungen loszulassen. Ist Teil des **natürlichen Kommunikationssystems**. Siehe auch **wacher Körper, empfindsames Herz.**

Offenheit: Die gegenstandslose Wahrnehmung des gegenwärtigen Augenblicks, unser natürliches Kommunikationssystem. Die drei Elemente dieses Gewahrseins sind: wacher Körper, empfindsames Herz und offener Geist. Siehe auch **grüne Ampel, wacher Körper, empfindsames Herz, offener Geist, natürliches Kommunikationssystem.**

positive Unterbrechungen: Eine Anwendungsform der achtsamen Kommunikation, bei der Unterbrechungen nicht als negativ (einen anderen Menschen nicht unterbrechen wollen), sondern als positiv betrachtet werden. Sie ermöglichen es, gewohnheitsmäßige Achtlosigkeiten durch die »grüne Ampel«

bzw. das natürliche Kommunikationssystem zu ersetzen. Siehe auch **positiver Zweifel.**

positiver Zweifel: Wann es richtig ist, unrecht zu haben. Die Weisheit des »Nicht-Wissens« zulassen (offener Geist), um die toxische Gewissheit unserer Überzeugungen zu durchbrechen.

Rechtfertigung: Ein Rote-Ampel-Signal, das uns auffordert, in die Realität zurückzukommen und das Erklärungsmuster aufzugeben, das wir uns ausgedacht haben, um eine toxische emotionale Reaktion aufrechterhalten zu können. Siehe auch **toxische Gewissheit.**

reiten auf der Welle des Zufalls: Spielerisch offen sein für die spontanen Botschaften aus unserem Umfeld und geschickt auf diese reagieren.

rote Ampel: Symbol für verschlossenes Kommunikationsverhalten.

Rote-Ampel-Emotionen: Die Ich-zuerst-Reaktionen, die durch unsere Abwehrbarrieren entstehen. Sie werden durch Erklärungsmuster und Erzählungen hervorgerufen und sind folglich von dualistischem Denken geprägt. Zu ihnen gehören Gier, Hass, Paranoia und Arroganz. Es ist charakteristisch für sie, dass sie letztlich immer Leid herbeiführen, ob bei uns selbst oder bei anderen. Siehe auch **Kopf ohne Herz, Herz ohne Kopf, Sekundärreaktionen.**

Rote-Ampel-Signale: Gesprächsmuster, die auf ein verschlossenes Kommunikationsverhalten hindeuten, zum Beispiel, wenn wir über- oder untertreiben, andere schlechtmachen oder unsere Macht an andere abgeben.

Sekundärreaktionen: Erlernte Verhaltensweisen und Grundüberzeugungen, die uns von unserem natürlichen Kommunikationssystem abschneiden. Sie werden durch achtlose Kommunikationsmuster weitergegeben. Siehe auch **Rote-Ampel-Emotionen.**

Selbstlosigkeit: Lauschen wir offen in den gegenwärtigen Moment hinein, lassen wir uns in unseren Reaktionen nicht nur von unseren persönlichen Bedürfnissen leiten, sondern auch von dem, was die Beziehung oder jeweilige Situation erfordert.

Stufen auf dem Weg der achtsamen Kommunikation: Die von Chögyam Trungpa beschriebenen drei Stufen im Prozess des »Einreißens unserer Zäune«, angewandt auf den Pfad der achtsamen Kommunikation: mit uns selbst Freundschaft schließen, gegenüber anderen diszipliniert und geduldig sein und selbstlos handeln.

toxische Gewissheit: Selbstgerechte Meinungen, die unsere Aufmerksamkeit von der Empathie des empfindsamen Herzens ablenken. Siehe auch **Kopf ohne Herz.**

toxische Nettigkeit: Ein Herz-ohne-Kopf-Muster, bei dem wir Macht und Wahrheit opfern, weil wir Konflikte und Kritik um jeden Preis zu vermeiden suchen. Die Aggressionen, die sich dabei aufbauen, bringen wir auf indirekte, unehrliche Weise zum Ausdruck.

Übertreibung: Ein Rote-Ampel-Signal, das darauf hinweist, dass wir uns selbst und anderen im Gespräch etwas vormachen und unsere Erzählung ausschmücken, indem wir die Bedeutung mancher Details auf Kosten anderer künstlich aufbauschen.

Untertreibung: Ein Rote-Ampel-Signal, das uns auf subtile Weise darauf hinweist, dass wir uns selbst und anderen in Gesprächen etwas vormachen und wichtige Details unseres Erlebens ausblenden, um unsere eigene Wahrheit zu unterdrücken.

Verstrickung: Die falsche Nähe des Beziehungskokons, die entsteht, wenn wir einen anderen benutzen, um dem Alleinsein zu entrinnen. Da wir uns nicht mit uns selbst angefreundet haben, projizieren wir unsere Bedürfnisse auf den anderen und holen ihn in einem Moment dicht an uns heran, um ihn schon im nächsten von uns zu stoßen, weil wir wieder mehr Raum brauchen. Siehe auch **Kopf ohne Herz, Herz ohne Kopf, Beziehungskokon**.

Vertrauensperson im grünen Bereich: Ein Mensch, der ebenfalls dem Geist der achtsamen Kommunikation verpflichtet ist.

vier aufeinanderfolgende Schritte mitfühlenden Handelns: Die angemessenen Reaktionsweisen, die automatisch ablaufen, wenn wir mit wachem Körper, empfindsamem Herzen und offenem Geist in eine Situation hineingehen: befrieden, vergolden, magnetisieren und durchtrennen.

vier Stufen der Herzlosigkeit: Gespräche, in denen es zu einer zunehmenden Eskalation der Aggression kommt: Klage/Kritik, Entzweiung, Schuldzuweisung und Vergeltung.

vier Vertrauensaspekte der achtsamen Kommunikation: Jahreszeiten im Beziehungszyklus und in Gesprächen: achtsame Präsenz (Winter), achtsames Zuhören (Frühling), achtsames Reden (Sommer) und achtsames Reagieren auf Verschiedenheit (Herbst).

wacher Körper: Die dem Menschen angeborene Fähigkeit, im gegenwärtigen Moment aufmerksam für die eigenen Wahrnehmungen, das Umfeld und die energetischen Empfindungen im Körper zu sein. Der wache Körper ist Teil des **natürlichen Kommunikationssystems**. Siehe auch **offener Geist, empfindsames Herz.**

Wippmuster: Ein Rote-Ampel-Signal, bei dem wir uns mit anderen vergleichen und durch Lob oder Kritik unsere eigene Wichtigkeit auf deren Kosten aufzublasen versuchen. Das Gleiche kann in umgekehrter Richtung geschehen, wenn wir uns kleiner machen, als wir sind, und andere auf den Sockel heben.

wir-zuerst: Die in der offenen Kommunikation grundlegende Überzeugung, dass jeder mit jedem verbunden ist und unser persönliches Überleben davon abhängt, andere zu respektieren und mit ihnen in Kontakt zu bleiben. Siehe auch **Selbstlosigkeit, Offenheit, grüne Ampel.**

Zwischenzone: Die Phase zwischen Offenheit und Verschlossensein in der Kommunikation. Sie bietet uns die Chance, mit unseren unterschwelligen Befürchtungen, verborgenen Ängsten und verfehlten Grundüberzeugungen in Berührung zu kommen. Siehe auch **Bardo, gelbe Ampel.**